Es wird Zeit, dass wir leben

ES WIRD ZEIT, DASS WIR LEBEN

Ein Rolf-Hanusch-Lesebuch

HERAUSGEGEBEN VON THOMAS A. SEIDEL
UND MARIE HANUSCH

EVANGELISCHE VERLAGSANSTALT
Leipzig

Die Drucklegung des Buches erfolgte mit freundlicher Unterstützung durch die Evangelisch-Lutherische Kirche in Bayern und die Evangelische Kirche in Berlin-Brandenburg-schlesische Oberlausitz.

Die Deutsche Bibliothek – Bibliographische Information
Die Deutsche Bibliothek verzeichnet diese Publikation in der Deutschen Nationalbibliographie; detaillierte bibliographische Daten sind im Internet über http://dnb.ddb.de abrufbar.

Printed in Germany · H 6967

Cover: Ulrike Vetter, Leipzig
Coverfoto: Anna Katharina Hanusch – Rolf Hanusch auf dem Kohlhoff-Hochhaus, Berlin, Potsdamer Platz, 2001
Typografie: Jochen Busch, Leipzig
Druck und Binden: Druckerei Böhlau, Leipzig

ISBN 3-374-02285-5
www.eva-leipzig.de

INHALT

Geschichtserkundung

Es gibt verschiedene Weisen, Geschichte lebendig werden zu lassen. Wir wollen Zugänge zur Geschichte des 20. Jahrhunderts im geteilten und vereinten Deutschland mittels eines biographischen Lesebuches ermöglichen. Im Zentrum dieses kleinen Bandes steht Rolf Hanusch, ein bayerischer Pfarrer, den sein Berufsleben in verschiedene Anstellungsformen und an interessante Orte geführt hat: Tübingen, Erlangen, München, Pullach, Kassel, Josefstal am Schliersee, Bayreuth, zuletzt in die alt-neue Hauptstadt Deutschlands, Berlin. Dort fiel ihm die Aufgabe zu, zusammenzuführen, was zusammengehört: zwei evangelische Akademien, eine in West-, eine in Ost-Berlin. Als Direktor der Evangelischen Akademie zu Berlin arbeitete er in der preußischen Metropole, bis er - viel zu früh - am 15. Februar 2003 dort verstarb; beerdigt wurde er in seiner bayerischen Heimatstadt Nördlingen.

Ein Pfarrer als Zeitzeuge

Rolf Hanusch gehört zur legendären Generation der „68er". Als ein ebenso typischer wie untypischer Vertreter dieser Generation hat er, Jahrgang 1943, die Aufbrüche, Abbrüche und Umbrüche im Westen Nachkriegsdeutschlands miterlebt, miterlitten und mitgestaltet, bis hin zur glückvoll erlebten Friedlichen Revolution und Wende 1989/90.

Rolf Hanusch hat den Beruf des evangelischen Pfarrers mit karitativer und politischer Phantasie, religiöser Kraft und protestantischer Weltoffenheit gestaltet und gelebt. Lust am Gespräch, am Dialog, am Meinungsstreit und die Achtung vor der Freiheit des anderen waren wohl grundlegend dafür, dass es ihm gelang, Theologie, Kirche und biblische Tradition auch für Menschen interessant und spannend werden zu lassen, die bislang „nix mit der Kirche am Hut" hatten.

Der Mensch, der Pfarrer und der Autor Rolf Hanusch soll anhand ausgewählter Texte lesbar, nachvollziehbar, erkennbar werden - als ein neugieriger und überaus aufmerksamer Zeitzeuge. Auf diese Weise ermöglicht ein sehr persönlicher Zugang einen genauen historischen Blick auf jene aufregenden Jahre zwischen Kriegsende, Mauerbau, Mauerfall und Wiedervereinigung.

Ein thematisch-assoziatives Kaleidoskop von Texten

Die Texte von Rolf Hanusch, die für diesen Band ausgewählt wurden, sind zum größten Teil Gebrauchstexte, auf aktuelle Fragen und Aufgaben hin formuliert: Vorträge, Predigten, Andachten, Essays, Reflexionen. Beschreibungsgenauigkeit und sprachliche Kraft sind charakteristisch für die nach Art und Gattung unterschiedlichen Texte; ebenso die Tatsache, dass sie sich zwischen erkennbaren Polen bewegen: zwischen Kirche und Gesellschaft, Politik und Spiritualität, Welt und Gott.

Zusammen mit Martin Affolderbach, Stephan Bickardt, Anna Hanusch, Gisa Hanusch, Ludwig Mehlhorn, Wolfgang Noak, Ulrike Poppe, Susanna Schmidt und Patrik Schwarz haben wir aus der Fülle der nachgelassenen Schriften eine Auswahl getroffen. Diesen Menschen gilt unser Dank für die engagierte Mitarbeit an diesem Buch. Wir haben die Texte, deren Quellenangaben sich im Anhang des Buches befinden, signifikanten Themen, „Schlüsselworten", zugeordnet, sie können aber auch „ungeordnet" gelesen werden, nachdenkend, nachsinnend, meditierend. Sie können den Leser zu einem inneren Dialog verlocken - zu einem Zwiegespräch mit dem Autor sowie mit den eigenen, mitunter widerstreitenden Gefühlen und Gedanken.

Thomas A. Seidel und Maric Hanusch,
Weimar und Leipzig

I. WO ICH ZU HAUSE BIN

Welterfahrung und Menschwerdung

VERSUCH, ÜBER RELIGIÖSE ERFAHRUNGEN ZU SPRECHEN

Frühe Erfahrungen

Über religiöse Erfahrungen zu sprechen, ist mir nur möglich, wenn ich bei mir selbst anfange. Ich bin auf die Suche gegangen nach frühen Erinnerungen. Wo spürte ich als Kind etwas von der Hinter-Gründigkeit meiner Welt, einer Welt im über 200 Jahre alten Haus der Großeltern im schwäbischen Nördlingen? Die Schlosserwerkstatt im Hinterhof, vorn zur Straße ein Laden mit Töpfen und sonstigen Haushaltswaren. Lehrlinge und Gesellen, Dienstmägde und die halbe Verwandtschaft saßen oft mit am Tisch. In diesem Alltag gab es andere Welten voller Geheimnisse und mit einer unwiderstehlichen Anziehungskraft für mich.

Die Räume der *Unterwelt*.

Der Keller Im Hausflur die Luke aus schweren Eichenbrettern am Boden. An einem dicken Seil, das über eine Holzrolle lief, hing ein Feldstein. Zog man daran, so hob sich die Luke. Ein dunkles Loch tat sich auf, erdiger Geruch stieg herauf, Stufen aus alten Ziegeln führten hinunter. Licht kam nur von einer schwachen Glühbirne oder drang sehr spärlich durch verstaubte kleine Fenster. Drunten schwarze Kohlen als Kunde einer noch tieferen Welt, Kartoffeln mit wilden weißen Wurzeltrieben, dazwischen Mäuse. Eine hilflose Falle stand immer auf der Treppenstufe, in der häufig eine tote Maus lag mit zerschlagenem Genick. Die Weckgläser im Regal waren die einzigen Boten der Oberwelt: Hinter dickem Glas die konservierten Früchte des Sommers. Lange Zeit war der Keller ein Ort des Grauens, in den ich manchmal gesteckt wurde, wenn ich als Böser entdeckt worden war. Einmal überwand ich die Angst und kam einfach nicht mehr herauf, als die Strafzeit im Dunkeln vorüber war. Ich verbündete mich mit der Unterwelt. Opa, Oma und Mutter standen oben und bettelten, bis ich endlich - eigensinnig - hochkam.

Der Abort Wir hatten lange ein Plumpsklo - eine tägliche Verbindung zur Unterwelt. Ich hatte oft den Angsttraum, dass da irgendwann einmal etwas heraufkommt aus dem dunklen Loch, eine Schlange oder eine Ratte. Was kam, waren im Winter die Kälte und im Sommer der Gestank und die Fliegen. Später erinnere ich mich an das herrliche Gefühl des Alleinseins. Wenn die Tür verriegelt war, konnte keiner mir nahe kommen. Hier konnte ich mich ausweinen, Rachepläne schmieden, stille, nie realisierte Heldentaten erträumen.

Eingriffe und Schnitte

Das Leeren der Abortgrube Jedes Jahr im Herbst, ehe der Winter kam, vollzog sich das lange schon angekündigte Geschäft: Der schwere Deckel der Abortgrube im Hof wurde gehoben und der Großvater, mit einer riesigen Schöpfkelle, einer Eigenkonstruktion, holte aus dem Untergrund die kostbare graue Masse heraus. Sie kam in Fässer, dann auf einen Wagen, der in den nahen Hausgarten gefahren wurde, um die Beete zu düngen. Wir Kinder halfen dabei. Verlorenes, in die Grube Gefallenes, kehrte oft zurück - kleine Puppen, Glasperlen. Nach monatelanger Trennung lagen sie mitten im Dung unter den Erdbeeren.

Schlachten Es wurde viel geschlachtet: Tauben, Hühner, Enten und Gänse. Meist kamen sie lebend vom Markt. Mit dem Beil schlugen Mutter oder Großvater die Köpfe ab. Das Beobachten des Sterbens und des Todes waren verbunden mit der Freude auf den guten Braten. Und dann, wenn die von Hausabfällen gemästeten Schweine „so weit" waren, gab es die großen, tagelangen Schlachtfeste. Der Metzger kam ins Haus, tötete mit dem Bolzen. Dann das Aufhängen und Teilen des Schweinekörpers, das Abschaben der überbrühten Borsten von der Haut. Das Blut wurde aufgefangen und gerührt für die Blutwürste, die Gedärme ausgedrückt und gesäubert für die Wursthäute. Das Speckschneiden war auch Kinderarbeit. Dann meist gegen Mittag das Kesselsuppenessen. Immer mehr Nachbarn, Onkel und Tanten kamen. Am Abend gabs frisches Griebenschmalz aufs Brot. Schlachten, Schneiden und Rühren - ein Fest.

Die *Botschaften* von oben

Der Heros Im langen Gang auf dem Weg zum Klo, hoch auf der dunklen Kommode, ganz oben stand *er*, der Held meiner Kindheit, meist unerreichbar. Auf einem herrlichen Schimmel reitend, der gerade zum Sprung ansetzte, mit schwarzen Stiefeln, weißen Hosen und einem blauen Umhang, dazu ein Landsknechtshut mit Federbusch am Kopf. Der Retter der Evangelischen: König Gustav Adolf von Schweden. An Sommerabenden erreichten ihn manchmal einige Sonnenstrahlen, durch Fensterscheiben gespiegelt. Nur ganz selten holte Großmutter die Figur herunter. Ein zartes Puppengesicht kam dann zum Vorschein, und ich stellte mir vor, dass ich selbst ein König sein könnte, ein Retter der Evangelischen - vielleicht der ganzen Welt.

Die goldenen Bücher Ich erinnere mich noch genau an den hellen, staubigen Raum oben unterm Dach; im Sommer war es dort furchtbar heiß. Alle Balken waren weiß gestrichen, gegen Brandbomben. In den Regalen, die meist mit Decken verhängt waren, fanden sich wunderliche Gegenstände: Porzellan, Federbetten, Bilder; in einem Fach: die goldenen Bücher. Voluminöse Fotoalben mit Goldschnitt und dicken festen Seiten, in die Fenster mit Goldrahmen gestanzt waren. Darinnen alte Fotos - die Ahnen, die Vorfahren. Meist blätterte ich allein darin. Geschichte, erfahrbar in Träumen. Der Herr mit dem Schnurrbart und Zylinder, war das mein Großvater? Waren alle immer im Sonntagsstaat? Manchmal waren die Mutter oder die Großeltern dabei, dann gab es Geschichten über die Bilder-Menschen. Vergegenwärtigung im Erzählen. Ganz selten kamen die Bücher an den großen Tisch, vor allem bei Familienfesten. Vergegenwärtigung geschah hier oft mechanisch direkt: Der hat das von dem, das ist die Nase von Onkel Karl und das die Augen von Tante Luise. Hintergründiges wurde schnell erstickt im Gelächter der Verwandten. War ich allein mit dem Album hatte ich dagegen Distanz und Spielraum für mich. Ich konnte herumblättern. Eigene Geschichten spinnen, bei mir sein.

Halte ich inne, so wird deutlich, dass ich mich immer nur an Augenblicke erinnere, kaum an ganze Tage oder gar Wochen. Welterfahrung und Menschwerdung geschahen im Hereinbrechen einer anderen Dimension in meinen Alltag. Es gibt noch viele solcher Augenblicke. Nur von einem will ich noch erzählen, von dem ich schon früher in Tagebüchern und Schulaufsätzen aufgeschrieben habe:

Der Blick vom Turm

90 Meter über der Stadt, darunter wie Spielzeug alle Häuser, Straßen und Plätze. Geräusche vermischen sich zu einem ruhigen Brummen. Ich bin mächtig: Ein Daumen genügt, um die ganze Schule zu verdecken. Dazu der Blick über die Mauern: das weite Land mit Dörfern und Feldern, der Riesrand[1] mit Wäldern, Kirchen und Burgen, einige Berge dahinter, dann der Himmel, die Gestirne, das Universum. Da stand ich lange oben an der Brüstung und sah hinaus.

Welterfahrung und Menschwerdung: Die Suche in der Kindheit ist überraschend eindeutig. Menschwerden hängt mit der

Qualität meiner Welterfahrung zusammen. Sie verdichtet sich, wenn die Grenzen des jeweils Normalen, Gewohnten überschritten werden. Es sind recht unterschiedliche Erfahrungen. Teils von außen bestimmt, teils immer wieder geplant wie das Turmbesteigen oder gar, wie im Keller, aufgezwungen. Doch gerade in diesem Zwang regte sich mein Eigensinn - von den Eltern diffamiert und beschimpft: „Dies eigensinnige Kind!" - von mir aber als Stärke erfahren.

Entscheidend scheint die Einheit des Ausbrechens aus dem Normalen und des Einbrechens des Ungewohnten, des Überraschenden. Es geht dabei weniger um lange, gar kontinuierliche Entwicklungen, sondern um Momente, da wir uns immer nur an Momente erinnern und nie an ganze Tage oder Wochen. Es scheint, dass in diesen Momenten entscheidende Erfahrungen gemacht werden, die immer dann wieder vergegenwärtigt sind, wenn einer „Mensch wird". Zusammen ist dies gewiss ein langer Prozess, mit Sprüngen, Verdichtungen und voller Unterbrechungen - oft am Abgrund des Vergessens.

Schleiermacher

Versuche ich als Theologe diesen Prozess zu deuten, so komme ich um den Begriff der religiösen Erfahrung nicht herum. Noch immer spüre ich Vorbehalte als einer, der im Studium zuallererst das Programm der Entmythologisierung gelernt hat und dann meinte, dies auch noch in der Studentenbewegung gesellschaftspolitisch zu realisieren. Im aufklärenden Licht der Gesellschaftskritik sollten alle vernebelten Schleier der Religion und anderer Mythen durchsichtig werden, am besten ganz verschwinden. Und nun, 1984, doch wieder die Rückkehr zu Erfahrungen von Religion und Mythos?
Die Gegenargumente stehen oft da wie eine Falle: Passt dies nicht alles viel zu gut in eine Zeit der Veränderungen, in der Mythen nicht nur wiederentdeckt, sondern auch als Grundwerte instrumentalisiert werden?

Die Beschreibungen religiöser Erfahrung - etwa aus dem ersten Pietismus bei Spener, in der deutschen Mystik bei Meister Eckhart oder in den Bekenntnissen Augustins - berichten aber immer wieder von dieser Grundstruktur, dass eine neue Wirklichkeit ins Normale einbricht, dass Vertrautes und Bewahrtes aufgebrochen wird. Dies gilt insbesondere für das Hereinbrechen des ganz Anderen in den Alltag durch das Wort Gottes, wie es in der Bibel beschrieben wird, mit und ohne Engel. Ich kann und will hier keinen historischen Abriss religiöser Erfahrungen vorlegen. Ich will mich - weiter autobiographisch - auf *ein* Denken und Fühlen konzentrieren, das mich seit dem Studium nicht mehr losgelassen hat. Friedrich Schleiermacher, jener so tief von der Frühromantik und der Herrnhuter Brüdergemeine geprägte Theologe, der sein Leben lang Republikaner blieb, hat intensiv religiöse Erfahrungen beschrieben. In seinen „Reden über die Religion" von 1799, in „Reden an die Gebildeten unter ihren Verächtern" beschreibt er mitten in der zweiten „Rede über das Wesen der Religion" diese Erfahrungen so, dass ich mit einer Interpretation dieses Textes meine bisherigen Schilderungen deuten kann: „Alles Endliche besteht nur durch die Bestimmung seiner Grenzen, die aus dem Unendlichen gleichsam herausgeschnitten werden müssen. Nur so kann es innerhalb dieser Grenzen selbst unendlich sein und eigen gebildet werden, und sonst verliert Ihr alles in der Gleichförmigkeit eines allgemeinen Begriffs."[2]

Die unmittelbaren Erfahrungen aber sind Grenzgänge zwischen Endlichem und Unendlichem. Erfahrungen durchaus von Leiden und Schmerzen. Erfahrungen des Schnittes. Erfahrungen, die eine fühlbare Einheit anstreben von Anschauung und Gefühl und nicht von der Erde abheben. „In der Religion (findet) ein anderes und festeres Verhältnis zwischen der Anschauung und dem Gefühl (statt), so dass nie jene so sehr überwiegt, dass dieses beinahe verlöscht wird."[3] Realistisch und erlebbar wird dieses „Prinzip der Mitte" durch das Kriterium der Geschichte. Mein eigenes Leben ist endlich, ist begrenzt, aber nicht beschränkt. Eine Schranke ist immer nur der Anblick der Grenze von einer Seite. Ich kenne durch diesen Anblick die Grenze noch nicht. Das ist ein reduziertes Leben ohne Möglichkeit für einen Bildungsprozess. Es ist letztlich ein ungeschichtliches Leben. Erst wenn ich die Grenze als Trennung von Endlichem und Unendlichem, bestimme, habe ich auch die Möglichkeit, sie zu überschreiten, kann ich „unendlich und eigen gebildet" werden. Erst dann lebe ich in geschichtlicher Hinsicht als religiöser Mensch. „Religiöse Menschen sind durchaus historisch: das ist nicht ihr kleinstes Lob."[4] Gerade die Momente, in denen gläubige Menschen von der „Anschauung des Universums" erfüllt worden sind, sind historische Momente. Hier ist auch der Ansatzpunkt für die Christologie Schleiermachers, in dem er „Sinn und Geschmack fürs Universium" oder die „Anschauung des Unendlichen" als Fundament und Mittelpunkt von Religion bestimmt. Faktum verherrlicht wird, dass hier erstmals die Auffassung von Unendlichkeit Fundament und Mittelpunkt einer Religion war. Eben dies ist die entscheidende Glaubenserfahrung durch Jesus Christus. Im Glauben an seine Auferstehung dokumentiert sich, dass die Grenzüberschreitung vom Endlichen ins Unendliche ein für alle Mal möglich ist und sich in religiösen Erfahrungen für Augenblicke vergegenwärtigen kann. Auf diesen Schatz von Momenten der Grenzüberschreitung kommt es im Glauben an. Erfahrungen werden erst dadurch - durch die Kraft des Erinnerns als Geschichte, wirkliche Erfahrung. Diese Erfahrungen tragen in sich eine doppelte Bewegung - zum einen die ausbrechende, über die Grenzen des Alltags hinausdrängende Bewegung ins Unendliche, zugleich aber die Rückkehr dieser Bewegung in mich als zuallererst von mir selbst geliebtes Wesen, das in seiner Endlichkeit die ganze Unendlichkeit aufsaugen will. Erst diese doppelte Bewegung macht die Einheit der Erfahrungen aus.

Es geht um schlechthinnige Abhängigkeit und schlechthinnige Freiheit oder - um es mit Paul Tillich zu sagen - um das Ergriffensein von dem, was mich unbedingt angeht. Es geht bei so verstandener religiöser Erfahrung darum, dass nichts, aber auch gar nichts und niemand, kein ungewöhnliches Gefühl und kein noch so fremder Mensch, ausgegrenzt werden. Es geht um die „Einverwandlung auch des Entgegengesetzten" (Friedrich Schlegel) in die Gesamtheit des Lebens als eine Einheit von Glaube und Liebe. Hier gibt es kein Denkverbot und kein Liebesverbot, sondern nur ein radikales Gebot: „Du sollst an Gott glauben und deinen Nächsten lieben wie dich selbst!“ Es geht um das Angebot eines bewegten Lebens: „Ihr Leben“, heißt es in der Römerbriefvorlesung Luthers über die Christen, „besteht nicht im Ruhen, sondern in der Bewegung vom Guten zum Besseren.“ Es geht, um es mit Novalis zu sagen, um einen „grenzenlosen Realismus“. Dies ist die Kunde von der religiösen Erfahrung, über die Schleiermacher reden will, und er knüpft diese Erfahrungsmöglichkeit an eine radikale, auch uns höchst aktuell bedrohende Bedingung: „Sonst verliert ihr alles“. Religiöse Erfahrungen müssen nicht verschleiern, sie können vielmehr den Blick für die ganze Wirklichkeit des Lebens stärken. Sie sind nicht an kultische Rituale gebunden, sondern können ganz alltäglich sein, wie meine frühkindlichen Erlebnisse belegen. Und sie können kritisch machen für die Gefahr einer Reduzierung des Alltagslebens auf ein nur oberflächliches Konsumieren und Produzieren. Religiöse Erfahrungen sind widerständige Erfahrungen.

Alte Grenzen – Neue Grenzen. Alter Jammer – Neue Chancen

Zehn Jahre Erwachsenenbildung im Coburger Land bedeuten zehn Jahre der Grenzüberschreitung. Mit diesem Bild der Grenze und der Grenzüberschreitung sind wir im Zentrum dessen, was Bildung heißt.

Wir sind deshalb im Zentrum, weil das Bild der Grenze und der Grenzüberschreitung ein Bild für das Leben der Menschen ist: ein Alltag voller Jammer, reich an Hoffnungen und Enttäuschungen und voll von Hunger nach neuen Erfahrungen - dieses Leben ist die Basis der Erwachsenenbildung. Kirchliche Erwachsenenbildung will nicht von irgendeinem übergeordneten Prinzip her den Menschen etwas aufdrängen, sondern von den Menschen selbst ausgehen, um gemeinsam mit ihnen zu leben und zu lernen. Dies geschieht im ständigen Überschreiten der Grenzen.

Die Welterfahrung des Menschen beginnt von seiner Geburt an in der immer neuen Überschreitung der gesetzten Grenzen. „Alles innen ist an sich dunkel. Um sich zu sehen und gar was um es ist, muß es aus sich heraus", schreibt Ernst Bloch am Anfang seiner Tübinger Einleitung in die Philosophie. „Der Mensch besonders ist auf diesen steten Weg nach außen angewiesen, damit er überhaupt nur wieder auf sich zurückkommen könne und so bei sich gerade die Tiefe finde, die nicht dazu ist, daß sie in sich ungeäußert bleibe."[5]

Dieses Sich-immer-wieder-neu-selbst-verlassen und dann Wieder-in-sich-selbst-zurückkehren, um sich auf Grundlage der Erinnerung wiederum neu zu äußern, diese spiralförmige Bewegung also des ständigen Grenzüberschreitens ist mehr als die bloße Addition von Erfahrungen. Der Mensch wird erst er selbst, wenn er die äußeren Eindrücke in sich aufnimmt und sie dann so verarbeitet, dass sein Inneres erhellt und aufgeklärt wird, sich davon füllt und wieder neu äußern kann in der Kommunikation mit anderen. Es geht dabei nicht um die Verwischung von Grenzen. Sie sind vielmehr der lebensstiftende Widerstand dieser Bewegung. Erst die Grenze ermöglicht ein eigenes Leben – eben dadurch, dass sie immer wieder neu zu überschreiten ist. Wäre sie unüberwindbar, so würde das eigene Leben in seinem Inneren verdunkeln und absterben. Wäre sie nicht da, so verkäme ein Leben zur puren Rotation in sinnlosen Kreisen.

Erfülltes Leben lässt sich also als eine von Geburt an immer wieder neu erfahrene Grenzüberschreitung beschreiben. In den meisten gelingenden Biographien gibt es am Anfang den geschützten Raum von Liebe und Wärme. Darin sind Erfahrungen möglich, an der Hand der Mutter, in Begleitung von Erwachsenen. Hier entsteht Selbstverständliches und Sicherheit, hier sind wir zu Hause.

Für Menschen in Gruppen, für Gemeinschaften im lokalen und regionalen Zusammenhang gilt Ähnliches. Ausdruck für diese sozialen Zusammenhänge sind beispielsweise eine eigene Sprache, Slang oder Mundart im Stadtteil, im Dorf, im Tal, dazu vertraute Feste, Bräuche, Kleidung samt Accessoires (früher hieß das Tracht) – das Milieu eben, die Kultur, in der wir leben. Solche Erfahrungen von Beheimatung sind unbedingt nötig, sie sind aber zugleich die Grundlage dafür, dass wir immer neu aus ihnen herausgehen können. Solche vertrauten Räume, solche Heimatstuben brauchen die schützende Abgrenzung nach außen. Sie würden aber verstauben und an Lebendigkeit verlieren, ja absterben, wenn es nicht jenseits dieser Grenze des Vertrauten einen großen Bereich des Unbekannten, des Fremden gäbe. Dorthin zieht es den Menschen immer wieder – Grenzen überschreiten, um lebendig zu bleiben. Dieser Zusammenhang ist lebensnotwendig und Bildung ist dazu aufgerufen, Hilfe für solche Grenzüberschreitungen, für solche lebendigen Erfahrungen zu geben.

Das Vertraute und das Fremde gehören also zusammen. Und wir alle kennen diese Erfahrungen, etwa vom Reisen. Meine Heimat, meinen Dialekt, die vertraute Kultur – all das kann ich erst wahrnehmen und immer wieder neu entdecken, wenn ich die Erfahrung des Fremden gemacht habe. Bin ich in meiner Heimat nicht zu Hause, liebe ich sie nicht, so kann es passieren, dass ich alles, was damit zu tun hat, rundum ablehne, es schlecht und langweilig finde und „voll" – um es in der Sprache der Jugend zu sagen – auf das Fremde allein „abfahre". In diesem Falle wäre die Beziehung zwischen Fremdem und Vertrautem gestört. Liebe ich dagegen meine Heimat, gehe hinaus in die Fremde und wende ich mich ihr offen zu, so kann ich dort vieles lernen, Neues entdecken und erfahren, und zurückkommen, um eben auch meine Heimat neu zu entdecken, neu zu durchdenken und in ihr neue Möglichkeiten zu sehen, sie gewiss auch neu zu bewerten, ohne sie ablehnen zu müssen. Die Bibel kennt diesen Zusammenhang gut. Im 5. Buch Mose im 19. Kapitel wird mitten in Bestimmungen über die Asylgewährung, nach denen der Fremde, ja selbst der Mörder, der gejagt wird, eine Freistatt in Israel haben soll, eine Bestimmung gegen Landraub aufgeführt: „Du sollst Deines Nächsten Grenzen, die die Vorfahren festgesetzt haben, nicht verrücken." Der Schutz des umgrenzten Gebietes, der Heimat also, ist in der Bibel die Voraussetzung, um Fremden und Verfolgten Schutz gewähren zu können.

Ich muss an dieser Stelle aktuell werden und den Satz hinzufügen: Der Schutz der Heimat geschieht in der Bibel gerade nicht dadurch, dass Fremde, dass Asylsuchende ausgegrenzt werden, sondern die durch Grenzen geschützte Heimat ist die Voraussetzung dafür, dass Fremde und Asylsuchende aufgenommen werden. Gewährung von Asyl ist also keine Missachtung der Heimat, sondern gerade Ausdruck der Achtung des Vertrauten, der Heimat und ihrer Grenzen. Die in der aktuellen Auseinandersetzung der Asylgewährung im sich vereinenden Deutschland oft gehörte Gegenüberstellung, dass der, der für die Heimat ist, zugleich auch gegen die Ausländer sein muss, ist falsch. Vor dem Hintergrund der Bibel stehen Heimat und Gastfreundschaft vielmehr grundsätzlich im Zusammenhang. Heimat wird erst Heimat, wenn ihre Grenzen offen sind für Fremde.

Leben also ist Grenzüberschreitung. Ich sage es noch einmal: Der Mensch wird Mensch, wenn er seine Grenzen überschreitet. Er muss sich hinauswagen, er darf nicht der Gefangene seines Platzes werden. Lernen, Studieren, also „Eifern", setzt diese Bereitschaft voraus. Sie ist konstitutiv für die Jugend als Ausbruch aus der Kindheit und sie ist konstitutiv für das Leben der Erwachsenen, die lebendig bleiben wollen, weiterlernen wollen. Im Christentum geht dieser Prozess der Grenzüberschreitung weiter bis hin zur Deutung dessen, was der Tod ist. Auch er ist als Ziel des Lebens die Überschreitung einer Grenze, hin zu jenem ganz anderen Raum, den wir uns noch gar nicht vorstellen können, dessen Tür noch verschlossen ist. Ein Raum aber, der schon betreten worden ist von einem, der mit uns Mensch war in aller Solidarität, nämlich von Jesus.

Diese grundsätzlichen Überlegungen möchte ich nun mit den Erfahrungen der Grenzöffnung und Grenzüberschreitung verbinden, die uns alle in Deutschland und Europa seit dem Jahre 1989 so sehr bewegen.

DIE ÖFFNUNG DER GRENZEN ZWISCHEN OST UND WEST ALS CHANCE, DASS GRENZEN ENDLICH GRENZEN WERDEN

Mauern und Stacheldraht sind scheinbar unüberwindbare Grenzen. Wahre Grenzen dagegen sollen Orte für gelingende Passagen sein. Sie sollen helfen beim Übergang vom Vertrauten zum Fremden und zwischen unterschiedlichen Fremden. In der Euphorie der Wende im Herbst 1989 wurde oft unbedacht schnell vom Wegfall der Grenzen gesprochen. Dass dies ein Trugschluss war, wissen wir inzwischen alle. Die Grenzen in den Köpfen, in unseren Herzen, in vielen Ausdrucksweisen unseres Verhaltens sind nicht nur geblieben, sondern neu gewachsen. So paradox es klingt, gerade nach dem Fall der Mauer, der unüberwindlichen Grenze, ist es unbedingt nötig, dass wir die weiterhin bestehenden Grenzlinien neu beachten. Wir achten sie, indem wir sie zu überschreitbaren Grenzen machen. Erst jetzt, nachdem die Mauer gefallen ist, ist die Chance der Grenze gekommen: die Chance einer Grenzüberschreitung als wahrhafter Begegnung zwischen Menschen aus unterschiedlichen, sich sehr fremd gewordenen Gesellschaften mit all ihrem Jammer und ihren Sorgen, mit ihrer verdrängten Geschichte, mit all ihren Hoffnungen und Träumen.

Die Öffnung der deutsch-deutschen Grenze hat allerdings ihre Vorgeschichte, und insbesondere in Gebieten mit kleinem Grenzverkehr sowie in den evangelischen Gemeinden und Gruppen, die zum Teil trotz aller Schwierigkeiten 40 Jahre lang den Kontakt über die Grenze hinweg gehalten haben, gibt es wichtige Erfahrungen, die ich kurz aus ganz persönlicher Sicht schildern will:

Seit Ende des Jahres 1990 arbeite ich in den alten und neuen Bundesländern und überschreite täglich Grenzen. Dabei haben es die alten Grenzübergänge noch in sich. Auf der Autobahn, etwa zwischen Rudolphstein und Hirschberg, kann ich immer noch nicht schnell vorbeifahren. Dort überkommt mich jedes Mal Vergangenes. Die Erinnerung an langes Warten, an Herausgewunken-werden, an die Schlitze, durch die der Pass gereicht werden musste, die Augen, die mechanisch vom Passbild zu mir zurückwandern, die gepressten Lippen: „Machen Sie das rechte Ohr frei! Wen besuchen Sie?" Da ist sie wieder da, diese Mischung aus Angst und Wut, die Hingabe ans Ausgeliefertsein. Die ganze Prozedur hatte für uns Westler aber auch etwas seltsam Läuterndes, sie verlieh uns einen besonderen Status. Wer nach solch einer Kontrolle zu Freunden kam, hatte schon im Voraus seine Freundschaft bewiesen, schien gerechtfertigt. In den vertrauten Gesprächen war ich der einzige Interpret der „anderen Wirklichkeit", brauchte aber eben nicht alles zu erzählen, konnte zumindest die Akzente so setzen, wie es mir richtig schien, ohne dass mich jemand korrigieren konnte.

Es war eine künstliche Situation, wenn wir uns früher trafen. Für die Westbesucher war es fast ein therapeutischer Schonraum mit langen Gesprächen bei Kerzenschein, durchaus persönlich, aber eben doch nicht verbindlich im Sinne des weiteren Zusammenlebens. Gewiss, man ging die Verpflichtung ein für einige Briefe im Jahr. Offene Auseinandersetzungen aber, wirklicher Streit mit existenziellen Folgen, all dies war in vollem Ernst nicht nötig, ja in vielerlei Hinsicht nicht möglich. Natürlich gab es bei den Begegnungen auch viel Verständnis, Freundschaft, Zuneigung, aber der künstliche Raum ist geblieben, diese erzwungene, aber eben doch auch von vielen gewollte Unverbindlichkeit.

Nach dem Fall der Mauer ist dies alles anders. Viele alte Beziehungen haben es schwer. Ungewohnte Schärfe kommt in die Auseinandersetzungen. Es ist ein großer Unterschied, vom Wohlstand im Westen zu erzählen oder ihn mit Gästen, die jede Woche wiederkommen können, zu teilen. Manches schön entworfene Bild vom kritischen Konsum und ökologisch bewussten Leben hält der realistischen Betrachtung vor Ort nicht stand. Es ist ein Unterschied, vom volkskirchlichen Leben in der reichen Republik zu erzählen bzw. von der engagierten Kritik daran oder aber immer wieder Freunde zu Besuch zu haben, die mitbekommen, wie etabliert die Kritiker leben, samt ihren Reiseerfahrungen zu lateinamerikanischen Basisgemeinden.

Vom Kopf her ist ja vieles klar. Es geht jetzt offensichtlich um ein gegenseitiges Sich-frei-geben, Sich-offen-hinstellen, darum, auf den gewohnten Schutz zu verzichten. Alte Beziehungen können nur dann aufgehoben, d. h. auch bewahrt werden, wenn diese Freiheit gelebt wird. Diese Frage aber schließt sichtbar gewordene Enttäuschungen ein, schmerzliche Erfahrungen und nicht zuletzt den mühsamen Weg des harten Miteinanderstreitens.

Die Zeiten der durch die Mauer geschützten Partnerschaften sind vorbei. Es geht nun um Gefühle und um Inhalte, die neu zu erspüren und zu deuten sind, für Menschen im alten Westen und für Menschen im neuen Osten. Gefühle und Inhalte, die an Grenzen stoßen, die Verwirrung erfahren und die offensichtlich nicht einfach auf alte Muster zurückgreifen können. Die Schubläden von Ost und West, die Vorurteile und Feindbilder des alten Krieges passen nicht mehr. Hier liegen Chancen für eine Erwachsenenbildung, die mit Menschen zusammen Grenzen überschreiten will, ohne sie dabei zu verleugnen.

Öffentlicher Raum – privater Raum

OFFENE KIRCHE

Beim Blick aus dem Fenster meines Büros schaue ich auf den Berliner Gendarmenmarkt in seiner ganzen Pracht. Vor mir sein ältestes Gebäude, die Französische Kirche. Immer noch als Gottesdienstraum genutzt von den Hugenotten, für die sie erbaut wurde, von der evangelischen Gemeinde in der Friedrichstadt und von der Evangelischen Akademie als Ort großer Reden und Podien.

Ein öffentlicher Raum? Nun ja, Gottesdienste sind prinzipiell öffentlich. Stimmt das wirklich? Wird die Öffentlichkeit nicht durch zu viele Schwellen verhindert, so dass es normalerweise recht privat zugeht in unseren Gottesdiensten und jeder fast jeden kennt, ganz zu schweigen von speziellen Trauungs- oder Taufgottesdiensten im Kreise der Familien?

Richtig öffentlich wird es erst an Weihnachten oder bei großen Anlässen.

„Große" Akademievorträge oder Foren und Konferenzen mit einigen Hundert Menschen erscheinen da schon öffentlicher, selbst wenn mit dem Eintrittsgeld eine ziemlich hohe Schwelle errichtet worden ist. Ist dann noch das Fernsehen anwesend, scheint die Öffentlichkeit geradezu grenzenlos.

Das Fernsehen kommt allerdings nur, wenn alles gut inszeniert ist, Prominente auftreten, interessante Menschen im Publikum sitzen. Bei den Vorgesprächen fallen dann anerkennende Worte: „In Ihrer irren location, was für ein event!"

Ist das ein öffentlicher Raum?

Wähle ich einen anderen Ausgangspunkt, dann sieht es wieder anders aus: Seit langem kämpfen die Gemeinden darum, dass die Französische Kirche möglichst offen ist und damit öffentlich zugänglich. Das geht nicht mehr ehrenamtlich. Ein kleines Serviceunternehmen, durchaus kirchlich orientiert, managt die „Offene Kirche" mit Büchertischen, Führungen und gemeinsamen mittäglichen Orgelandachten und Kirchenkonzerten mit Kirchenmusikern und Pfarrern.

Bei den Andachten kommen manchmal nur zwei oder drei Leute. Dazwischen oft nur ein, zwei stille Besucher, die einfach einen anderen Raum suchen im Getriebe der Stadt.

Ist das nun ein öffentlicher Raum? Oder nicht viel mehr ein Gegenraum, der sich gegen einen kommerzialisierten öffentlichen Raum wendet? „Ich finde, dieser Kirchenraum protestiert gegen die vom Kommerz unterjochte Stadt", sagte ein Besucher, der mit einer größeren Gruppe in die Französische Kirche „geflüchtet" war. Er wusste nicht, dass auch dieser Kirchenraum unter strengen Auflagen zu mieten ist. Darüber hinaus gibt es die anderen Tagungsräume und das Restaurant, das eine ordentliche Pacht zahlt. Gäbe es diese Einnahmen nicht, wären viel mehr Kirchensteuermittel nötig zum „baulichen Unterhalt" und für die Gehälter der Mitarbeiter.

Es gibt offensichtlich schon in diesem einen Gebäude sehr viele Räume mit unterschiedlicher Öffentlichkeit und Privatsphäre.

Blicke ich aber nun auf den ganzen Platz, so erscheint er mir, zumindest in seiner Freifläche, der öffentliche Raum schlechthin zu sein. In der 1848er Revolution standen Barrikaden darauf, kleine, in den Boden eingelassene Tafeln weisen darauf hin. Die „Märzgefallenen" wurden am Deutschen Dom aufgebahrt und Adolph Menzel hat sie gemalt. E. T. A. Hoffmann und Sören Kierkegaard wohnten am Rande des Platzes, Fontane ging ins Kaffee Steheley, um Zeitung zu lesen und zu diskutieren. Öffentliche Nutzung? - Naja. Alte Bilder zeigen immer auch ausgegrenzte Bezirke, Verkaufsstände und andere Attraktionen, die etwas kosteten.

Und heute? Die vielen Tische und Stühle der Lokale um den Platz mit dem teuersten Pflaumenkuchen der Stadt zahlen ganz schön viel für die „temporäre Nutzung". Wer da sitzt, wird von allen gesehen, die vorbeilaufen, aber er muss es sich auch etwas kosten lassen. Und der arme Bezirk Berlin-Mitte nimmt viel Geld ein, von den Veranstaltungen auf dem Platz: Classic Open Air, Oktoberfestzelt der Bayrischen Vertretung, Kundgebung von Scientology, Jubiläum des Handwerkerbundes, Auftakt zum SPD-Wahlkampf mit dem Kanzler. Immer wieder im öffentlichen Raum Aufbauten, Absperrungen, nicht selten Lärmbelästigung, für die, die rund um den Platz arbeiten „dürfen" zum Beispiel in Büros wie dem meinen.

Der öffentliche Raum wird zu einem schönen Traum. Ich möchte ihn gerne mit Freiheit und Demokratie verbinden, ein Raum, in dem sich Bürgerinnen und Bürger frei und aufrecht bewegen können. Daraus scheint ein Raum der wirtschaftlichen Zwänge und der pluralen Konsumangebote geworden zu sein, zu dem - auch wenn es wehtut - längst auch Kirchenräume gehören.

Vieles von dem, was ich mir für den öffentlichen Raum erträumt habe, gibt es heute im Privaten. In meinen eigenen vier Wänden, da bin ich frei, kann reden, was ich will, mich an- und ausziehen wie ich will, einladen wen ich will, Feste feiern (solange es nicht zu laut wird) oder zumindest Menschen suchen, deren privater Raum ein ganzes Haus ist samt Garten oder Park. Ist solch ein Traum nicht wesentlich realistischer als diese Fama vom öffentlichen Raum?

Privatbesitz als letzter öffentlicher Raum?

WIDERSPRUCH BRAUCHT RÄUME

Von meinem Fenster im fünften Stock sehe ich auch das Figurenprogramm der Plastiken auf der französischen und deutschen Kirche und ihre schmucken Türme, die beiden „Dome", wie die Berliner sagen. Der König, es war der Alte Fritz, wollte ganz oben auf den Kuppeln die vergoldeten Figuren von Glauben und Vernunft thronen sehen und erarbeitete dafür, als auch für die Figuren und Reliefe weiter unten einen programmatischen Entwurf. Motive der Antike sollten des Königs Visionen von Aufklärung darstellen. Nach einigem Protest überließ er schließlich die unteren Figuren und Reliefe der Kirchenleitung der Hugenotten. Diese wehrten sich intelligent und bibelkundig (von wegen Glaube und Vernunft!): In Richtung Schloss stellten sie alle königskritischen Propheten auf und wählten für das Relief im Giebelfeld zum Platze die Rede des Paulus auf dem Areopag in Athen: *Ihr Männer von Athen ... ich bin umhergegangen und fand einen Altar mit der Aufschrift: Dem unbekannten Gott. Nun verkündige ich euch diesen Gott ...*

Die Hugenotten hatten öffentlich widersprochen, die Wunschbilder des Königs aus selbstbewusstem Glauben heraus entlarvt und zugleich eigensinnig gedeutet. Die DDR-Oberen haben zum Stadtjubiläum 1985 dies alles korrekt rekonstruiert und dabei gewiss noch weniger verstanden als der kluge König.

Öffentlichkeit entstand und entsteht hier durch Kritik, durch Widerspruch. Menschen wollen sich emanzipieren von Vorschriften und Herrschaftsansprüchen.

Mir scheint, die am heutigen Gendarmenmarkt exemplarisch sichtbare Funktionalisierung von öffentlichem Raum durch Kommerz und Konsum führt über den überkommenen

Gegensatz von öffentlich und privat hinaus. Öffentlichkeit hängt immer weniger von Besitz und Herrschaft ab, sondern von den Inhalten und Intentionen bei der Nutzung von Räumen. Noch so öffentliche Kultur „umsonst und draußen" kann inhaltlich banal sein - Kultur ohne Stachel, die sich wie ein Schaumteppich über die Risikogesellschaft legt.

Andererseits kann eine äußerlich völlig gleiche Veranstaltung in hohem Maße „öffentlich" sein, wenn sich Menschen durch sie emanzipieren können und in Texten, in Bildern oder in Musik Erfahrungen machen, die aufklären, die ihnen eine andere Sicht der Dinge vermitteln, die motivieren für ein richtigeres Leben.

Dies kann allerdings auch in Räumen geschehen, für die Eintritt verlangt wird, zu denen nicht alle Zutritt haben.

Und Gleiches gilt auch für Kirchenräume. Die Revolution von 1989 kannte in der DDR Kirchen, die umstellt waren von den Sicherheitsorganen. Kirchen, in die manchmal niemand mehr rein oder raus kam und die doch ganz und gar eindeutig öffentlich waren. Auch die Französische Kirche in der Friedrichstadt auf dem Gendarmenmarkt hat dies erlebt.

Ganz private Räume, wie die „Küchensalons"der DDR-Oppositionellen im Prenzlauer Berg gehören hier mit ihren Lesungen und Diskussionen in Küchen und Wohnzimmern genannt. Und wer vom Salon spricht, weiß auch um die Kultur der Salons in Berlin, deren bekanntester - „gehalten" von Rahel Varnhagen - am Rande des Gendarmenmarktes in der Jägerstraße lag.

Die Gedanken beim Blick aus meinem Bürofenster führen mich zu einem Plädoyer für eine Öffentlichkeit als Ausdruck einer Kultur, die das Triviale eines an die Hauptströmungen der Gesellschaft angepassten Betriebs immer wieder übersteigt. Es geht ihr um Transzendenz, die allen Schaum, alle Lüge, allen Nebel durchdringt. Eine Kultur, die offen ist für das Fremde, das Unheimliche, das ganz andere der Religion. Nicht in unreflektierter Übernahme, sondern in kritischer Auseinandersetzung, im Gespräch, im Streit und im Fest.

Solche Öffentlichkeit braucht Räume, sie kann sie sich fast

überall erkämpfen. Es ist aber hilfreich, wenn geeignete Räume mit Geschichte, zu denen gewiss viele Kirchen, Plätze und Straßen gehören, dafür offen sind. Oder ganz praktisch: von Menschen wie dir und mir offen gehalten werden.

Anmerkung: Die meisten dieser Gedanken verdanke ich meinem Lehrer Christof Bäumler, dessen letztes Buch: „Menschlich leben in der verstädterten Gesellschaft. Kirchliche Praxis zwischen Öffentlichkeit und Privatheit“, (Gütersloh 1993) weiterhin sehr lesenswert ist.

Mit der Bibel in den Reisturm

Fast jeder Besuch in meiner Heimatstadt Nördlingen schließt einen Gang auf der Stadtmauer, die ja noch rund um die ganze Altstadt geht, ein. Gleich hinterm Deininger Tor, in dessen Schatten ich aufgewachsen bin, befindet sich in Richtung Reimlinger Tor eine alte schwere Tür in der Stadtmauer. Oft stehe ich davor und denke daran, dass ich für viele Jahre Besitzer des Schlüssels für diese Tür war. Hinter der Tür ist der Reisturm, ein ausgebauter alter Wehrturm an der Stadtmauer, in dem ich Woche für Woche zuerst Jungschar und später Jungenschaft „gehalten“ habe. Zurzeit wird der Reisturm renoviert und ich hatte nach langen Jahren wieder Gelegenheit, durch die Räume zu gehen, in denen vieles fast unverändert war.

Eine Gruppenstunde ohne Andacht und damit ohne Bibel war für mich undenkbar. Das Vorbild dafür war Ernst Stippler, der zuerst im Kindergottesdienst und dann eben in der Jungenschaft eigentlich immer mein Jugendleiter gewesen ist. Er arbeitete in der Kreishandwerkerschaft und war so selbstverständlich für uns da, dass ich nie auf die Idee gekommen bin, zu fragen, warum dieser Mann so viele Jahre seines Lebens ehrenamtliche Jugendarbeit gemacht hat. Meist am Beginn der Stunde stand die gemeinsame Einstimmung durch Lieder. Nach den wilden Gesängen wurden nun die Kreuzes- und Jesuslieder gesungen. Dann ein Augenblick der Stille, anschließend die Lesung aus der Bibel und dann die Auslegung. Ein langes Gebet schloss in der Regel mit dem Vaterunser und dem Segen. Dann im Kreise stehen und sich die Hände halten, während wir entweder ein Abendlied oder immer wieder „Herr, wir stehen Hand in Hand ..." sangen.

Viel anders habe ich es auch nicht gemacht. Die tägliche Bibellese, deren Vordruck uns in der Regel zu Weihnachten für das nächste Jahr geschenkt wurde, war die Voraussetzung. Den Textabschnitt, den ich am Morgen schon für mich selbst gelesen hatte, las ich am Nachmittag oder Abend in der Gruppenstunde noch einmal vor. Ich habe noch ein altes Schulheft, in dem ich einige dieser Andachten vorher aufgeschrieben habe. Fast immer ist dabei der Versuch erkennbar, die Situation, in der dieser Abschnitt gesprochen wurde oder von der er erzählt, noch einmal nachzuerzählen. Ganz einfach bezogen auf den Kontext in der Bibel selbst. Dann, meist in Anlehnung an das Stichwort, das im Vordruck der Bibellese hinter der Textstelle stand, die Hervorhebung eines Gedankens wie zum Beispiel Gerechtigkeit, Liebe zu den Nächsten usw. Von diesem Gedanken ausgehend dann, sozusagen ohne jede Rücksicht, die Anwendung: Was will uns Jesus oder Gott mit diesem Wort heute sagen? Fast ausschließlich finde ich Beispiele aus dem Zusammenleben in der Familie, insbesondere im Verhalten zu den Eltern, und Beispiele aus dem Zusammenleben in der Gruppe. Sehr, sehr viel Moral. Fast noch eindeutiger waren die Beispielgeschichten, die manchmal in der „Jungenwacht" standen und die ich gerne vorlas. Hier war oft jemand in Lebensgefahr, völlig verzweifelt und hilflos und wurde dann gerettet. Ebenso bruchlos aktuell waren auch die Gebete. Ob mit oder ohne Gebetsgemeinschaft, immer habe ich sehr konkret gebetet. Besonders erinnere ich mich an die Gebete für das gute Abschneiden bei den nächsten Schulaufgaben. Weil meist Jungen aus verschiedenen Klassen da waren, gab es oft eine ganze Latte von Sonderbitten, von der Mathematikarbeit bis hin zur Englisch-Extemporale.

Versuche ich mich an meine Gefühle zu erinnern, so herrscht vor allem das Gefühl der Selbstverständlichkeit vor. Ich kann mich überhaupt nicht erinnern, dass ich die Art dieser Andachten und des Umgangs mit der Bibel je in Frage gestellt hätte.

Der Umgang hatte etwas sehr Nüchternes, überhaupt nichts Schwülstiges, auch nichts Heiliges, wir machten das halt immer so. Trotzdem war es nicht einfach nur Gewohnheit. Mittendrin in oft wilden Spielen und spannenden Abenteuergeschichten, aber auch in eher heimlichen Seitengesprächen über Mädchen, die Angst vor den Eltern und vieles andere, gab es diesen Moment der Stille, dieses Hören auf eine ganz andere Sprache und das Überzeugtsein, dass dies alles uns etwas zu sagen hat. Sehr wohl erinnere ich mich, dass ich ein guter Predigthörer war und immer wieder Beispiele und Gedanken aus Predigten in meine Andachten einbrachte. Im Nachhinein könnte ich formulieren, dass dies eine Fortbildung mitten in der Alltagserfahrung von Gottesdienst war. Manchmal war das Geschrei zu groß und die Unruhe nahm am Ende der Stunde überhand. Dann habe auch ich mit dem Entzug der Bibel gedroht. Soweit ich mich erinnere, hat das jedes Mal „gezogen". Ohne Andacht wollte doch keiner gehen. War das Angst vor den Eltern, Unterordnung unter irgendeine Autorität oder war es noch etwas ganz anderes?

Ich weiß es nicht. Es war gewiss eine Art von Leben mit der Bibel. Ein Leben allerdings, das nicht in Frage gestellt war.

Als dann später die großen Infragestellungen kamen, habe ich immer wieder gemerkt, dass ich sehr wohl auf einzelne biblische Texte verzichten konnte, aber nur schlecht auf das Netz eines gemeinsam geprägten Lebensstiles. Gemeinsame Zeiten, zusammen singen, zusammen still sein und nachdenken, all das erscheint mir jetzt im Rückblick als der Nährboden, weshalb ich so selbstverständlich mit der Bibel umgehen konnte.

Diese sehr verlässlichen Frömmigkeitsformen sind für mich in der Erinnerung auch gebunden an jene dicke Mauern und warme Räume im Reisturm an der Nördlinger Stadtmauer. Gerade die Renovierung des Turmes hat mir deutlich gemacht, dass es hier keine ungebrochenen Kontinuitäten geben kann, aber sehr wohl die Erfahrung des Erinnerns. Diese Erfahrung macht Mut, nach neuen, eigenständig gewählten Formen von Frömmigkeit zu suchen, in denen die Bibel nicht aufgesetzt wirkt, wie eine exotische Importware, sondern selbstverständlich dabei sein kann.

Reisen in uns hinein

Reisen ist nicht nur ins Ausland möglich, sondern auch in uns hinein. Viele haben diese Richtung fast vergessen.

In der Geschichte der Religionen gibt es viele Übungen, die diesen Weg beschreiten. Das Stillewerden, das In-sich-Hineinhören, das Sich-Versenken kennen wir zum Beispiel in den Darstellungen Buddhas. Auch dem Christentum sind von Anfang an solche Übungen nicht fremd. Jesus übte diesen Weg ins Innere etwa, wenn er vierzig Tage in die Wüste ging. Mystiker wie Meister Eckart beschreiben solche Übungen: Ich will sitzen, ich will atmen, ich will hören, was Gott in mir spricht.

Martin Luther, der als Mönch viele Übungen kannte, bezeichnete Menschen, die nur in sich kreisen, als scheiternde, sündige Menschen.

Worauf es in christlicher Mystik ankommt, ist, dass der Weg nach innen uns reinigt von Gedanken an Hektik und Karriere und uns offen und bereit macht für Gott. Die Barrieren unserer täglichen Lebensart räumen solche Übungen beiseite.

Am Anfang steht die Erfahrung der Stille. Für viele, die im beschleunigten Leben der Moderne arbeiten und leben, wird Stille fast nur noch als Zumutung verstanden oder als vertane Zeit. Umso überwältigender ist die Erfahrung, zum Beispiel in einer Gruppe unter Anleitung in der Stille eine Reise nach innen anzutreten.

Es ist möglich, sich zu versenken, sich nicht von den aktuellen Fragen treiben zu lassen, sondern ganz bei einer biblischen Zusage zu bleiben, wie zum Beispiel *Fürchte dich nicht, ich bin mit dir.*

Wer beginnt, solche Erfahrungen zu machen, wird in einem ganz neuen Sinn anspruchsvoll, zuspruchsvoll und ist nicht mehr so leicht umzuhauen.

Der Beginn kann schon in fünf Minuten Stille am Morgen oder am Abend liegen. Die Urlaubszeit ist voller Möglichkeiten, und vielleicht sind das offene Meer oder ein hoher Berggipfel Orte, an denen es der einen oder dem anderen besser gelingt. Auf dem Weg nach innen kann unser Leben Tiefe und Zuversicht gewinnen.

Die Väter haben saure Trauben gegessen, den Söhnen sind aber die Zähne stumpf geworden

BIOGRAPHISCHE NOTIZ

Mein Vater war SS-Mann, Faschist. Mir wurden öfters die Zähne stumpf davon. Im Streit um unbewältigte Vergangenheit zwischen Kollektivschuld und -scham begann ich mich zu wehren, politisch zu werden. Mir fallen ungezählte Tischgespräche ein, in denen ich Adenauer und die neue Bonner Republik verteidigte. Die Identifizierung mit der eingeführten Demokratie war erster, inhaltlicher Teil des Vatermordes. Die Studentenbewegung dann der zweite, durchaus praktische. Auschwitz war wieder konkret in Vietnam, das Ermächtigungsgesetz in den Notstandsgesetzen. Die längst als unpräzise verworfene Parole vieler Demonstrationen: „Kapitalismus führt zum Faschismus, Kapitalismus muss weg", war mir damals besonders lieb. Es schien geschafft. Ich konnte damals die Zähne zeigen, ich meinte, sie wären scharf.

Enttäuschungen kamen, Veränderung blieb aus. Von der Revolution ganz zu schweigen. Organisationsdebatten, Basisgruppen, Randgruppenstrategie, dilettantische Betriebsarbeit, halb bewusstloses Untertauchen in die „blauen Wände" (der Werke Marx') und etwas bewussteres Vertiefen in die Hegelsche Logik und zwischendurch immer noch rigidere Organisationen. Ich musste die Zähne zusammenbeißen. Manchmal knirschten sie sogar. Langer Atem stellte sich mühsam ein - mit Blochs „Spuren“ und immer noch Adornos „Minima Moralia“ und durchaus auch der Bibel auf dem Nachttisch. Ein Prozess der Selbstkonstituierung, gewiss: in Richtung „redlicher Intellektueller voll kritischen Engagements in seinem Beruf“.

Und dann, so nach dem 30. Lebensjahr, ein mühsam erstauntes Registrieren einer neuen Lage: Meine Sohnschaft ist zu Ende, der Vater tot. Es gibt neue Söhne, die mich fragen: „Wie war das damals, was habt ihr aus der Studentenbewegung gemacht?“, oder - etwas differenzierter - „Was habt ihr aus ihr werden lassen?“ „Seid ihr nicht jetzt, wenn es gilt, sich für ökologische Fragen, für den Frieden zu engagieren, nur die alten Opas, die mit ihren veralteten langen Haaren, dem längst aus der Mode gekommenen Parka und voller besserwisserischer Sprüche auf manchen, meist ungefährlichen Demonstrationen mithinken?“ Ich habe da Probleme und weiß nicht so recht mit meinen Zähnen umzugehen. Ich spüre, dass da wieder ein Stück unbewältigter Vergangenheit dazwischenhängt: *meine Vergangenheit.*

BIBLISCHE NOTIZEN

Die Weitergabe von Tradition hat in Israel eine lange Geschichte. Der Prophet Hesekiel beschreibt sie in einer ganz speziellen historischen Situation: Israel - jenes vor allem zur Negation auserwählte Volk - war am Ende. Jahre des Kampfes um die Selbstbehauptung als eigenes Volk voller Hoffnungen und Träume - zuletzt symbolisiert in einem jünglingshaften König von 18 Jahren - fanden ihr Ende in der Ohnmacht. Die zuständige Großmacht hatte das Land überrollt und den königlichen Jüngling samt seinen Priestern und Beamten nach Babylon deportiert. Hesekiel war einer dieser Priester. Ein Priester, der nachdachte und auch vorausdachte, ein Prophet und damit - zumindest nach Max Weber - Urtyp des modernen Intellektuellen. Hesekiel wird literarisch tätig:

Und des Herrn Wort geschah zu mir: Was habt Ihr unter euch im Lande Israels für ein Sprichwort: „Die Väter haben saure Trauben gegessen, aber den Kindern sind die Zähne davon stumpf geworden"? So wahr ich lebe, spricht Gott der Herr: Dies Sprichwort soll nicht mehr unter euch umgehen in Israel.

Denn siehe, alle Menschen gehören mir; die Väter gehören mir so gut wie die Söhne; jeder, der sündigt, soll sterben. Wenn nun einer gerecht ist und Recht und Unrecht übt, der von den Höhenopfern nicht isst und seine Augen nicht aufhebt zu den Götzen des Hauses Israel, der seines Nächsten Frau nicht befleckt und nicht liegt bei einer Frau in ihrer Unreinheit, der niemand bedrückt, der dem Schuldner sein Pfand zurückgibt und niemand etwas mit Gewalt nimmt, der mit dem Hungrigen sein Brot teilt und den Nackten kleidet, der nicht auf Zinsen gibt und keinen Aufschlag nimmt, der seine Hand von Unrecht zurückhält und rechtes Urteil fällt unter den Leuten, der nach meinen Gesetzen lebt und meine Gebote hält, dass er danach tut: das ist ein Gerechter, der soll das Leben behalten, spricht Gott der Herr.

Wenn er aber einen gewalttätigen Sohn zeugt, der Blut vergießt oder eine dieser Sünden tut, während der Vater all das nicht getan hat: wenn er von den Höhenopfern isst und seines Nächsten Frau befleckt, niemand bedrückt, nichts mit Gewalt nimmt, das Pfand nicht zurückgibt, seine Augen zu den Götzen aufhebt und Gräuelbegeht, auf Zinsen gibt und einen Aufschlag nimmt – sollte der am Leben bleiben? Er soll nicht leben, sondern weil er alle diese Gräuel getan hat, soll er des Todes sterben; seine Blutschuld komme über ihn.

Wenn der dann aber einen Sohn zeugt, der alle diese Sünden sieht, die sein Vater tut – wenn er sie sieht und doch nicht so handelt, nicht von den Höhenopfern isst, seine Augen nicht aufhebt zu den Götzen des Hauses Israel, nicht seines Nächsten Frau befleckt, niemand bedrückt, kein Pfand fordert, nichts mit Gewalt nimmt, sein Brot mit dem Hungrigen teilt und den Nackten kleidet, seine Hand von Unrecht zurückhält, nicht Zinsen noch Aufschlag nimmt, sondern meine Gebote hält und nach meinen Gesetzen lebt: der soll nicht sterben um der Schuld seines Vaters willen, sondern soll am Leben bleiben. Aber sein Vater, der Gewalt und Unrecht geübt und unter seinem Volk getan hat, was nicht taugt, siehe, der soll sterben um seiner Schuld willen.

Doch ihr sagt: Warum soll denn ein Sohn nicht die Schuld seines Vaters tragen? – Weil der Sohn Recht und Gerechtigkeit geübt und alle meine Gesetze gehalten und danach getan hat, soll er am Leben bleiben. Denn nur wer sündigt, der soll sterben. Der Sohn soll nicht tragen die Schuld des Vaters, und der Vater soll nicht tragen die Schuld des Sohnes, sondern die Gerechtigkeit des Gerechten soll ihm allein zugute kommen, und die Ungerechtigkeit des Ungerechten soll auf ihm allein liegen. (Hesekiel 18,1-20)

Mit dem alten Sprichwort von den erfrischenden Trauben der Väter und den faden Söhnen deckt Hesekiel die Bewusstseinslage der resignierten Intellektuellen im Exil auf. Ihre eigene Geschichte ist in ihrem Bewusstsein zu einem schicksalhaften Mechanismus verkommen. Die Sünden der Väter belasten automatisch die Söhne. Ihre Eigenständigkeit wollen diese gerade durch die Verdrängung der eigenen Tradition erreichen. Mittel zur Verdrängung ist die Objektivierung von Geschichtsprozessen zu mechanischen historischen Gesetzmäßigkeiten. Weil die Väter schlecht waren, müssen wir auch schlecht sein usw. Folge ist die Verleugnung des eigenen Subjekts, der eigenen Betroffenheit und Trauer. Beide, Väter und Söhne, können so nicht freie Subjekte sein, sondern müssen Objekte bleiben. Tradition - so vermittelt -, objektivistisch mechanisch, ohne Eindringen des Subjekts, verliert ihre Säure, bleibt fader Beigeschmack einer Konstituierung von dann gar nicht so Gegenwärtigem.

Wer von uns kennt nicht solche Reden, dass wir als Deutsche, gar noch unter den Bedingungen einer kapitalistischen Gesellschaft, so und nicht anders können, und dass jeder Versuch, hier eigenständig zu werden, von vornherein als illusionär verurteilt wird? Dagegen spricht Hesekiel mit aller Macht, die er hat, unter Berufung auf ein recht objektives Subjekt, auf Gott: „Dies Sprichwort soll nicht mehr unter euch umgehen in Israel." Diese Negation setzt Positionen frei. Zuallererst einen neuen Begriff von Subjekt. Der Satz, dass alle Menschen Gott gehören, spricht Menschen an, die eigenständig und aufrecht ihre Geschichte als die „freien Söhne Gottes" machen, sich mit ihrer ganzen Subjektivität einbringen als Betroffene, als „Sünder und Gerechte". Möglich ist ihnen das nicht als abgekapselte, halsstarrige Individuen, die immer für sich Recht behalten wollen, sondern kollektiv „mit allen" Mitgliedern der Gesellschaft orientiert am objektiven, durchaus geschichtlich entwickelten Verstehensrahmen ihres Volkes, eben an Gott. Zugleich ist damit ein neuer Begriff von Geschichte gesetzt, Geschichte als die Geschichte von Auseinandersetzungen zwischen Menschen, die sich mit ihren Wünschen, Ängsten und Sehnsüchten einzubringen und durchzusetzen versuchen, die kämpfen von Generation zu Generation.

Konkret wird die Vermittlung so verstandener Tradition nun im Text ausgeführt: Tradition in der Sprachform von liturgischen Rechtsformularen, deren Bekanntestes die Zehn Gebote sind, wird dreimal in die Praxis des Alltags eingebracht. Nicht als starres Gesetz, sondern - wie wir im Text sehen - als Angebot zum Handeln. Diese Praxis, vom Sexualverhalten bis zum Geldverleihen, wird zum Medium der Traditionsvermittlung. Und nun heißt es, ganz genau zu sein: Fad, autoritär, repressiv, das heißt schlecht vermittelt, wäre Tradition, wenn sie nicht eingebracht würde als Moment der Selbstvermittlung der einzelnen geschichtlichen Subjekte. Tradition muss so aufgearbeitet sein, so konkret sein, dass sie in den Konstitutionsprozess von gegenwärtigen Subjekten ohne Zwang eingehen kann. In etwas anderer Sprache ausgedrückt: Das bewusste Subjekt - im Text ist das der Mensch, der fähig ist, eigene Schuld und Verantwortung zu tragen - kommt nur dann zu einer Identität, die Freiheit zu politischem Handeln gibt, wenn er in der Lage ist, möglichst viele Erfahrungen, eigene - aus der früheren Kindheit zumal -, erzählte und gelesene, so in sich zu verarbeiten, dass sie sich dabei sinnvoll ergänzen und nicht stumpf gegeneinander oder durcheinander gehen. Der Text macht es an Beispielen deutlich: Wenn ich mich zu einer Frau legen will, wenn ich mit Macht umgehe, wenn ich Geld verleihe, wenn ich Hungernde sehe, dann nimmt mir niemand die Entscheidung ab, was richtig und was falsch ist, sondern dann muss zunächst ich selbst stark sein und entscheiden.

Aber - und dies ist der letzte Schritt, der Schritt gegen eine Idealisierung des Individuums, oder biblisch gesagt, auf Gott zu: Gerade dieser genaue Vermittlungsprozess, eingebettet in die Selbstsetzung des Subjekts, konstituiert eine neue Objektivität, eine Objektivität, die ein Subjekt gerade nicht zum Objekt macht. Denn dieser Vermittlungsprozess ist nur als wahrhafter Prozess - als Prozess der Wahrheit - möglich, als aufklärender, erhellender Prozess, der unerbittlich dunkle Stellen ausleuchtet und ans Licht bringt, ein kommunikativer Prozess, der Menschen, der Gesellschaft mit all ihren Mechanismen einschließt, um wahrhaft zu bleiben. Ein praktischer Prozess, der im Handeln alte Erfahrungen überprüft und neue einbringt. Ein Denkprozess, der sich an Begriffen wie Gerechtigkeit und Friede abarbeitet, gerade dann, wenn er das ganze Subjekt mit seinen Ängsten bis hin zu seiner letzten Negation, dem Tod, umfassen will. Ein Prozess, dessen Ziel unser Text mit „wahrhaftem Leben" benennt, das für ihn nur als „Leben Gottes" aussprechbar ist, ein Leben, das aber auch verfehlt werden kann von Vätern und von Söhnen.

Findet eine so qualifizierte Traditionsvermittlung statt, die sich radikal einlässt auf die Betroffenheit durch Geschichte, dann ist Konstitution von wahrhaft Gegenwärtigem, das heißt gleichzeitigen Subjekten, möglich. Mechanisierte, dressierte Traditionsvermittlung ist dann vorbei. *Der Sohn soll nicht tragen die Schuld des Vaters, und der Vater soll nicht tragen die Schuld des Sohnes.* Stumpfe Zähne müssen dann nicht mehr sein.

ZUSPRUCH

Aus der Bibel kommt langer Atem, der uns befreien will zu einer intensiven, immer wieder neuen Beschäftigung mit unserer Geschichte als Deutsche. Aus der Geschichte zu lernen kann keine dressierte Aktion sein. Lebendige Erinnerung heißt, dass jeder von uns neu mit den geschichtlichen Erfahrungen umgeht, sie immer wieder neu auf sich wirken lässt, sie erforscht, um daraus immer wieder neue Schlüsse zu ziehen. An der Schwelle zum Jahr 1984, in dem sich zum Beispiel die Barmer Bekenntniserklärung[6] zum 50. Mal jährt, kann es ja nicht nur darum gehen, die Sätze von damals einfach zu lernen und zu wiederholen. Vielmehr, wird es darum gehen, diese Aussagen so genau zu erforschen, dass die Situation, in die sie hineingesprochen wurde, ganz gegenwärtig wird um uns in die Lage zu versetzen, selbst Sätze zu formulieren, die unserer Situation entsprechen. Gott gibt uns im Text des Hesekiel gerade dazu die Freiheit. Nicht als willkürlicher Akt, sondern als Prozess unserer eigenen Verantwortung, die wir im Gespräch mit den Generationen vor und nach uns heute zu tragen haben. Nur wenn wir das tun, werden unsere Zähne nicht stumpf, sondern bleiben scharf.

Josef verzeiht

Liebe Konfirmandinnen und Konfirmanden, liebe Gemeinde!

Keinen Vater mehr zu haben, ist schwer. Einige von euch erleben dies ja jeden Tag. Gewiss, da sind noch die Mutter, die Großeltern oder andere Menschen, die für einen da sind; aber irgendetwas Besonderes scheint doch zu fehlen, wenn der Vater fehlt. Was wäre dann nicht alles besser, wenn er da wäre? Wunschbilder von Vätern, geradezu Traumväter kann man sich ausdenken, wenn man keinen Vater hat. Denn die vielen, die Väter haben, rufen herüber: „Halt! Halt! einen Vater zu haben, zum Beispiel meinen Vater, ist wirklich nicht leicht. Was gibt es da täglich für Streit. Ständig schreibt er mir nur was vor. Fast nichts darf ich tun. Überhaupt, ob Väter oder Mütter, Menschen, die mich erziehen wollen und dazu auch noch die Autorität haben, wie Lehrer, die kann ich nicht leiden. Ich will frei sein, unabhängig!"

Wer so fühlt, hat nicht völlig Unrecht. Ihr wisst es genau - und eure Eltern wissen das auch: für euch kommt es in diesen Lebensjahren darauf an, selbstständig zu werden, endgültig vom Rockzipfel der Mutter wegzukommen, oder - wie es manche Psychologen sagen - nach der körperlichen Nabelschnur muss nun die geistige, gefühlsmäßige Nabelschnur durchschnitten werden. Und das tut beiden Seiten weh. Es ist aber die einzige Möglichkeit dafür, dass Eltern und Kinder selbständige, freie Menschen werden. Das Ganze ist ein großer, schwieriger Prozess. In diesem Umwandlungsprozess stehen wir alle. Kinder und Eltern zuerst, aber auch die anderen bis hin zu den Lehrern und Freunden spielen dabei eine Rolle – auch die Konfirmation mit euch als Gruppe, mit mir als eurem Pfarrer, mit allem, was wir getan und gedacht haben.

Die Frage ist nur, *welche* Rolle spielen wir da? Spielen wir einfach unbewusst drauf los, oder haben wir ein Drehbuch im Sinn, das uns eine bestimmte Rolle vorgibt?

Ein Beispiel: Wir haben uns lange im Unterricht gefragt, was für uns das Wort „Gott" eigentlich noch bedeutet. Ist *er* ein Über-VATER, dem wir uns nur unterwerfen können, vor dem wir Angst haben müssen? Oder ist es nicht längst nur ein altmodisches Wort, das uns nichts mehr angeht? Wir haben uns hin- und hergewunden. Einmal waren auch die Eltern dabei. Es kamen verschiedene Formulierungen – bis hin zu unserem Glaubensbekenntnis. Doch wurden wir dabei freier, selbständiger? Haben wir für uns etwas gelernt? Oder war alles nur eine Pflichtübung?

Als es auf den heutigen Tag zuging, haben wir uns doch recht schnell auf eure jeweiligen Formulierungen geeinigt. Aber allein, wirklich selbstständig zu entscheiden, ist schwer. Da wäre manchmal ein Vater schon recht. Doch nach allem, was wir wissen, können wir einem Vater so einfach nicht mehr trauen. Was aber ist dann zu tun?

Der Bibeltext, den wir vorhin gehört haben (1 Mose 50), ist die Geschichte von Menschen, die ohne Vater auskommen müssen und trotzdem am Ende der Geschichte frei und selbständig dastehen.

Es ist eine Geschichte, aus der man lernen kann, wie man dahin gelangt. Schauen wir sie uns genau an.

Die vaterlosen Menschen unserer Erzählung sind Josef und seine Brüder. Sie haben eine lange Geschichte hinter sich, einen schwierigen Prozess. Dabei lag großes Unrecht und Schuld auf Seiten der Brüder: Sie hatten Josef als Sklaven verkauft. Josef aber zeigte ein hohes Maß an Friedensbereitschaft: Er half seinen Brüdern und versöhnte sich mit ihnen. Garant dieses Zusammenlebens war bisher der gemeinsame Vater gewesen. Er hielt die Gesellschaft zusammen. Er hatte Autorität. Er sorgte dafür, dass Josef nicht herrschsüchtig gegen seine Brüder wurde. Dieser Vater war nun tot.

Die Erzählung beschreibt nun geradezu in Stufen das Verhalten der Söhne. Sie beschreibt, wie sie gelernt haben.

Verfolgen wir zunächst das Verhalten der Brüder: Ihre erste Reaktion ist Angst. Ihr schlechtes Gewissen meldet sich. Jetzt, wo kein Vater mehr da ist, müssten sie sich selbst verantworten. Sie können die Verantwortung nicht einfach mehr auf den Vater abschieben. Was tun?

Da kommen sie zu einer zweiten Reaktion: zum Versuch, die Vaterautorität künstlich zu erhalten. Zum Glück hat der Vater ja einiges gesagt, ehe er starb. Seine überlieferten Worte sollen nun als Maßstab dienen. „Der Vater hat gesagt ..." - das muss doch wirken! Dieser Versuch wird ja oft auch heute gemacht: Man beruft sich auf irgendeinen berühmten Mann oder sagt einfach: Das ist immer schon so gewesen. Selbständig wird man so nicht. Josef hingegen reagiert seltsam, als ihm seine Brüder dies sagen: Er weint.

Seine Brüder aber werden zu einer dritten Reaktion getrieben. Sie sagen sich: Lieber Josef zum Vater als gar keinen Vater. Sie gehen zu ihm hin und fallen auf die Knie. Sie können sich ein Leben ohne irgendeine Autorität nicht vorstellen. Sie sind es so gewöhnt und so erzogen. Selbstverantwortlich und frei scheinen sie nicht leben zu können. Und das ist ja bei uns auch oft so. Ein Jugendlicher läuft von zu Hause weg, wird aber dadurch nicht frei, sondern hängt sich an einen potenten Freund, der ihn noch mehr unterdrückt als sein Vater ... Freiheit ist so einfach nicht zu finden. Bei diesen Brüdern - so scheint es - können wir doch nicht allzu viel lernen. Sie verhalten sich fast so wie wir. Angst haben, nach fremder Macht schielen und dann doch am liebsten immer neu abhängig werden, das kennen wir.

Josef dagegen verhält sich anders als gedacht. Er weint, anstatt zu befehlen. Er tut das, was nach gängigem Rollen-Klischee ein Mann und erst recht ein Vater nicht tun sollte. Er macht seinen Brüdern keine Angst, sondern nimmt ihnen ihre Angst, zweimal sagt er: Fürchtet euch nicht. Und er sucht nicht nach einer fremden Autorität. Vom Vater sagt er gar nichts und mit Blick auf Gott fragt er erstaunt: Stehe ich denn an Gottes statt? Das gibt es nicht, dass sich jemand vor ihm unterwirft, um Gottes willen. Josef steht nicht an Gottes statt. Aber er redet von ihm. Aha, könnten jetzt einige denken: Da ist der Josef doch nicht selbstständig. Wir müssen aufpassen, wie er von Gott redet: Er spricht von einem Gott, der gedenkt, es mit den Menschen gut zu machen. Also von einem Gott, der das Glück, der die Freiheit der Menschen will. Von diesem Gott, der uns durch Jesu Leben verdeutlicht hat, dass er die Menschen nicht unterdrücken will, sondern sie befreien. Es ist der Gott, den wir aus den Gleichnissen Jesu kennen, zwar als Vater, aber als einer, der allen Vaterrollen zum Trotz gerade den ungehorsamen, verlorenen Sohn in seine Arme nimmt. Oder der zwar Hausherr ist, der aber entgegen jeglicher Regel allen Arbeitern den gleichen Lohn zahlt, egal ob sie eine oder zehn Stunden gearbeitet haben. An diesen Gott glaubt Josef, und dieser Gott ermöglicht sein Verhalten. Ein Gott, der nicht zur Abhängigkeit erzieht, sondern zur Freiheit.

Und weil er an diesen Gott glaubt, kann er sich seinen Brüdern gegenüber so verhalten. Er ist ganz menschlich, zeigt seine Gefühle, er redet, wie es in der Bibel heißt, „freundlich mit ihnen". Er nimmt die Angst und gibt freien Raum. Er vergibt seinen Brüdern. Dabei ist er nicht schwächlich, sondern weiß, was er tut. Er versorgt seine Brüder. Sie können gut leben.

Liebe Freunde, wir wollten aus der Geschichte lernen, wie man selbständig leben kann. Josefs Verhalten zeigt uns eine Möglichkeit: Wir brauchen eine gute, wir brauchen *die richtige* Zielvorstellung für unser Leben. Josef nennt sie schlicht „Gott". Und darin schließen wir uns ihm an. Es kommt alles darauf an, dass ihr damit den Gott Josefs und Jesu meint, den Gott, der nicht unterdrückt, sondern befreit.

Bei unserer ersten Freizeit haben wir einen Zeichentrickfilm gesehen mit dem Titel „Die Hand". Ein Mensch wurde als Marionette gezeigt, die immer bedrohender von der Hand an den Schnüren bestimmt wurde. So lange, bis es der Marionette gelingt, mittels einer Kerze diese Schnüre zu durchbrechen, dann ist sie ein freier Mensch. Der Gott, zu dem ihr heute Ja sagt, ist nicht der Gott, der uns an Schnüren zappeln lässt, sondern es ist der Gott, der uns die Möglichkeit der Freiheit gibt.

Ihr sollt aufrecht durchs Leben gehen. Aber - und das ist das Zweite, was wir von Josef und seinen Brüdern lernen können - nicht hochnäsig. Wir sind gerade dazu frei, auch anderen zur Freiheit zu helfen. Die Gebote Gottes sind dabei Handlungshilfen und weisen den Weg in Richtung Freiheit, Liebe, Gerechtigkeit und Frieden.

So - aufrecht, aber nicht hochnäsig, sondern aufmerksam für die Menschen um uns - könnt ihr den Weg in ein eigenes, gutes Leben gehen.

Gute Väter helfen euch auf diesem Weg. Schlechte hindern euch daran. Gott ist ein guter Vater. Er ist nicht tot, wenn ihr Ja zu ihm sagt.

Wie sollen wir beten?

Beten ist uns manchmal ganz nah und dann wieder ganz fern. Beten ist nur noch für wenige eine alltägliche Erfahrung, vor und nach dem Essen, am Abend und am Morgen. Nur noch im Gottesdienst hat es für viele seinen festen Platz, bei der Taufe, bei Hochzeiten, am Grab.

Dennoch geben bei Umfragen viele - auch wenn sie schon längst aus der Kirche ausgetreten sind - an, dass sie beten, ihre Wünsche und Ängste, gerade in Not und Verzweiflung, aber auch im Glück, als Gebet ausdrücken, als fromme Wünsche.

Und eine wachsende Minderheit sucht Wege nach Innen, in die Stille - gar nicht mehr in der jüdischen und christlichen Tradition, sondern in anderen Religionen von Indien bis zu den Indianern. Ein muslimischer Gesprächspartner sagte mir vor einigen Tagen: Jetzt holen sich Europas Christen auch noch die Gebete aus aller Welt, das ist hoffentlich die letzte Stufe des Imperialismus.

Die Frage, wie wir beten sollen, betrifft uns Christen nicht nur am Rande, sie trifft uns vielmehr mitten ins Herz. Beten, offen sein für Gott, mit Ihm reden, innerlich auf Ihn hören, das ist die Quelle christlicher Existenz. Hören wir aus der Mitte der Bergpredigt im Evangelium des Matthäus, was Jesus spricht: *Und wenn ihr betet, sollt ihr nicht sein wie die Heuchler, die gern in den Synagogen und an den Straßenecken stehen und beten, damit sie von den Leuten gesehen werden. Wahrlich, ich sage euch: Sie haben ihren Lohn schon gehabt. (5)*

Wenn du aber betest, so gehe in dein Kämmerlein und schließ die Tür zu und bete zu deinem Vater, der im Verborgenen ist; und dein Vater, der in das Verborgene sieht, wird dir's vergelten. (6)

Und wenn ihr betet, sollt ihr nicht viel plappern wie die Heiden; denn sie meinen, sie werden erhöret, wenn sie viel Worte machen. (7)

Darum sollt ihr ihnen nicht gleichen. Euer Vater weiß, was ihr bedürfet, bevor ihr ihn bittet. (8)

Darum sollt ihr so beten:
Unser Vater im Himmel!
Dein Name werde geheiligt (9)
Dein Reich komme.
Dein Wille geschehe wie im Himmel so auf Erden. (10)
Unser tägliches Brot gib uns heute. (11)
Und vergib uns unsere Schuld, wie auch wir vergeben unsern Schuldigern. (12)
Und führe uns nicht in Versuchung, sondern erlöse uns von dem Bösen.
[Denn dein ist das Reich und die Kraft und die Herrlichkeit in Ewigkeit. Amen.] (13) (Mt 6,5-13)

Jesus lehrt uns beten. Zuallererst: Beten kann auch falsch sein. Man kann dabei den anderen und sich selbst etwas vorgaukeln, so beten, dass man gesehen wird. Gewiss ist das auch eine Frage an „professionelle Beter“ - etwa in diesem Gottesdienst. Aber es ist vor allem eine Frage an uns selbst. Bin ich beim Beten ganz bei mir, bete ich aus meinem Innersten heraus? Oder gaukle ich mir vor, dass ich bete, indem ich aussteige aus der Wirklichkeit, indem ich nicht ehrlich bin, nur Wünschen nachhänge und nicht offen bin für die Wahrheit mir gegenüber.

Die Empfehlung „wenn ihr betet, dann geht in eure kleinste Kammer, verschließt die Tür und betet zu eurem Vater, der, im

Dunkel verborgen, das Verborgene sieht, der wird's euch vergelten" deutet in eine andere Richtung. Beten ist zunächst einmal intim, ein Weg nach innen, der bergenden Raum braucht, der Zeit braucht um still zu werden, um in Ruhe zu spüren, was wir in Wahrheit sind, ohne Maske und Gaukelei, offen für Gott - er will in uns einkehren, Gott sein in uns. Nelly Sachs, die jüdische Dichterin, die auch nach Auschwitz Gedichte schrieb, besingt in einem Gedicht David, den Beter der Psalmen:

Aber im Mannesjahr
maß er, ein Vater der Dichter,
in Verzweiflung
die Entfernung zu Gott aus,
und baute der Psalmen Nachtherbergen
für die Wegwunden.

Psalmen, Gebete als Herbergen für die, die wund gelaufen sind auf dem Weg des Lebens, für Verzweifelte, Orientierungslose, Hungernde und Schreiende - Ruhe ist möglich, Wunden werden geöffnet und dadurch gepflegt. Beten ist der Augenblick, wo der Mensch in seiner Qual seine Qual vergisst und Gott spürt.

Der Weg nach innen ist also nicht ein esoterischer Weg aus der Welt, sondern ein Weg in der Welt, auf dem alles, was uns belastet, vor Gott gebracht werden kann. Gebet nicht als intellektuelle, auch nicht als spirituelle Leistung, sondern offen für jeden Seufzer, für jede Klage, für jede, auch die einfachste Bitte. So beginnt Beten, wie es uns Jesus, der Jude, lehrt. Wir brauchen nicht plappern ohne Gedanken, denn wir beten zu Gott, dem Vater in den Himmeln. Wir beten in seinem Namen. Dies ist das zweite entscheidende Kriterium des Betens von Jesus Christus. Beten heißt nicht einfach das Herz ausschütten. Beten ist nicht beliebiges Augenschließen und meditieren. Wir sollen beten: unser Vater im Himmel. Das ist keine Unterwerfung, da geht es nicht um menschliche Vaterautorität, die meist nicht nur liebt, sondern auch unterdrückt, Söhne und vor allem Töchter.

Allein der Gedanke daran hat schon viele Gebete zu Gott als dem Vater verhindert, da nicht zuletzt auch irreführender Unterricht der Kirchen Beten als Unterwerfung darstellte.

Der Sachverhalt ist anders. Zum Vater im Himmel beten ist Absage an das verordnete Gebet zum Pater Patriae, dem Vater des Vaterlandes, wie sich die römischen Kaiser verehren ließen. Zum Vater im Himmel beten ist Freiheit und Aufkündigung der Loyalität gegenüber den Mächten, die uns Menschen beherrschen wollen.

Und Gleiches gilt, wenn wir Jesus Christus als Gott und Herrn anrufen, das ist Absage an die Herrn der Welt. Das hat Konsequenzen.

Beten ist die Bitte um Freiheit, um Befreiung. Vergib uns unsere Schuld, führe uns nicht in Versuchung, erlöse, befreie uns von dem Bösen. Was uns bedrückt, auch wer uns bedrückt bleibt nicht in seiner Herrschaft. Wie viele Zwänge erleben wir jeden Tag. Achten wir darauf, wie oft wir sagen „aber ich muss noch": Die Termine drängen, die Geschäfte müssen noch erledigt werden, es geht nicht anders, da muss ich noch durch.

Und da gibt es immer Herren, Autoritäten, Vorschriften, die uns angeblich keine andere Wahl lassen, und meist sind wir selbst so gefangen, dass wir uns vorgaukeln, es müsse so sein. Beten eröffnet eine völlig andere Dimension. Dein Wille geschehe wie im Himmel so auf Erden. Wir öffnen uns Gott, der einen ganz anderen Takt in unser Leben bringt. Die Herrschaftssysteme der Welt werden zu Kulissen, die hin und her geschoben werden.

Wer betet, achtet nicht darauf, sondern auf die Menschen, die - wie wir - in der Gefahr sind, ihr Leben ohne Freiheit und eigene Verantwortung zu verschenken. *Vergib uns unsere Schuld, wie auch wir vergeben unseren Schuldigern. Gib uns mit allen Menschen heute unser täglich Brot,* das, was wir zum Leben wirklich brauchen. Beten ist so alles andere als eine Pflichtübung, sondern die tägliche, die stündliche Chance, unsere Leben von Gott her, von dem ganz anderen Vater im Himmel her zu orientieren. Beten wir in seinem Namen, zu ihm, dann kommt das entscheidende Dritte zum Beten dazu:

Dein Name werde geheiligt, Dein Reich komme. Grundton allen Betens ist dieser Name, der Inbegriff allen Lebens, der Gott, der Himmel und Erde geschaffen hat, auch eine jede und einen jeden von uns. Ein Grundton der Dankbarkeit, aber nicht nur im Blick zurück, sondern unverbrüchlich auch in Zukunft. Der Name gilt in allen Zeiten, auch über die Grenzen unseres Lebens hinaus, er gilt, wenn wir sterben und darüber hinaus.

Wir haben in der Geschichte des Christentums eine sehr lange Tradition des Betens. Die Wüstenväter, Einsiedler im 3. und 4. Jahrhundert, haben ihre Erfahrungen aufgeschrieben und in die Übungen von Klöstern und Gemeinden weitergegeben. Das „Herzensgebet" wird bis heute in der Ostkirche und nun auch wieder mehr im Westen geübt. Der Name Jesus Christus wird dabei mit dem Fluss des Aus- und Einatmens verbunden und in jahrelanger Übung mit dem Schlagen des Herzens. Als Grundton für das Leben, der alles souverän trägt, der Gelassenheit und Ruhe gibt, Hingabe zum Anderen in Liebe und Freiheit. Liebe Gemeinde, Beten ist uns manchmal ganz fern und manchmal ganz nah. Jesus sagt uns: wir können beten, ich lehre es euch, wenn ihr sagt, unser Vater im Himmel.

Ach Gott, öffne unsere Herzen, damit Du in uns sprichst, lass uns eine betende Gemeinde werden, eine betende Kirche, wir brauchen das, und die ganze Welt braucht dieses Gebet.

Aufstand gegen die Pastorenkirche

WELCHE AUSWIRKUNGEN DIE 68ER-BEWEGUNG AUF DEN PROTESTANTISMUS HATTE

„Hier stehen die Söhne der Kirchenkämpfer, die Studenten der sich sozial-ethisch entwickelnden Theologie, die Vollstrecker von Barmen[7] in der Ausdeutung des Darmstädter Wortes von 1947."

Mit solchen Worten versuchte Friedrich-Wilhelm Marquardt am 30. April 1968 dem Studentenausschuss der Rheinischen Landessynode die „Studenten im Protest" ans Herz zu legen. Dem Assistenten am Seminar für Evangelische Theologie an der Freien Universität Berlin (FU), der vorher dort viele Jahre als Studentenpfarrer tätig war, war aufgefallen, dass gerade junge Christen sich besonders engagiert am Protest beteiligten. „Im SDS finden sich auffallend viele Pastorensöhne und Theologiestudenten." Von den ebenfalls aktiven Pastorentöchtern und Theologiestudentinnen konnte man damals gerade noch schweigen.

Aus der Distanz von nunmehr dreißig Jahren erscheinen solche Sätze als Wunschprojektionen. Wie schön wäre es gewesen, wenn die Theologie an einem wichtigen Veränderungsprozess der Gesellschaft entscheidend mitgewirkt hätte und endlich die uneingelösten Ansprüche der Bekennenden Kirche gesellschaftlich wirksam geworden wären.

Doch Ende April 1968 war eine andere Absicht sehr viel nahe liegender. Es galt, vor „bürgerlichen" Synodalen Verständnis für die protestierenden Studenten zu gewinnen und das in wahrhaft bewegter Zeit: Am 11. April 1968, am Gründonnerstag, eine Woche nach dem Mord an Martin Luther King, schoss der 23-jährige Arbeiter Josef Bachmann dreimal auf den Protagonisten des Studentenprotests, Rudi Dutschke, der seitdem mit dem Leben rang. Die Ostertage waren von den Aktionen gegen das Verlagshaus Springer geprägt.

Waren nach dem 2. Juni 1967, dem Tag der Erschießung von Benno Ohnesorg durch den Polizisten Kurras in Berlin, vor allem die Universitätsstädte im Westen vom Protest erfasst worden, so gab es nun auch zahlreiche Aktionen in vielen kleinen und mittleren Städten. Dazu kamen die Nachrichten vom Prager Frühling, von Aktionen in Paris und Berkeley.

Es lag nahe, nach protestantischem Protest und Widerstand und seinen Traditionen zu fragen. Benno Ohnesorg war engagiertes Mitglied der Evangelischen Studentengemeinde (ESG) an der Berliner FU. Rudi Dutschke kam aus frommem Elternhaus und aus der Jungen Gemeinde in Luckenwalde. Er ging auch in Westberlin anfangs jeden Sonntag zum Gottesdienst nach Schlachtensee oder Dahlem und berichtete in den täglichen Briefen an seine Mutter darüber. 1968 - war das nicht auch ein religiöser Aufbruch, ein entscheidender Impuls für Theologie und Kirche?

Schon drei Jahre später schreibt Friedrich-Wilhelm Marquardt im Vorwort zu seinem umstrittenen Buch „Theologie und Sozialismus. Das Beispiel Karl Barths" über die Theologiestudenten von 1968:

„Sie sind seit 1967, jedenfalls hier in Berlin, fast alle drauf und dran, der Theologie davonzulaufen, ohne ihrer richtig ansichtig geworden zu sein. Kaum einer ihrer Lehrer vermochte sich ihnen so schnell in ihrem wahrhaftig nicht unnützen, sondern brennend wichtigen politischen Fragezusammenhang mitzuteilen, die meisten Lehrer wollten dies wohl auch nicht."

Was war geschehen? Ohne Zweifel hatte die Theologie nach 1968 rapide an Attraktivität für die engagierten Studierenden verloren. Der Wunsch nach möglichst schneller Veränderung durch praktisches Handeln führte zu einem Verzicht auf die selbstverantwortete wissenschaftliche Reflexion. Unter dem Anspruch, Kritik jetzt endlich Praxis werden zu lassen, wurde -

freilich gänzlich unkritisch – einer Veränderung durch Modernisierung auch in der Kirche die Tür aufgestoßen. Die Hinwendung zur Empirie, zur Soziologie, zur Psychologie und anderen Human- und Sozialwissenschaften wurde propagiert. All das geschah in hohem Tempo und führte zu tiefen Brüchen in den Biographien. Beispielhaft ist dies in den „Papieren“ der drei Celler Konferenzen nachzulesen, die zwischen dem Herbst 1968 und dem Herbst 1969 stattfanden. Hier traf sich ein Teil der veränderungswilligen Studierenden sowie einige Vikare und Pfarrer. Die in den letzten Kriegsjahren Geborenen hatten in der Regel noch das theologische Studienpensum absolviert, hatten „Sein und Zeit“ gelesen und waren erfahren in hermeneutischen Diskussionen. Sie kannten sich aus in der Schulbildung von Karl Barth, Rudolf Bultmann und in geringerem Maße auch von Paul Tillich, waren in der Regel von ihrer kirchlichen Jugendarbeit her aufgeschlossen für die Ökumene, identifizierten sich über die Gospels mit Martin Luther King und über John F. Kennedy mit der amerikanischen Demokratie und hatten in der Bundesrepublik erste Politisierungen im protestantischen Gewand erlebt und mitgemacht.

MARX SELEKTIV AUFGENOMMEN

Das galt insbesondere für Georg Pichts Anstöße zum Kampf gegen die Bildungskatastrophe und für die neue Ostpolitik, angeregt durch die „Ostdenkschrift“ der EKD und alle damit verbundenen Auseinandersetzungen. Diese Jahrgänge waren veränderungsbereit, hatten den Tod Adenauers 1967 als Ende einer Epoche erlebt und wollten Neues, aber natürlich unter Einbeziehung ihrer Erfahrungen und ihres Wissens. Viele Texte dieser Zeit sind noch davon geprägt.

Daneben gab es jedoch Papiere von nur unwesentlich Jüngeren, die in wahrhaft atemberaubendem Tempo bisherige theoretische Positionen hinter sich ließen. Hier galt die Frankfurter Schule als zu schwierig, Bloch und Herbert Marcuse wurden nur „angelesen“, Marx selektiv aufgenommen, so dass am Ende für manche ein simpler Atheismus herauskam und die Notwendigkeit, auch im Praxisfeld Kirche den Kapitalismus zu bekämpfen.

Eine überwältigende Aktionsbereitschaft schuf vorübergehend scheinbare Einheit. Man hatte ausschließlich *zu handeln* und nur unter dieser Bedingung zu reflektieren, aber man hatte vergleichsweise wenig Zeit, selbstkritisch nachzudenken.

Diesem Trend entsprach die Selbstauflösung der dritten Celler Konferenz. Nicht wenige quittierten den kirchlichen Dienst und wurden Pädagogen, Psychologen oder auch Politiker. Andere begannen voller Engagement mit der kirchlichen Praxis und ließen sich ein auf längerfristige Lern- und Reformprozesse. Für sie wurde auch die Theologie wieder interessant. Später kam die Suche nach persönlicher Spiritualität hinzu. Doch es blieb auch viel Distanz.

Die richtige Einsicht, dass Theologie nicht die Beherrscherin des christlichen Glaubens und Lebens ist, war umgeschlagen in ein Verständnis von Theologie als funktionaler Theorie einer angeblich richtigen politischen Praxis. Die kritische und gestaltende Kraft der biblischen Texte, der kirchlichen Tradition und ihrer theologischen Reflexion wurde verdrängt.

Was in der Celler Konferenz fokusartig geschah, hatte über lange Zeit mit vielen Differenzierungen weitreichende Auswirkungen in Theologie und Kirche. Ohne Zweifel gab es auch mitten in der Studentenbewegung noch Lehrer der Theologie, die ihre Studierenden nicht allein ließen und mit ihnen um eine theologische Durchdringung dessen rangen, was vor sich ging. Beispielhaft geschah dies bei Ernst Käsemann in Tübingen, der die Struktur des Leibes bei Paulus auf die Struktur der Gesellschaft in den damals aktuellen Diskussionen bezog. Er tat das ohne jedes Zugeständnis an oberflächliche Parallelität und zog daraus Konsequenzen für seine Lehrtätigkeit und für die kirchliche und politische Praxis. Die Wirkungen blieben jedoch begrenzt.

Unter dem ständigen Anspruch des Praxisbezugs entstanden sehr bald Projektgruppen und Kommissionen zur Reform des Theologiestudiums, des Vikariats und der Gemeindepraxis. Wichtige Anstöße bekamen, insbesondere durch Aufnahme sozialwissenschaftlicher Erkenntnisse, die Seelsorgebewegung, der problemorientierte Religionsunterricht und die entwicklungsbezogene Bildungsarbeit. Hinzu kamen schließlich von den nachfolgenden sozialen Bewegungen entscheidende Impulse für die kirchliche Arbeit - insbesondere aus der Frauenbewegung, der Ökologie und der Friedensbewegung.

Innerhalb der wissenschaftlichen Theologie mangelte es bald nicht mehr an Versuchen, die jeweiligen Entwicklungen aufzunehmen. Es entstanden die so genannten „Genitiv-Theologien". Insbesondere Jürgen Moltmanns Theologie der Hoffnung kam vielen Veränderungsvorstellungen in den Gemeinden entgegen und wurde dort auch aufgenommen. Moltmanns thematischer Wechsel von einer Hoffnungstheologie zur Kreuzestheologie wurde schon wesentlich zurückhaltender nachvollzogen.

In der Kirchenreformbewegung trafen die 68er Impulse auf die schon länger wirkenden Anstöße aus der Ökumene. Das dort geforderte Laienengagement verband sich mit basisdemokratischen Vorstellungen. Der Pastorenkirche wurde der Kampf angesagt. Angestoßen durch das Konzept der Predigtstudien und durch die inspirierenden Texte und Modelle von Ernst Lange kam nun die Situation der Menschen in den Gemeinden zunehmend ins Spiel.

Vieles veränderte sich in den Kirchen. Doch blieb nicht zuletzt die rechtliche und finanzielle Grundstruktur der Landeskirchen bestehen. Die Kritiker der Pastorenkirche sind inzwischen selbst ihre Vertreter, manchmal freilich mit schlechtem Gewissen.

Die Nachwirkungen dessen, was 1968 angestoßen wurde, dauern also auch in der Kirche an. Dabei ist festzuhalten: Gemessen an den eigenen Ansprüchen ist die 68er-Bewegung in der Gesellschaft und in den Kirchen völlig gescheitert. Der als Hauptgegner ausgemachte „Spätkapitalismus" erlebt trotz vielfacher Krisen insbesondere seit 1989 eine weltweite Blüte.

Im Selbstverständnis der westdeutschen Gesellschaft hat das Jahr 1968 allerdings bis heute deutliche Spuren hinterlassen. Die Gesellschaft ist offener und demokratischer geworden. Die Zivilgesellschaft westlicher Prägung hat sich insbesondere durch die nach 1968 entstandenen neuen sozialen

Bewegungen mit ihren vielfältigen Formen des Engagements und der Partizipation fest in der alten Bundesrepublik verankert. Sie ist so stark, dass sie zusammen mit dem Impuls der Bürgerbewegungen aus der DDR trotz mancher Gefährdungen den Einigungsprozess nach 1989 prägt und weiter prägen wird.

SÄKULARISIERUNGSSCHUB

Der Öffnungsprozess, der für viele Bürgerinnen und Bürger als individueller Emanzipationsprozess erlebt wurde, führte allerdings auch zu einem Säkularisierungsschub der Gesellschaft. Die alten Bindungsgemeinschaften und ihre Institutionen haben an Legitimationskraft verloren. Dies gilt insbesondere auch für die Kirchen, nach 1989 verstärkt durch die Auswirkungen der SED-Kirchenpolitik in der DDR.

In den Kirchen wurde durch die 68er ein schon vorhandener Reformprozess beschleunigt. Er führte zu inneren Reformen, aber nur in wenigen Ausnahmen zu einem Öffnungsprozess gegenüber der gesamten Gesellschaft. Allen Beteuerungen zum Trotz verlieren kirchliche Arbeitsfelder und das Engagement von Christinnen und Christen ständig an öffentlicher Bedeutung. Die Begründung hierfür liegt nicht nur in der gesellschaftlichen Entwicklung, sondern ganz offensichtlich auch in der mangelnden Überzeugungskraft der christlichen Lebensgestaltung vieler Angehöriger der 68er-Generation, die sich in der Kirche engagiert haben.

Aspekte dieses Mangels werden mit dem Begriff der Selbstsäkularisierung beschrieben. Trotz vieler Ausnahmen ist bei nüchterner Betrachtung festzustellen, dass der eingangs beschriebene Bruch bei vielen 68ern zu einer Aufspaltung in eine eher private, nicht öffentlich gezeigte christliche Existenz und in ein öffentlich gelebtes, angepasstes Leben führte. Insbesondere im ersten Jahrzehnt nach 1968 gehörte es geradezu zur Korrektheit des politisch engagierten Christen, dass er über seinen Glauben mit anderen nicht sprach und entsprechende Motivationen nicht offenbarte. Die von Bonhoeffer angedachte

Arkan-Disziplin wurde offensichtlich zur falschen Zeit auf falsche Weise angewandt. Denn spätestens in den achtziger Jahren erwachten viele 68er in einer Gesellschaft voller Hunger nach Religiosität. Was daraufhin an neuer Spiritualität gewachsen ist, hat häufig nachholenden Charakter. Im Blick auf die ganze Gesellschaft gelingt seitdem kaum mehr eine selbstbewusste und damit selbstverständliche Präsenz von Christen in der Gesellschaft. Weitgehend selbstgewählt und gewünscht, gingen in den drei Jahrzehnten seit 1968 der Dialog und die Auseinandersetzung mit weiten Teilen der Gesellschaft, etwa Bereichen der Wirtschaft, der Politik, der Wissenschaft und der Kultur, verloren. So sind die 68er in diesem Sinne nicht zu weit gegangen, sondern nicht weit genug. Ihre Kritik an einer erstarrten Kirche, die sich zu eng mit den gesellschaftlichen und staatlichen Strukturen der Adenauer-Zeit verbunden hatte, führte nicht zur gewünschten Auseinandersetzung mit der gesamten Gesellschaft, sondern blieb in alternativen Teilbereichen der Gesellschaft stecken, die als sympathisch empfunden wurden. Als im Herbst 1989 unter dem Dach der DDR-Kirchen eine Bürgerbewegung entstanden war, die es in dieser besonderen gesellschaftlichen Situation vermochte, ein Anstoß zum Ende der von vielen als unveränderlich geglaubten staatlichen Herrschaft zu werden, waren Überraschung und Verwirrung groß. Die Deutungskraft des Protestantismus reichte in keiner Weise aus, diese von Beobachtern als protestantisch empfundene Revolution in der westlichen Gesellschaft aufzunehmen. Es ist dringend nötig, dass die immer noch große Zahl von Christen heute ebenso wie die zahlreichen Theologinnen und Theologen an den Hochschulen sich der Aufgabe stellen, die Gesellschaft ohne Scheuklappen in evangelischer Freiheit protestantisch zu deuten und nach sachgemäßer Praxis in ihr zu fragen. Nicht mit dem Anspruch einer kirchlichen Vorherrschaft oder eines theologischen Besserwissens, sondern allein um der vom Evangelium angebotenen Zeitgenossenschaft willen. Eine Gesellschaft, deren Ressourcen für Gemeinsamkeit zu versiegen drohen, wird sich einem solchen Dialog nicht verweigern.

Über das langwierige Öffnen des anderen Auges

BUCHENWALD UND DIE WESTDEUTSCHE LINKE

Das Selbstverständnis der westdeutschen Linken, das sich in der zweiten Hälfte der sechziger Jahre im Zusammenhang mit der Studentenbewegung herausgebildet hatte, entstand im Streit um die Wahrheit über die Zeit des Nationalsozialismus. Die Adenauer-Zeit wurde von den damals Jugendlichen immer mehr als eine verlogene Zeit empfunden. Die Generation der Autoritäten, also der Eltern und der Lehrer bis hin zu den Professoren, schwieg über die eigene Vergangenheit. Erst Skandale brachten stückchenweise die Wahrheit ans Licht, zum Beispiel die Biografie des Staatssekretärs Globke oder die „braunen Vergangenheiten" von manchen Richtern oder Hochschullehrern. All das spielte sich in jener revoltereichen Zeit nicht nur öffentlich ab, sondern sehr häufig in den einzelnen Familien, Vereinen und Institutionen. Die moralische Motivation, sich gegen diese Gesellschaft zu stellen, lag in der Verpflichtung, alles dafür zu tun, dass weder in Deutschland noch anderswo jemals wieder nationalsozialistische Verhältnisse möglich werden. So gründete der innenpolitische Streit um die Notstandsgesetze in der Angst, dass damit ein neues Ermächtigungsgesetz bevorstehe. Die Demonstrationen gegen den Vietnamkrieg bezogen ihre Berechtigung aus dem Erleben einer „Politik der verbrannten Erde", die in vielen Bildern an die Kriegsverbrechen der Nazis erinnerte.

Die Konzentrationslager im Westen, die oft nur durch viele öffentliche Proteste in diesen Jahren zu Gedenkstätten umgestaltet wurden, waren die Orte, an denen alles klar schien. Auf sie musste man den Blick richten, um die Welt in Wahrheit zu verstehen.

Diese biographisch-geschichtsbezogene Einsicht wurde für die meisten Linken „auf den Begriff gebracht" durch die bis dahin geradezu mit Denkverboten belegte Marx'sche Theorie von der Warengesellschaft. Hier gab es ein Erklärungsmodell für das Funktionieren der Gesellschaft des Kapitalismus, die offensichtlich den Nationalsozialismus nicht verhindert, sondern gefördert hatte. Dass so viele Marxisten in Konzentrationslagern gelitten hatten und dort starben, musste als Beleg für die Wahrheit der neu gewonnenen Weltsicht gelten. Eine weitere Bestätigung erhielt diese Weltsicht dadurch, dass die Adenauer-Zeit Antikommunismus geradezu staatlich verordnet hatte, einen Antikommunismus, der fast wörtlich genau schon von den Nationalsozialisten formuliert worden war.

Noch einmal: Wer aus dem alten, verlogenen Denken des Kalten Krieges ausbrechen, wer wirklich mit beiden Augen die Welt anschauen wollte, der misstraute dem Antikommunismus und bezog sich auf die Wahrheit der Menschen, die dem Nationalsozialismus widerstanden hatten, die in den Konzentrationslagern und Gefängnissen gelitten hatten und gestorben waren.

Wenn dieser Generation bei Demonstrationen zugerufen wurde: „Geht doch nach drüben!“, so hatte dies bestätigenden Charakter: Jawohl, die etablierten Bürger unseres Landes wollen uns los haben und schicken uns zu denen, die ehemals von den Nazis verfolgt wurden und die sie gerade auch deshalb heute noch nicht leiden können.

In diesem Zusammenhang, der für „gelernte Bürger der DDR“ kaum zu begreifen ist, tauchte für viele der damaligen West-Jugend die DDR als Realität erstmals auf. Bis dahin war sie ein anderes, völlig unbekanntes Land. Wenn überhaupt darüber gesprochen wurde, dann sprachen die Alten und taten es in der Sprache des Antikommunismus, der die Jungen in aller Regel misstrauten. Für alle, die sich genauer mit der DDR beschäftigten, wurde schnell klar, dass hier erst recht ein autoritärer Staat entstanden war, voller deutscher Kontinuitäten, die besonders in seinem Militarismus sichtbar wurden. Deshalb gab es keine nennenswerten Sympathien westdeutscher Linker für die ganze DDR, aber dieser deutsche Staat schien wenigstens in Sachen Nationalsozialismus reinen Tisch gemacht zu haben. Die Gedenkstätten, allen voran Buchenwald, waren auch für westdeutsche Linke der Beleg dafür, dass trotz aller sonstiger Vorbehalte die DDR die Geschichte des Nationalsozialismus doch wesentlich besser aufgearbeitet habe. Während viele KZ-Opfer in Westdeutschland unter unwürdigsten Umständen um Anerkennung und Entschädigung rangen, schien in der DDR alles bestens geregelt.

Diese in wenigen Strichen gezeichnete Ausgangssituation des Jahres 1968 hat sich in den folgenden Jahren gewiss sehr differenziert. Und dennoch, scheint mir, blieb diese Grundposition für die allermeisten westdeutschen Linken prägend. Erst die Grenzöffnung nach dem 9. November 1989 und der damit eingeleitete Zusammenbruch des ganzen Herrschaftssystems des real existierenden Sozialismus führte zu einem neuen Nachdenken und einer neuen Betrachtung der Wirklichkeit, was gewiss schon wesentlich früher hätte möglich sein können.

Es ist ernüchternd und enttäuschend, dass nun ein Standpunkt aufgegeben werden musste, der für sich beansprucht hatte, mit beiden Augen die Wahrheit und Wirklichkeit einer Gesellschaft zu sehen. Durch den Prozess der Öffnung der Grenzen hat die westdeutsche Linke sich der Wahrheit zu stellen. Die so verstehbare Hinwendung zu einem neuen Denken und Handeln nach 1968 hatte das linke Auge mit Blindheit geschlagen. Die notwendige Aufarbeitung der Geschichte der kommunistischen Bewegung, insbesondere in der Sowjetunion, wurde zum Teil begeistert vollzogen, blieb aber im Blick auf die damit von Anfang an verknüpften Unterdrückungssysteme für Andersdenkende blind. Eine differenzierte Auseinandersetzung zum Beispiel mit der Totalitarismustheorie blieb jedoch geradezu mit einem Denkverbot belegt, da diese Theorie zum Rüstzeug des Antikommunismus funktionalisiert worden war.

Aber auch die Auseinandersetzung mit der Geschichte des Nationalsozialismus führte zu fast absurden Blindheiten. Die gleichen Menschen, die in Westdeutschland für die Anerkennung vernachlässigter Opfergruppen, wie der Homosexuellen, der so genannten Arbeitsscheuen, der Sinti und Roma oder der Sterilisierten kämpften, übersahen bei ihren Besuchen in Buchenwald, dass diese Opfergruppen hier gar nicht vorkamen und dass auch jüdische Opfer nur zögerlich erwähnt wurden. Gewiss wagte mancher westdeutsche Besucher hie und da eine Nachfrage, aber deren Bedeutung verschwand hinter dem breiten Konsens darüber, dass das, was die DDR als offiziellen Antifaschismus darstellte, unvergleichlich besser sei, als das, was in der alten Bundesrepublik mühsam an Aufarbeitung der NS-Geschichte geschah.

Als in Reaktion auf Solschenizyns „Archipel Gulag" vor allem unter den Linken in Frankreich, aber auch in Italien eine breite umfassendere Diskussion über die Verbrechen des Stalinismus einsetzte, prallte diese Debatte an der westdeutschen Linken ab. Menschliches Leiden, gar das Leiden von Individuen konnte doch nicht so einfach gegen ein in sich richtiges gesellschaftliches Erklärungsmodell gestellt werden! Im Rückblick wird gerade an dieser Debatte deutlich, wie fern die Schicksale von Menschen, die im kommunistischen Machtbereich lebten und litten, der westdeutschen Linken waren. Die erschreckende Distanziertheit der meisten westdeutschen linken Gruppierungen im Blick auf die Oppositions- und insbesondere Demokratiebewegungen in Mittel- und Osteuropa, findet hier ihre Erklärung. Es gab - trotz vieler wichtiger Ausnahmen - fast so etwas wie eine Kontaktsperre zu osteuropäischen Oppositionellen. Auch die vor allem in Polen und der Tschechoslowakei als vorbildlich empfundene offiziell-staatliche Gestaltung der Gedenkstätten in den ehemaligen Konzentrationslagern, die zu vielen Kontakten und Treffen führte, schloss den Kontakt zu oppositionellen Gruppen fast aus.

Eine letzte Bestätigung schien diese Blindheit der westdeutschen Linken durch den Historikerstreit zu erfahren. Er wurde von vielen Linken so geführt, als ob jegliches Vergleichen zwischen Stalinismus und Nationalsozialismus verboten sei, weil dies immer zu einer Relativierung der Singularität des Holocaustes führe. Der notwendige Zwischenschritt, dass eine Relativierung gerade durch ein vorbehaltloses Vergleichen der beiden Systeme vermieden wird, wurde erstaunlicherweise oft übersehen. Es ist schmerzlich, aber wahr, dass erst die intensive, unausweichliche Begegnung mit Menschen, die mit nicht von der Hand zu weisenden biographischen Erfahrungen über die Verbrechen des Stalinismus berichten können, die Blindheit auf dem anderen Auge aufzeigte und ein langsames Öffnen dieses Auges ermöglichte.

Die vom Kuratorium Schloß Ettersburg initiierten Geschichtstagungen über die Lager in Buchenwald haben hier exemplarischen Charakter.

Teile der westdeutschen Linken scheuen weiterhin diese Begegnungen oder verurteilen sie als „Verrat" an alten „geheiligten" Positionen. Es gehört zu den befreienden Erfahrungen der Geschichtstagungen, dass gerade in der ganz präzisen, subjektiven Schilderung von Erlebnissen im nationalsozialistischen Konzentrationslager und im sowjetischen Internierungslager sehr wohl Unterscheidungen möglich sind, ohne Leiden zu quantifizieren und gegeneinander aufzurechnen. Dies erfordert den offenen Blick mit *zwei* Augen, der ständig bereit ist, sich zu korrigieren, noch einmal andere Aspekte aufzunehmen und auf jeden Fall immer wieder neu hinzuschauen.

So schmerzlich es ist, dies gilt auch für die Opfer aus beiden Lagern. Auch ihr Blickwinkel ist oft durch jahrzehntelange unterschiedliche Erinnerungsarbeit eingeschränkt. Die einmalige Chance der Geschichtstagungen und vieler anderer Treffen in diesem Zusammenhang besteht darin, dass viele Augen ohne Scheuklappen die Geschichte der Lager von Buchenwald und anderenortes anschauen. Nur dann entgehen wir der Versuchung, lediglich eine Sichtweise als die richtige hinzustellen oder der noch größeren Versuchung, alle Blicke zu vernebeln, mit undifferenzierter „Menschlichkeit", die nicht mehr so genau wissen will, wie es war.

Importschwierigkeiten – Über die 68er und die Demokratie

DAS LEITBILD AMERIKA

Es war wohl 1949, in meinem ersten Schuljahr, als wir an der Straße standen und einer vorbeifahrenden Kolonne amerikanischer Besatzungstruppen immer wieder „Tschimigo" zuschrien, was eine lautliche Anspielung auf „chewing-gum" war und oftmals das Herauswerfen von Kaugummipäckchen bewirkte. Ein älterer Mann zerrte mich vom Bordstein weg und brüllte mich an: „Ein deutscher Bub tut so was nicht." Erschrocken hörte ich für ein paar Minuten auf. Als aber dann wieder Kaugummi geflogen kam, war ich wieder dabei. Amerika war toll!

Damit war ein Gegensatz angestimmt, der bis hinein in die ersten Studiensemester weiter wirkte. Bei mir und vielen Freunden gab es eine Begeisterung für Amerika. Zum Kaugummi kamen bald Donald Duck und Micky Maus, die Spirituals, Jazz und später Rockmusik, alles über den unvergessenen und geliebten AFN, den Soldatensender der „Amis", und das in Jahren, in denen Schallplatten oder gar Tonband für „Normal-Jugendliche" unerreichbar waren. Hinzu kam immer mehr die Begeisterung für die Demokratie als amerikanische Errungenschaft. Wir hatten einen Englischlehrer, der schon in den USA war, er konnte von Indianern erzählen und von Wolkenkratzern, von Franklin und Jefferson. Eisenhower war mir irgendwie sympathisch und dann der Höhepunkt: John F. Kennedy. Seine „Inaugural Speech" haben wir freiwillig übersetzt; neue Grenzen tauchten auf, um überschritten zu werden; der Deutschlandbesuch und dann der Schrecken über den Mord an ihm. In Neuendettelsau machten wir von der Augustana aus einen Fackelzug. Der demokratische Weg war auch unser Weg.

Daneben gab es aber immer noch viele Ältere, die auf die Demokratie und die „Quasselbude" in Bonn schimpften. Am Mittagstisch verteidigte ich oft die Bonner Demokratie und

Adenauer gegen - wie mir immer deutlicher wurde - von der Enttäuschung über den Zusammenbruch des Nationalsozialismus geprägte Vorhaltungen. Nein, da waren „wir" auf dem besseren Weg. Das Engagement als Klassen- und Schulsprecher, in der Jugendarbeit, die Besuche von Stadtratssitzungen, alles war auch ein Beitrag zur Demokratie, wobei es viel um das reine Verfahren ging und eben um das Bewusstsein, dass dies alles eine gute Sache sei. Den Einwand, dass dies alles nicht deutsch sei und uns nur von den „Siegern" als Importware aufgezwängt worden sei, ließ ich nicht gelten, deutsch, das war doch schlecht, das waren doch die Verbrechen der Nazis, das Böse schlechthin, da waren doch die Demokratie und Amerika allemal besser.

ENTTÄUSCHTE LIEBE

1965 wechselte ich von Neuendettelsau nach Berlin. Zunächst kaum spürbar tauchte der Name eines fernen Landes häufiger in den Nachrichten auf. Vietnam, das bisher immer etwas mit Frankreich und der Fremdenlegion zu tun hatte, war nun Operationsfeld der Amerikaner. In Informationsveranstaltungen sah ich schreckliche Bilder von gefolterten Menschen. Was bisher nur mit den Nazis verbunden war, sollte das auch bei den Amerikanern möglich sein? Fast gleichzeitig kamen Nachrichten von jungen amerikanischen Studenten, die sich gegen ihr „Establishment" auflehnten, und eines Abends an der FU in Berlin war die erste Gruppe aus Berkley, Kalifornien, da und erzählte uns staunenden Zuhörern was ein Sit-in, ein Go-in sei und dass wir selbst schon mitten in einem Teach-in sind. Wieder ein Import aus Amerika und wieder Begeisterung, wenn auch tief verletzt darüber, dass dabei das Bild des einheitlich guten Amerikas zerbrechen musste. Der Drang zur Neuorientierung fast aller Lebensformen war riesig. Ich habe wohl niemals wieder so intensiv Informationen aufgesogen, nächtelang gelesen und diskutiert. Viele „Schuppen" fielen von den Augen: Demokratie ist nicht nur ein formales Prinzip. Es kann gerade auch zur Verschleierung von Herrschaft dienen. Die ökonomischen Verhältnisse als wahrer Hintergrund von Herrschaft wurden entdeckt und bald beckmesserisch zur Überprüfung der Forschung an Hochschulen oder einzelner Abgeordneter angewandt. Die Diskussion um die Notstandsgesetze schien auch für die eigene Gesellschaft alles offen zu legen. Da wird heimlich das Parlament entmachtet, Mitbestimmung eingeschränkt, durch die Hintertür ist wieder eine „Machtergreifung" denkbar und sogar Kriegsvorbereitung. Die erste große Demo nach Bonn (es waren wohl „nur" 30 000) geschah, immer noch mit etwas Hoffnung, dass dies Eindruck mache. Und dann die ganz tiefe Enttäuschung, als auch die SPD für die Gesetze stimmt. Auf wen sollte man da noch hoffen? Die große Koalition als Herrschaftskartell schien die letzten Überbleibsel von Demokratie noch zu verdecken.

Es war die tiefe Enttäuschung vieler engagierter junger Menschen, die dann im weiteren Verlauf der sich immer mehr verkrustenden Studentenbewegung, für manche zu einer radikalen Abkehr, ja Feindschaft gegenüber dem freiheitlichen und demokratischen Rechtsstaat führte. Es war das Resultat der Enttäuschung über das bittere Zerbrechen eines Leitbildes von Demokratie am Beispiel der USA. Das amerikanische Beispiel war in viel zu leuchtenden Farben und ohne die Vermittlung von geschichtlichen Erfahrungen in der Adenauerzeit einer leichtgläubigen Jugend mit Einsatz aller bis dahin vorhandenen Medien vorgespielt worden. Wir hatten nichts erfahren von der Entstehungsgeschichte der Demokratie in den bürgerlichen Revolutionen mit all ihren Schrecken und Hoffnungen, von dem unerlässlichen, immer wieder neuen Kampf um den besseren Weg, zum Beispiel im amerikanischen Bürgerkrieg, aber auch in den gescheiterten Demokratieversuchen Deutschlands in der Mainzer Republik, in der Paulskirche, im badischen Volksaufstand. Eine Demokratie, die sich nur in der weißen Weste vor dem dunklen Hintergrund des Nationalsozialismus und im aktuellen Gegensatz zum real existierenden Sozialismus zeigte, konnte nicht auf Zustimmung der Jungen hoffen, als sie gegen die enttäuschten und daher empörten Jugendlichen Polizei einsetzte mit Wasserwerfern, Knüppeln und Pistolen.

Die Enttäuschung war groß. Für einen beachtlichen Teil der engagierten Jungen begann ein verzweifelter Ausstieg aus der Wirklichkeit. Fast beliebig tauchten exotische oder historische Inseln der vorübergehenden Identität auf. Für ein paar Wochen, manchmal aber auch für Jahre blieb man dort, floh dann zur nächsten Insel weiter; manche sind nie mehr zurückgekehrt und haben ihr Leben verloren. Die Inseln hießen zum Beispiel Maos China, leninistische Partei in all ihren Phasen, Che Guevara, Cuba, die Land- und Stadtguerilla, Rosa Luxemburg, Anarchismus, Wilhelm Reich, Hegels Philosophie, der frühe und der späte Marx, aber auch schon Learys Drogenwelt, Kommunen aller Art usw.

Die demokratisch-republikanische Tradition blieb dabei zunächst ganz unbeachtet. Bei aller Historiengläubigkeit und exotischer Kundigkeit war es doch eine Flucht aus der eigenen Geschichte und dem eigenen Land. Importe aller Art, ohne selbst darin vorzukommen. Das eindrückliche Bild Gustav Heinemanns, dass in jeder Hand, die mit dem Zeigefinger auf etwas deutet, drei Finger zurück auf einen selbst weisen, wurde von vielen nicht als Hilfe verstanden, als sie immer neu auf etwas hinweisen wollten.

Engagiert, aber da war kein Ort für sie. Nirgends. Verschärft wurden diese Irrungen und Wirrungen noch durch einen zweiten Enttäuschungsschub. Bei Beginn der sozialliberalen Koalition hoffen viele doch, dass das „mehr Demokratie wagen" gelingen könnte. Aber nach wenigen Jahren waren auch diese Hoffnungen enttäuscht. Der Radikalenerlass, die Politik der „Macher", der deutsche Herbst lösten immer wieder Schübe aus, in denen junge Menschen aus der Wirklichkeit dieser Gesellschaft und ihrer Institutionen ausstiegen. Appelle, die guten Institutionen des demokratischen Rechtsstaates zu nutzen und zu unterstützen, wurden nur noch als Zynismus verstanden. Gab es in der Studentenbewegung immer noch Auseinandersetzung mit dem demokratischen Staat, so schien es nun nur noch totale Ablehnung zu bleiben.

Die Verdrängung von eigener Geschichte, und damit von eigener Subjektivität, hat in Deutschland seit gut hundert Jahren eine traurige Kontinuität. Geht man von den Wünschen der Demokraten der 48er-Bewegung des letzten Jahrhunderts aus, also dem Wunsch nach nationaler Einheit und einer freiheitlich-demokratischen Republik, so konnten sie nichts aus eigener Kraft erringen. Die nationale Einheit, wenn auch nur in einer kleindeutschen Lösung, erzwang Bismarck durch zwei kleine Kriege, doch schon durch den ersten, von deutschen Politikern mit verursachten Weltkrieg ging sie zum Teil wieder verloren. Republikaner hatten es schwer im Kaiserreich, von Sozialdemokraten ganz zu schweigen. Der durchaus auch demokratische Impuls der Räterepublik von 1918/19 wurde mit sozialdemokratischer Hilfe niedergehalten und Demokratie kam zum ersten Mal durch das „Diktat" von Versailles ins Land. Auf dem Papier eine der besten Verfassungen der Welt, aber „von außen" und „oben" und nicht „von unten" und „innen", aus den Herzen der Bürger. Die einzige große politische Bewegung „von unten" dieser Jahre in Deutschland führte in den nationalsozialistischen Terrorstaat. Wieder wurde ein Krieg von Deutschland aus angefacht, der die staatliche Einheit ganz zerbrechen ließ, und wieder kam die Demokratie als Import „von außen" und „oben".

Angesichts dieser Lage hat bürgerliche Demokratie in der Bundesrepublik nur eine Chance, wenn diese bittere Kontinuität wahrgenommen wird und sich ein langsamer, behutsamer Prozess des Wachsenlassens von demokratischen Grunderfahrungen „von unten" her, an der Basis, und „von innen" her, aus den Herzenswünschen der Bürgerinnen und Bürger, entwickelt.

Im Blickwinkel dieser Betrachtungsweise war die Studentenbewegung ein wichtiger Knotenpunkt einer vorher eher schmalen und danach deutlich breiter werdenden hoffnungsvollen Entwicklung. Vor der Studentenbewegung gab es die punktuell mächtige Initiative gegen die Wiederaufrüstung, die sich dann sehr viel bescheidener in der so genannten „Ostermarsch-Bewegung“ fortsetzte, dazu gab es eher vereinzelt und in kleinen Zirkeln kritische Intellektuelle, die viel vorausdachten und kleinere Initiativen starteten. Hier war ein an starker Eigenbeteiligung orientiertes Demokratieverständnis aufgehoben, das die Demokratie der weißen Weste der Adenauerzeit kritisch begleitete. Die Studentenbewegung nahm bald diese Gruppen auf und führte in ihrer Entstehungsphase, zum Beispiel in den Republikanischen Clubs, zu einer über die studentische Szene hinausgehenden demokratischen Kultur. Das Entscheidende für die weitere Entwicklung war wohl, dass mehrere Jahrgänge an den Universitäten und Schulen und später in den Gewerkschaften so tief aufgewühlt wurden, dass es zu einer Lebensstiländerung kam, die sich in einer größeren Liberalität und Offenheit für bürgerliches Engagement ausdrückte. So kam es, dass in Parteien, Kirchen und Verbänden, aber eben auch in Bürgerinitiativen vor Ort unzählige Gruppen entstanden, in denen Bürger aus ihrer passiven, obrigkeitshörigen Haltung herauskamen und begannen, ihre Lebensumwelt oft in ganz kleinen Schritten zu verändern. Was seither nur unvollkommen in den großen „Bewegungen“ zusammengefasst wird, ist ein Aufbruch von demokratischen Grunderfahrungen. Ich kann mich gegen die Zerstörung der Umwelt wehren, und viele Gruppen der Ökologiebewegung haben Erfolge gehabt; ich kann mein eigenes Leben selbst gestalten, und viele Projekte der Alternativbewegung kamen auf den Weg; ich kann Jahrtausende alte Rollenfixierungen angehen, und in vielen Gruppen der Frauen- und Männerbewegung haben sich Menschen verändert. Die Reihe lässt sich erfreulich lang fortsetzen. Gewiss gibt es zu allem auch Kritik, Scheitern und Enttäuschung. Aber im Hinblick auf die Geschichte von Demokratie in Deutschland ist dies eine alles entscheidende Entwicklung.

Wenn diese Bewegungen sich auf die vorhandenen Institutionen des demokratischen Rechtsstaats beziehen und sie im Sinne einer größeren Bürgerbeteiligung verändern, so könnte es endlich auch in der Bundesrepublik zu einer Identifizierung mit diesen Institutionen „von unten“ kommen, die dann genau das Gegenteil eines Untertanengeistes wäre. In der Beziehung zu den Gerichten, der dritten Gewalt, sehe ich viele Anzeichen für dieses neue Verständnis: unabhängige Richter etwa, die den Rechtsstaat eindeutig befürworten und gerade deshalb für Bürgerrechte eintreten und gegen staatliche Administration entscheiden. Hier beginnt, Vertrauen zu wachsen. Für die Parlamente werden die Parteiwerdung der Grünen und die durch sie veranlassten Veränderungsprozesse in den anderen Parteien wichtig sein. Die Parlamente sind jetzt schon wieder viel mehr für junge Bürger da als noch vor zehn Jahren. Es gibt also Hoffnungen, wenn auch die Administration selber, der „Beamtenstaat" oft enttäuscht.

Die Generation der 68er hat hier ein schwieriges Erbe einzubringen. Zum einen sind viele Dinge von ihr angestoßen worden, die den demokratischen Prozess von unten voranbringen. Zum anderen kommen aus der damaligen Bewegung auch viele Zynismen, vor allem das nur taktische Verhalten dem „Staat" gegenüber, der ungeschichtlich in einer Linie mit dem Obrigkeitsstaat gesehen wird, ohne die andere Tradition der von der Basis ausgehenden bürgerlichen Republik zu beachten. Die Zukunft dieser „Demokratie von unten" als Kontrollorgan in einer technokratischen Gesellschaft mit weniger Arbeitszeit wird erst noch kommen – wenn nicht, würde die kommende Gesellschaft der reine Terror.

Zur Ermutigung auf diesem schwierigen Weg bedarf es der Erinnerung. Gustav Heinemann hat hier vorgearbeitet und in Rastatt im Museum wichtige Zeugnisse bürgerlicher Demokratiebewegung aufbewahren lassen. Zeitzeugen aus dem Widerstand gegen die Nazis und aus den Anfängen der Bundesrepublik leben noch.

Hier liegen neben dem Bürgerengagement Herausforderungen für die Jugendarbeit, zumal für die evangelische, da der Protestantismus in den letzten 50 Jahren Teile dieses Traditionsstromes prägte, aber auch selbst von ihm geprägt wurde. Ich erinnere mich an eine kleine Erzählung, die Georg Leber 1968 im Bundestag vortrug. Er war mit Carlo Schmid in Paris gewesen, um die Maibewegung zu beobachten. Er hatte gesehen, dass die Pariser Arbeiter und Studenten wie selbstverständlich die Trikolore, die Fahne der bürgerlichen Revolution und des französischen Staates, in ihren Demonstrationszügen mittrugen. In Bonn dagegen wäre die Bundesfahne von Demonstranten verbrannt worden. Wenn mich nicht alles täuscht, habe ich mich damals sehr über diese Erzählung geärgert. Heute macht sie mir deutlich, wie geschichtslos die meisten in der Studentenbewegung Engagierten waren. Einiges an Demokratie als Teil unserer eigenen Geschichte haben wir inzwischen nachgeholt. Die Importware wird langsam zum eigenen Gewächs - einem Gewächs, das uns braucht, damit es nicht stirbt.

Kirche wie im wirklichen Leben?

GOTT MIT DIR, DU LAND DER BAYWA![8]

Der Konzertsaal der Hochschule der Künste in der Hardenbergstraße in Berlin ist ausverkauft. Die Biermösl Blosn und Gerhard Polt treten auf. Das immer neue/alte Programm, das bayerische Kurdorf in der Auseinandersetzung mit der Moderne, höchst differenzierte Musik, schwarzer Humor und trotz allem eine aufbauende Botschaft in Richtung „wirklicher Mensch bleiben".

Wie oft habe ich dieses Ensemble in Bayern gehört und nun wieder, in der Distanz von etlichen Jahren Leben in Berlin: ein ganz neues Hören von Besonderheiten, die mir in Bayern nie auffielen.

Zuallererst: Es gibt kaum ein Lied, kaum eine Geschichte, ja kaum ein Musikstück, das nicht deutliche Bezüge zum Christentum, speziell zur katholischen Kirche, zur Liturgie und zum Leben der Kirche hat. Gewiss in der Regel kritische, witzige, aber immer im Bewusstsein, dass das Christentum etwas zu sagen hat, dass es zum wirklichen Leben gehört. Und dann das Zweite, das im Gespräch mit Berliner Freunden, die beim Konzert dabei sind, noch deutlicher wird: „Das hat so was von irischer Musik, da steckt auch so viel Katholisches drin. Oder neulich ein Konzert mit Sizilianern ..." Kultur, die sich kritisch mit christlicher Mehrheitskultur auseinander setzt, wird zur sympathischen, aber weitgehend fremden Kultur unter vielen anderen fremden Kulturen. Dann werde ich - zum Dritten - darauf aufmerksam gemacht, dass dieses Konzert doch ein sehr westdeutsches Ereignis ist, in Westberlin versteht man immerhin noch die Hälfte; in der DDR aufgewachsene Menschen würden selbst bei genauer Dialektkenntnis beim besten Willen noch weniger verstehen können.

Das Zurückdrängen der Kirche aus der Mehrheitswirklichkeit - wohl auch zum Teil das Sich-selbst-Zurückziehen daraus - ist zumindest in Bayern noch lange nicht an ihr Ende gekommen. Anderswo, insbesondere in den Ballungsgebieten Norddeutschlands, aber auch rund um London oder Paris, ist dieser Prozess sehr viel weiter vorangeschritten. Nichts ist leichter als zu sagen, dass die Kirche im wirklichen Leben der allermeisten Menschen, zum Beispiel in Berlin, nicht mehr vorkommt. Berlin ist deshalb ein gutes Beispiel, weil hier seit 1989 zwei unterschiedliche Wege der Kirche aus der Wirklichkeit heraus zusammengekommen sind. Im Bereich der DDR-Hauptstadt war die Entwicklung gekennzeichnet durch die phasenweise ausgesprochen harte staatliche Bedrängung, ja Verfolgung von kirchlicher Arbeit, die zu einer Kirchenmitgliedschaft unter zehn Prozent der jetzt dort lebenden Menschen geführt hat. Andererseits war in Westberlin der Prozess der Säkularisierung einer Großstadtgesellschaft ohne staatliche Repressionen maßgeblich, der einer weitgehenden Selbstsäkularisierung vieler kirchlicher Arbeitsbereiche und Gemeinden entsprach. Dies führte hier zu einer Kirchenmitgliedschaft von unter vierzig Prozent. So oder so oder noch einmal anders scheint Kirche immer stärker aus der Wirklichkeit der Menschen zu verschwinden.

Dies aber ist nicht die ganze Wahrheit. Denn mir fallen beim genaueren Nachdenken eine Fülle von Gegenbeispielen ein, die den umgekehrten Trend aufweisen. Was ist dann die wirkliche Wirklichkeit? Ich kann und will nicht anders darauf antworten, als dass ich von selbst Erfahrenem, von jeweils ganz eigenen Wirklichkeiten, berichte. Vielleicht kommen wir so näher heran an die Wirklichkeit von Kirche.

Sonntagmorgen 10 Uhr im Ostberliner Bezirk Lichtenberg. Vom Turm der stark renovierungsbedürftigen Backsteinkirche aus der ersten Gründerzeit klingen noch die Glocken. Das ist fast schon illegal, denn der Turm muss dringend renoviert werden, eigentlich müsste die Bauaufsicht das Glockenläuten schon verbieten, aber es ist ja seit Kriegsende immer gut gegangen. Der Gottesdienst findet nur noch an Weihnachten und im Sommer in der großen Kirche statt, ansonsten im Gemeindesaal. Dort versammeln sich zwischen zwanzig und dreißig Frauen und Männer. Wenn der Chor singt, sind es manchmal etwas mehr. Zum Gemeindesaal gelangt man erst, wenn man den Mut hat, tief in das Gelände einzudringen. Fast alle kennen sich. Es geht eher familiär zu. Liturgie, Lieder, die üblichen Verhaltensweisen, sie sind praktisch allen bekannt. Selbst in den Schaukästen und Programmhinweisen findet sich häufig die Formulierung, dass die Zeiten für die Angebote unter der Woche ja allen geläufig seien.

Kaum vorstellbar, wie es hier jemandem ergeht, der von Christentum und Kirche keine Ahnung hat. Kann er zum Beispiel die Predigt auch nur im Ansatz verstehen? Da ist zunächst die Lesung des Bibeltextes, meist in der Übersetzung von Luther, da taucht eine Fülle von theologischen Spezialbegriffen auf, die Geographie des „Heiligen Landes“ wird vorausgesetzt, aber auch die Existenz Gottes, die Erfahrungen von Glauben und Gebet. Die Wirklichkeit des Lebens der anwesenden Menschen taucht manchmal in den Predigten auf, vor allem mit den Hinweisen auf die geringe Größe der Gemeinde, auf die Finanznot der Kirche und auf die persönlichen seelischen und körperlichen Leiden und Gebrechen. Die Situation der Stadt mit ihren vielen Kulturen, Religionen und Schichten kommt am häufigsten im Fürbittengebet vor und ab und zu als Beispiel in der Predigt.

Das Ganze erscheint wie ein in sich geschlossener Zirkel. Versucht ein Prediger oder auch eine Gruppe von Laien, deutlich diesen Rahmen zu sprengen, die Wirklichkeit von ausländischen Menschen, von Obdachlosen oder ganz konkret von

Russland-Deutschen nachhaltig in den Gottesdienst einzubeziehen, so läuft er Gefahr, dass er den Rahmen des Gewohnten so sehr sprengt, dass dies vielleicht einmal geduldet, aber auf Dauer nicht zugelassen wird.

Von außen kommen fast nur Menschen herein, die von anderen eingeführt werden, oder Menschen, die hinzuziehen und aus einer anderen Kirchengemeinde den bekannten Rahmen mitbringen.

KIRCHE ALS ORT DER SEHNSUCHT

Dieselbe Kirchengemeinde am Heiligen Abend. In drei Gottesdiensten ist die Kirche, die über tausend Sitzplätze fasst und die ursprünglich für zwölftausend Mitglieder in diesem Bezirk gebaut wurde, voll. Der Heilige Abend, die vielfältigen Stimmungslagen, die damit verbunden sind, bringen Menschen dazu, an diesen Ort zu gehen, von dem sie irgendetwas mit Kerzenschein, Musik und alten Geschichten erwarten. Die normale Sonntagsgemeinde ist nun zur Minderheit geworden. Sie ist für den Service zuständig, zündet die Kerzen in jeder Bankreihe an, verteilt die Liedblätter. Doch schon beim Singen fällt auf, dass für sehr viele dieser Raum fremd ist. Am deutlichsten ist es beim Beten des Vaterunsers. Oft spricht fünf, sechs Bankreihen weit niemand mit. Selbst für Sonntagschristen entsteht somit plötzlich eine Bekenntnissituation. Dennoch, wenn es dem Prediger gelingt, in einigen Bildern und Erzählungen die Wirklichkeitserfahrungen der Menschen anzusprechen, ihr Alleinsein, das Fremdsein in der Stadt, ihren Wunsch nach Geborgenheit, nach Orientierung zu thematisieren, dann wird es ganz still. Irgendetwas geschieht.

Auch das ist Wirklichkeit von Kirche, dass sie in einem kleinen Zeitwinkel des Lebens von sehr vielen Menschen, die längst nicht mehr Kirchenmitglieder sind, doch ein kleines Plätzchen hat. Manches spricht dafür, dass dieser Winkel ausreicht, um bei der Erfahrung von Tod und Trauer, von individuellen und kollektiven Katastrophen doch aufzutauchen und da zu sein.

Wird in derselben Kirche das Weihnachtsoratorium, die Johannespassion, ein Orgelkonzert, oder ein Konzert der Donkosaken angeboten, so wird sie zu einem häufig gut besuchten und manchmal ausverkauften Haus. Gewiss sind darunter viele, die zum kirchlichen Milieu gehören, die über die ganze Stadt reisen, um die gute Kantorei zu hören, die besonderen Solisten. Aber es gibt auch eine große Gruppe von Kulturbegeisterten. Mitglieder der PDS, deren Familien seit zwei Generationen nicht mehr in der Kirche sind, sagen, die Matthäuspassion im Konzerthaus am Gendarmenmarkt aufgeführt, ist einfach nicht das Gleiche wie in der Marienkirche. Da ist von der Aura des Kirchenraums die Rede und natürlich viel von Musik. Zum einen herrscht Konsens in diesen Kreisen, dass die alten Texte wohl doch nicht das Entscheidende seien, zum anderen gibt es jedoch das vorsichtige Zugeständnis, dass Grundfragen von Tod und Leben darin angesprochen würden, wenn auch in einer alten Sprache. Erst in längeren Gesprächen, zum Beispiel zu Akademietagungen, wird dann doch offener gesprochen. Die Angst vor dem Sterben und vor dem Tod, die Frage nach der Sinnhaftigkeit des Lebens, der Wunsch nach neuem Lebensmut – für viele ist es eine schwer einzugestehende Erfahrung, dass es die Kirchenmusik mit ihren Texten ist, die Antworten bietet. Für mich unvergesslich bleibt ein Nachtgespräch mit einem offiziellen und wohl auch weitgehend überzeugten Atheisten über die Matthäuspassion und den Vers „Wenn ich einmal soll scheiden, so scheide nicht von mir, wenn ich den Tod soll leiden, so tritt du dann herfür. Wenn mir am allerbängsten wird um das Herze sein, so reiß mich aus den Ängsten kraft deiner Angst und Pein." Es war die Aussage, dass hier aus Angst und Pein, also aus dem Leiden, Kraft entsteht, die von Angst befreit, die ihn tief berührte und offen machte für Erfahrungen des Christseins.

Gehören solche Erfahrungen auch zur Wirklichkeit der Kirche, oder sind das individuelle Erfahrungen von Christen? Die Kerngemeinde jedenfalls stöhnt, wenn es ein Defizit bei einem Konzert gibt. Muss denn so viel Aufwand sein, so viel Risiko, die kommen doch sowieso nie in den Gottesdienst, allerhöchstens an Weihnachten.

KIRCHE ALS ETHISCHE DIMENSION

Einladung zum Arbeitskreis Kirche/Wirtschaft der Evangelischen und Katholischen Akademien in Berlin. Ort: die Empfangsräume eines Großunternehmens, das auch das Buffet stellt. Viel Vorarbeit war nötig, nun aber ist es geglückt: zweimal im Jahr treffen sich Persönlichkeiten meist aus den Spitzen von Unternehmen, Wirtschaftsverbänden, Gewerkschaften und aus den beiden Kirchen. Bekannte Referenten locken an. Es geht zum Beispiel um Unternehmensethik oder um die Zukunft des Braunkohleabbaus in der Lausitz. Irgendein kirchlich-theologischer Beitrag sollte immer dabei sein. Spätestens bei der Diskussion wird dann nicht nur einmal, sondern öfter, ernsthaft und existenziell die Frage, ja Bitte gestellt: „Ich habe täglich weitreichende Entscheidungen in meinem Unternehmen zu fällen. Oft geht es um Entlassungen, da möchte ich bitte schön nicht nur Belehrungen und fordernde Appelle von den Kirchen, sondern konkrete Hilfe. Ich muss unter ganz bestimmten Bedingungen handeln. Ich möchte dabei aber nicht nur funktionieren, sondern Mensch bleiben, mit gutem Gewissen."

Für Minuten - wenn sich ein Gespräch anschließt, vielleicht auch mal für eine Stunde - kommt so die Teilwirklichkeit eines Unternehmers mit dem Angebot der Wirklichkeitsinterpretation von Kirche und Theologie zusammen. Bei Tagungen ist der Zeitraum dafür manchmal etwas größer. Ähnliches gilt dabei auch für Menschen aus anderen Bereichen, zum Beispiel aus Naturwissenschaft, Medizin, Kultur oder den Medien. Doch wer aus der Kirche ist hier überhaupt noch gesprächsfähig? Bei der konkreten Suche nach Referenten aus dem Bereich der wissenschaftlichen Theologie an den deutschen Hochschulen bleiben häufig nur zwei, drei Namen übrig. Aber auch die Suche nach erfahrenen Laien, also nach Christen, die verantwortlich und öffentlich in Unternehmen, in der Wissenschaft, in der Politik arbeiten, ist häufig vergebens. Wie leicht war es - und ist es vielleicht in Bayern immer noch? - christlich kundige und motivierte Politikerinnen und Politiker etwas distanziert anzuschauen. In der Wirklichkeit der Berliner Republik gibt es nur noch sehr wenige unter den Jüngeren, die zum Beispiel wie Antje Vollmer die ethische Dimension des Politischen auch christlich auf hohem Reflexionsniveau begründen können.

Es ist nicht mehr abzustreiten: Zumindest die selbstverständlichen Bezüge zur Wirklichkeit vieler Berufe und Arbeitsfelder sind den Kirchen in den letzten zwei, drei Jahrzehnten verloren gegangen. Die Jugendarbeit und ihre Verbände mögen dafür als Beispiel dienen, aber auch die Hochschulen etwa, bezogen auf den Einfluss und die Bedeutung der Evangelischen Studierendengemeinden und ihrer Veranstaltungen für das Profil einer Universität.

KIRCHE ALS ÖFFENTLICHE DISTANZ FÜR DISKRIMINIERTE

Ein Gottesdienst zum Weltflüchtlingstag findet statt mitten in der Auseinandersetzung um Asyl, Einbürgerung, Abschiebung und insbesondere mittendrin in einem öffentlichen Streit um die christliche Legitimation des Innensenators, die ein kirchlicher Repräsentant im Blick auf die Zulassung zum Abendmahl äußerst vorsichtig in Frage gestellt hat. Die Presse ist da, der Bischof predigt, immerhin deutlich über hundert Menschen, die Solidaritätsszene für Ausländer, sind anwesend. Etliche sind sichtbar Menschen ausländischer Herkunft.

Ist das die Wirklichkeit von Kirche? Wohl gerade noch. In Sachen Ausländerpolitik, nicht zuletzt auch beim Thema Kirchenasyl, ist die Aufmerksamkeit der Medien und der politischen Öffentlichkeit sogar eher im Wachsen. Es gibt noch politische Fragen, in denen mit den Kirchen sehr deutlich gerechnet wird. Neben Migrations- und Flüchtlingsfragen sind dies zum Beispiel Themen wie Obdachlosigkeit und Hospizbewegung oder mal stärker, mal schwächer die Fragen nach internationaler Gerechtigkeit und Solidarität, nach Menschenrechten, nach Frieden und Bewahrung der Schöpfung. Aber sind dies nicht alles wiederum nur Teilwirklichkeiten? Eben Sondermilieus, die sich gebildet haben, und für die es in der Regel auch noch kleinere „Sondermilieus" innerhalb der Kirchen und ihrer Verwaltungen gibt. Spezielle Beauftragungen, kleine Büros, mal hier eine Unterstützung, mal dort? Gewiss, all dies stimmt. Dennoch macht für mich das Erzählen dieser Teilwirklichkeiten Mut. Kirche hat wesentlich mehr Wirklichkeiten in sich und damit auch mehr Wirklichkeit, als sie selbst oft wahrnimmt. Es scheint ein wichtiges Problem zu sein, dass dieses Wahrnehmen nicht nur in irgendwelchen Pressespiegeln von oben zusammengestellt wird, sondern dass es möglichst erlebbar wird in der kirchlichen Presse, bei großen Treffen wie den Kirchentagen, aber auch in den Gemeindeversammlungen und Gottesdiensten vor Ort.

DAS LEBEN IST SCHÖN

Ein bewegender, ein zu Herzen gehender Film. Als ich zum ersten Mal hörte, dass hier der Holocaust Teil einer Komödie wird, wollte ich am liebsten nicht hingehen. Der Film hat mich überzeugt. Worum geht es? Ein Vater liebt seinen Sohn und wird getragen von der Liebe seiner Frau, die aus Liebe freiwillig mit ins Konzentrationslager geht. Aus dieser vielfältig erfahrenen Liebe heraus interpretiert der Vater die Wirklichkeit für den Sohn als großes Spiel. Und der Film zeigt das Unglaubliche und Phantastische: Die Wirklichkeit ändert sich einerseits nicht und bleibt brutal, brüllend und mörderisch, doch andererseits verändert sich die Wirklichkeit durch die Interpretation als Spiel mit eigenen Regeln so sehr, dass dabei ungeahnte Kräfte frei werden, die - wunderbarerweise - zumindest den Sohn und die Frau retten.

Wirklichkeit wird hier im tiefsten Sinne gespielt, inszeniert durch die Schöpferkraft eines Menschen. Dabei ist nicht die Frage entscheidend, ob er die Wirklichkeit auch wirklich so sieht, wie sie ist. Nein, es ist vielmehr umgekehrt: Weil er die

Wirklichkeit in seinem heiteren, spielerischen Sinne interpretiert, verändert sie ansatzweise ihren Charakter und wird zumindest in Teilbereichen wirklich anders.

Ist das Evangelium in diesem Sinne nicht auch ein großes Spiel mit eigenen Regeln, das entgegen der Erfahrungen der Wirklichkeit verkündigt wird? Das Evangelium als die Kunde, die Melodie von einem anderen Leben, von einer anderen Interpretation des Lebens, in dem alles anders wird, in dem die Ersten die Letzten und die Letzten die Ersten sein werden, und die, die meinen zu leben, werden tot sein und die, die totgesagt sind, sind wirklich lebendig.

Über das Kontrafaktische des Evangeliums ist schon viel nachgedacht worden. Für unsere Frage nach der Kirche und der Wirklichkeit des Lebens ist es nicht damit getan, dass wir aufzählen, dass wir Bereiche abstecken, dass wir Überschneidungen feststellen. Es ist vielmehr die Frage, ob wir so weit in den unterschiedlichen Wirklichkeiten des Lebens drin sind, dass diese Kunde des neuen Spieles mit eigenen Regeln noch gehört und verstanden wird.

Die Kirche lebt nur dann wirklich, wenn sie von dieser anderen Wirklichkeit so redet, dass Menschen aufhorchen. Mir scheint, dass gerade dies der Kirche und ihren offiziellen Vertretern umso weniger gelingt, je schneller und modischer sie sich den jeweiligen Teilwirklichkeiten anpassen. Es könnte sein, dass es die alten Texte, die kantigen Formulierungen, die querdenkenden Menschen, die überraschend Handelnden sind, die in diesem erfüllten Sinne im wirklichen Leben stehen. So lange die Kirche eine Institution ist, die solchen Menschen, Ideen, Texten und Projekten Raum gibt, steht es gar nicht so schlecht um sie. Die Wirklichkeit der Sparmaßnahmen bekommt hierdurch ein ganz eigenständiges Kriterium. Die bisherigen Erfahrungen belegen allerdings mit wenigen Ausnahmen, dass es genau andersherum geht. Der „Wildwuchs“ wird beschnitten, das normale, das gut geölte Getriebe, wird dagegen noch gefördert. Der Abschied der Kirche aus der Wirklichkeit des Lebens wird sich dadurch beschleunigen – es sei denn, die Kraft des Evangeliums macht einige Menschen erneut verrückt und sie glauben wirklich.

Ein Volk ohne Visionen geht zugrunde

HEILSAMES ERSCHRECKEN

„Ein Volk ohne Visionen geht zu Grunde." Was für ein gefährlicher Satz, fast abenteuerlich, ihn 1993 immer noch zu formulieren! Ist er nicht radikal widerlegt? Gehen nicht gerade Völker unter und ziehen noch andere mit sich, wenn sie Visionen entwickeln? Nazi-Deutschland mit seinem Sendungsbewusstsein und der Vision eines großgermanischen Reiches, die Serben mit der Vision ihres Großserbiens usw. Schließt man den Nationalismus und Rassismus als Visionen aus, dann bleibt die Vision der klassenlosen Gesellschaft, die aus vielen Völkern Sowjetmenschen machte, eine Völkergemeinschaft, die implodierte, zu Grunde ging. Und in Deutschland ist der Versuch, ein Staatsvolk der DDR mit Hilfe der Vision des ersten sozialistischen Staates auf deutschem Boden zu konstituieren ebenso zu Grunde gegangen.

Angesichts dieser x-beliebig zu verlängernden Reihe ist zu fragen: Welche Visionen gibt es überhaupt, mit denen ein Volk nicht zu Grunde geht? Dem nachzuspüren ist notwendig in einer Zeit, in der das Ende aller Visionen und Utopien gefeiert wird.

ALS DIE WÜNSCHE NOCH FREI WAREN

Das Aschenputtel will bunte Kleider tragen, Zwerg Nase will nicht behindert sein, das kleine hässliche Entchen will endlich schön werden, das arme Mädchen, das barfuß durch den Schnee geht und im dünnen Leibchen friert, will endlich Wärme und Reichtum haben. Und wen von uns rührt es nicht an, wenn die Sterntaler endlich vom Himmel fallen wie im Märchen?

Das Wünschen gehört zu Menschen, die in Not sind, die behindert sind, die nicht so können wie sie wollen. Die Wunschmaschinen laufen in jedem Menschen, in vielen Bevölkerungsgruppen und in Völkern. Die Geschichte ist voll von diesen

Abläufen. Die ganze Völkerwanderung ist so zu erklären und auch die große Wanderung, die wir derzeit auf der Welt erleben. Diese Wunschmaschinen wurden im Laufe der Geschichte immer besser programmiert. Da wurde aus dem individuellen Wunsch das religiöse Konzept von auserwählten Völkern, die immer wieder in gelobte Länder, wo Milch und Honig fließen, ziehen; da wurden politische Konzepte, philosophischer Idealismus programmiert, um daraus die Verbesserung der Weltgesellschaft zu machen. Immer stand am Anfang die Einsicht in die Not und das Leiden der Menschen. Karl Marx zum Beispiel war bestürzt über den Hunger und das unwürdige Leben des entstehenden Proletariats und nahm alles, was er wusste und denken konnte, zusammen, um das Programm eines besseren Lebens, orientiert an idealer Gerechtigkeit und Gleichheit, zu entwerfen. Die Zahl der politischen Programme und Konzepte, die aus diesen Entwürfen weiterentwickelt wurden, schienen ohne Ende und voller Zukunft. Und nun sind sie doch in großer Zahl zusammengebrochen, zu Grunde gegangen, funktionslos geworden.

Es besteht offensichtlich ein großer, fast nicht zu überbrückender Spannungsbogen zwischen den Wunschträumen am Anfang, die zu den Menschen dazugehören, und ihrer Verwirklichung in Wunschprogrammen.

Auf jeden Fall sind geschlossene Wunschprogramme, die nicht ständig bereit sind, sich korrigieren zu lassen, sich immer wieder neu zu öffnen, zum Scheitern verurteilt. Visionen, die in solchen Programmen gefangen werden, verlieren ihre Überzeugungskraft und verkehren sich häufig in ihr Gegenteil. Wünsche, die am Anfang aller solcher Wunschmaschinen stehen, verlieren offensichtlich im Programm ihre Freiheit. Und ist es nicht schon im Märchen so, dass immer eine Herrschaftsinstanz gebraucht wird, die über den Menschen entscheidet, die ihn im Grund zur Marionette macht: die Zauberer, die Glücksfeen, die guten und die bösen Könige, die Götter und mit fortschreitender Entzauberung der Welt dann die Diktatoren, die Zentralkomitees, die jeweiligen Regierungsmannschaften. Sollen die Wünsche frei bleiben, dann dürfen sie nicht programmiert werden. Dies setzt zuallererst Menschen voraus, die zur Freiheit fähig sind. Menschen also, die ihre Wünsche erkennen können, die auf sie hören, die ihnen aber nicht einfach verfallen. Wünsche neigen dazu, die Realität zu übersehen. Wie viele Lebenslügen verdanken ihre Entstehung einem Wunschdenken? So hat die ganz persönliche Lebensgestaltung eines jeden Menschen sehr viel damit zu tun, ob seine Wünsche zu einer schöpferischen Kraft werden, die ihn immer wieder erneuert, die ihn befähigt, aus festen Abläufen, Plänen und Programmen auszubrechen, von einem Programm zum anderen zu hüpfen und dabei nicht nur willenloser Wellenreiter zu sein, der getrieben wird, sondern einer, der sich so gekonnt treiben lässt, dass er im Rahmen des Gegebenen sein Leben lebt. Und die gute Wirkung der Märchen besteht ja gerade darin, dass wir als Aschenputtel oder Zwerg Nase nicht von irgendwelchen Mächten und Über-Ich-Strukturen abhängig werden, sondern, dass wir uns selbst annehmen, auch unsere dunklen Zeiten und Behinderungen integrieren, um dann frei und aufrechter zu leben.

NOT LEHRT DENKEN!

Dies schreibt Ernst Bloch in seiner Tübinger Einleitung in die Philosophie und er drückt damit eine Hoffnung aus: Bloch weiß, dass das Wünschen allein nicht ausreicht. Das realistische Denken, das Einbeziehen der gegebenen Wirklichkeit, die Offenheit des Gesprächs mit möglichst vielen darüber, was nun besser oder schlechter sei, muss zu unseren Wünschen hinzukommen. Visionen sind für mich solche Träume, die stets offen sind für die gemeinsame Überprüfung durch viele Menschen, die versuchen, in ihrer Wirklichkeit zu leben. Solche Visionen brauchen Menschen, die zusammenleben wollen und sich dafür Regeln schaffen - nur so möchte ich den Begriff „Volk“ verstehen und keinesfalls in Verbindung mit Blut und Boden.

Welche Visionen bieten sich da an? Ein Modell bietet ohne Zweifel das wandernde Gottesvolk der Bibel, das seine Visionen, die Zusagen seines Gottes von Gerechtigkeit, Liebe und

Frieden, immer wieder neu versucht hat zu realisieren. Für die mythische Sprache in fast unglaublicher Weise wird Gott dabei zu einem Partner, der sich immer wieder neu an der Diskussion beteiligt. Und viele Geschichten der Bibel sind ausgesprochene Beispielgeschichten und Gleichnisse dafür, wie konkretes Leben gestaltet werden kann. Dies gilt für die hebräische Bibel ebenso wie für das griechische Neue Testament. Es geht dabei nicht um Programme für Mitmenschlichkeit oder weltweite Gerechtigkeit oder die Gleichheit der Menschen, sondern zum Beispiel um die Geschichte des barmherzigen Ausländers, der anders als alle religiösen Funktionsträger einem hilft, der unter die Räuber gefallen ist. Beispielgeschichten, Protokolle von Diskussionen, aber bitte keine Programme!

So hat es wenig Sinn, einzelne Visionen - und seien sie noch so edel - als Grundwerte einzufangen. Hier ist meist leicht ein Konsens herzustellen, dass zum Beispiel Freiheit, Gerechtigkeit, Friede und Solidarität den Grundwertekanon einer Gesellschaft ausmachen sollen. Worauf es ankommt ist der offene Umgang mit diesen Visionen. Jede dieser Visionen kann auch zur Grundlage einer Schreckensherrschaft werden und voller Menschenverachtung sein, wenn mit ihr nicht offen und pragmatisch umgegangen wird. Auch eine falsch verstandene Heiligung dieser Begriffe, die sie unantastbar und damit indiskutabel machen, kann Visionen ihrer Kraft berauben und sie ins Gegenteil verkehren.

In einem ganz anderen Sinne sollten Visionen jedoch durchaus heilig sein. Sie bedürfen der täglichen Pflege, des Kultes der täglichen Konsensbildung voller Streit um die Wahrheit. Sie müssen sozusagen täglich auf den Markt getragen werden, damit das Volk seine Zustimmung aktuell und so realistisch wie möglich neu formuliert. Diese Verbindung von Kontinuität und Aktualisierung macht das Geheimnis von Visionen aus. Was aber heißt das für uns heute?

Nach diesen Überlegungen stellt sich die Frage neu, ob denn Visionen in diesem Sinne wirklich zu Grunde gegangen sind. Je genauer ich den Zusammenbruch des Weltbildes des Kalten Krieges durchdenke und in immer neuen Erfahrungen erlebe (hier hat der Ausdruck „neue" Bundesländer einen überraschenden Sinn!), desto unabweisbarer wird es für mich, dass alle entscheidenden Visionen der letzten vierzig Jahre ihren Ursprung dem gegenseitigen Feindbildsystem des Kalten Krieges verdanken. Dies gilt nicht nur für die klassische Legitimation, zum Beispiel der NATO gegenüber dem Warschauer Pakt und umgekehrt, sondern auch für das Verständnis von Demokratie insgesamt, wahrscheinlich auch von Grundgesetz und Rechtsstaat. Liest man die Gründungsurkunden dafür, so wird taucht immer wieder das Feindbild auf der anderen Seite auf. Dieser Begründungszusammenhang gilt aber nicht nur für die herrschenden Visionen und ihre entsprechenden Institutionen und Verfahren, sondern auch für die jeweiligen Visionen der Opposition. Die Vision des Sozialmilieus, die wie genau auch immer durchdacht, die Erneuerungsbewegung der westdeutschen Linken in der zweiten Hälfte der 60er-Jahre so schöpferisch inspirierte, gründet zweifelsohne auch darin, dass es trotz vieler Vorbehalte eben eine Alternative zum realen Leben in der westlichen Bundesrepublik im Osten zu geben schien. Ebenso sind viele Vorgänge in der westdeutschen Friedensbewegung ohne den immer wieder zurückgewiesenen Antiamerikanismus eben doch nicht zu erklären.

Auf der östlichen Seite gilt dieser Mechanismus in sehr ähnlicher Weise. Die „Rückkehr nach Europa" (Jens Reich) war ohne Zweifel eine Vision der Demokratiebewegungen in den Ländern des Warschauer Paktes: die Rückkehr zu einem zivilen Europa, in dem die Menschenrechte, die Rechtsstaatlichkeit, die ganz einfachen Bürgerrechte bis hin zur Presse- und Reisefreiheit garantiert sind. Das, was die westdeutsche Opposition als verlogenen Herrschaftsapparat, der fälschlicherweise den Namen Demokratie trägt, ständig zu entlarven versuchte, war zugleich visionärer Inhalt der Hoffnungen von Menschen, die eben dafür ihre Karriere aufs Spiel setzten, ja in Gefängnissen saßen.

Welch eine Chance, welch eine Herausforderung, nun, nachdem das Feindbildsystem zerbrochen ist, neue, freie Visionen zu formulieren. Aber auch welch eine Schwierigkeit!

Der Balkankrieg, insbesondere der Kampf der Volksgruppe in Bosnien-Herzegowina, macht es deutlich. Da gibt es Vergewaltigungen von Frauen, Konzentrationslager und sinnlose Zerstörung. Folgt man den genauen Analysen, so sind nicht immer „die Serben“ schuld, sondern offensichtlich geschehen Verbrechen auf allen Seiten. Da erscheinen die Aktionen der UN reichlich hilflos. So entsteht einerseits eine moralische Bewegung, die militärisches Eingreifen im Rahmen von UNO, KSZE oder wem auch immer empfiehlt, und andererseits gibt es da eine unheilige Allianz zwischen konsequenten Pazifisten und westlichen Militärs, die übereinstimmend vor einem militärischen Eingriff warnen. Die Vision vom Schutz des Lebens durch die Menschenrechte und die Vision einer Friedensliebe, die jeden militärischen Einsatz verhindern will, stehen gegeneinander. Aber auch die Visionen von nationaler Selbstbestimmung und grenzüberschreitender Völkerverständigung widersprechen sich radikal.

Dies ist nur ein Beispiel, zu dem sich in der gegenwärtigen Situation eine lange Reihe von Konflikten zwischen unterschiedlichen Visionen und Zielvorstellungen aufzählen lässt. Frage ich mich selbst, so komme ich zögernd, immer noch voller Abwehr, zu dem Schluss, dass die hilfreichste Vision wohl in dem viel gescholtenen kritischen Pragmatismus liegt, den nicht wenige Jugendliche praktizieren. Ich denke an diejenigen Jugendlichen, die den Visionen der 68er skeptisch gegenüberstehen, die offen sagen, dass sie nicht alles wissen, aber alles in ihrem Handeln überprüfen wollen. Nicht mit einem besserwisserischen Erklärungssystem voller Visionen, sondern nüchtern und realistisch, eben pragmatisch.

Am eindeutigsten sehe ich dies bei ökologischen Fragestellungen. Da ertappe ich mich bei der Frage nach dem Verursacherprinzip immer schnell, dass mir die reichen Industrienationen, das internationale Kapital und überhaupt die mafiösen Strukturen einer gar nicht so genau zu fassenden Macht einfallen, gegen die ich prinzipiell immer kämpfe. Welche praktischen Folgen hat aber diese Einsicht? Bleibe ich ehrlich, so kann ich einen bestimmten fatalistischen Zynismus nicht leugnen. Da kann ich dann ruhig bei der Mülltrennung nicht so genau aufpassen und auch mal den Joghurtbecher in den Papiercontainer werfen, denn verglichen mit dieser weltweiten Macht, die ich als alter Linker ja längst durchschaut habe, ist die Frage der Mülltrennung lächerlich uninteressant. Die Vision einer weltweiten Gerechtigkeit und einer ihr entsprechenden Ökologie erscheint so großartig, dass das einfache pragmatische Handeln ohne jede ethische Relevanz ist.

Genau hier aber beginnen Visionen ihre Legitimationskraft und ihre Kraft zur Motivation einzelner Menschen oder ganzer Völker zu verlieren. Wie viel überzeugender dagegen ist das Verhalten vieler Jugendlicher, die aus nüchterner Einsicht - oft sogar im Biologieunterricht einer bayerischen Schule erworben - versuchen, sich nach dem jeweils neuesten Kenntnisstand ökologisch konsequent zu verhalten! Dabei geht es nicht um ein prinzipielles Falsch oder Richtig, auch nicht um die Zugehörigkeit zum einen oder anderen politischen Lager, sondern da gibt es nützliche, engagierte Auseinandersetzungen um den richtigen Weg. Und offene Ohren und Blicke nach allen Seiten, eben auch für den Abfallberater eines CSU-Landrates oder für einen Vertreter der Industrie. Kritische Wahrnehmung gibt es nach allen Seiten, auch Selbstkritik.

Ein Volk ohne Visionen geht zu Grunde. Ja, Menschen, die in einer Gesellschaft zusammenleben, brauchen die großen Visionen der Menschheit, sie brauchen Freiheit, Gerechtigkeit, Solidarität und Frieden, aber sie brauchen sie unter der lebensnotwendigen Kontrolle durch die Vision eines Zusammenlebens, in dem offen und kritisch die realen Verhältnisse gemeinsam überprüft werden, nicht programmatisch, sondern pragmatisch. *Pragma* heißt im Griechischen die Tat. Sie bedarf stets der Kritik aller Beteiligten, aber dann müssen wir sie auch tun!

Medizin und Nationalsozialismus – Ein theologischer Kommentar

Als ich um einen theologischen Beitrag für diesen Sonntagmorgen gebeten wurde, ging es zunächst um einen Gottesdienst. Ich wehrte sogleich ab: Bei dem Thema doch bitte kein feierlicher Kirchenraum, Musik, Ritual. Theologischer Kommentar lautete dann der Vorschlag. Ich stimmte zu und nun stehe ich da. Kommentar - das klingt nach möglicher Distanz, von dritter Seite aus wäre da über Entferntes zu reden, der Theologe spricht über Medizin und Nationalsozialismus. Genau dies aber ist unmöglich. Zumindest mir, der ich eben nicht nur studierter Theologe, sondern auch Pfarrer, Amts- und Traditionsträger einer evangelischen Kirche in diesem Lande bin.

Kirche, kirchliche Werke, Anstalten der christlichen Nächstenliebe sind in Deutschland bis unter die Haut und ins Herz hinein einbezogen in die Geschichte von Medizin und Nationalsozialismus, samt all der furchtbaren theologischen Kommentare, Ermutigungen und Verschleierungen aus den theologischen Fakultäten damals und durchaus auch schon lange vor 1933.

Mehr noch, präziser: Kirche, Theologie und einzelne Pfarrer insbesondere in diakonischen Einrichtungen für behinderte Menschen, waren hier nicht nur „irgendwo und irgendwie" mit einbezogen wie fast alle, eben als passive, etwas feige Mitläufer, die geschwiegen haben, wenn andere Unrecht taten; nein, sie waren oftmals gerade in den Anstalten der Kirche für behinderte Menschen, in diesem Handlungsfeld zwischen Kirche, Medizin und Nationalsozialismus Täter, Aktivisten, die mehr veranlassten, als sie mussten. Der in vorauseilendem Gehorsam geschriebene Satz von Pastor Lensch, dem Direktor der Alsterdorfer Anstalten, aus dem Jahre 1938 gehört als niemals abzulegender Denkzettel auf die Schreibtische von Pfarrern, Predigern und kirchlichen Managern: „Wir können uns selbstverständlich nicht leisten, daß wegen einzelner jüdischer Patienten unserer Anstalt der Charakter der Gemeinnützigkeit und Mildtätigkeit abgesprochen wird."[9]

Es ist unausweichlich: Ein distanzierter Kommentar ist für mich heute Morgen nicht möglich. Es ist von Schuld zu reden, von ihrer Entstehungsgeschichte und von der Notwendigkeit, sie zu erinnern. Also durchaus Elemente eines Gottesdienstes. Der Form nach ein Angebot an Sie, sich mit mir auf verschiedene Sprachebenen zu begeben, sich einzulassen auf Vergegenwärtigung von Schrecklichem, bis hin, ganz am Ende, zu einem biblischen Text. Ich fange bei mir an:

Marieles Bank

Wenn es Frühling wurde und die Sonne über Mittag in den Hof hinter unser Haus im schwäbischen Nördlingen schien, dann durften wir Kinder sie herunterholen: Marieles Bank. Eine kleine Kinderbank aus braunem Holz mit leicht geschwungener Lehne, eine gediegene Schreinerarbeit, für langen Gebrauch gefertigt. Im Winter stand die Bank immer oben auf dem „Boden", wie im Schwäbischen der Dachspeicher heißt, von einer alten Decke geschützt. Aus irgendwelchen Gründen durfte das Bänkchen nur an Sonnentagen in den Hof. Bei Regen musste es wieder unters Dach. Nie durften wir es mit in den Hausgarten nehmen, aber auch nicht hinein in die Wohnung. Ich war stolz auf diese Bank. Keines der Kinder in der ganzen Straße hatte eine ähnlich schöne. Woher sie kam, wussten wir Kinder lange nicht. Sie hieß eben Marieles Bank. Erst später, so mit 14, 15 Jahren, erfuhr ich dann, dass Mariele eine jüngere Schwester meiner Großmutter war, der zweiten Frau meines Großvaters, wie erstaunlich oft betont wurde. „Das Mariele war etwas schwachsinnig und klein geblieben. Die saß immer auf dem Bänkle und ist später nach Polsingen gekommen, der nächsten Neuendettelsauer Anstalt, und dann gestorben." Später, so um meine Abiturzeit herum, im Zusammenhang vieler lauter, oft verbissener Auseinandersetzungen um die Zeit des Dritten Reiches, erfuhr ich dann noch mehr: In den Anfangsjahren des Krieges sei einmal ein Brief gekommen, dass das Mariele, das man regelmäßig besucht habe, nach Österreich verlegt worden wäre, in die Nähe von Linz, und dann – ungefähr 6 Wochen später – wäre ein Brief von einem Schloss bei Linz gekommen, dass Mariele an Lungenentzündung gestorben sei. Da hätten alle mehr oder weniger genau gewusst, dass dies ein Gnadentod gewesen war. Und im gleichen Ton der Betroffenheit wurde weiter berichtet: Das wäre ja bei schlimmer Kranken, bei diesen mit Wasserköpfen und so, doch das Beste. Dass das auch bei unserem Mariele passiert, die immer so freundlich lächelte, das wollte damals zumindest ihre Schwester, meine Großmutter, nicht begreifen. Und dann kam noch ein Nachsatz für mich: „Dein Vater ist damals schon froh gewesen, wegen seiner Parteilaufbahn, dass wir nicht direkt mit dem Mariele verwandt sind, blutsmäßig, da es ja die zweite Frau des Großvaters war. Aber dein Vater ist bald darauf selber gefallen im Krieg."

Ich erinnere, dass ich damals auf den Boden hinaufgestiegen bin und die alte Decke von der Bank nahm, auf die ich so stolz war als Kind. Was ich da alles gedacht habe, weiß ich nicht mehr, außer dem Entschluss, dass ich diese Bank nie vergessen darf.

Ein knappes Jahr später habe ich selbst in diesem Neuendettelsau zu studieren begonnen und war dann im Diakonischen Dienst über viele Wochenenden und Semesterferienwochen immer wieder in Bruckberg, einer Heil- und Pflegeanstalt, wie das damals noch hieß. Mit älteren Diakonissen, die die jungen Herren Theologen so sehr achteten, gab es dann Gespräche, in denen ich von Marieles Bank erzählte. Und bewegende Berichte der Frauen, wie sie damals nachts auf Leiterwagen die Schwachsinnigen von Bruckberg in die sichere Anstalt nach Neuendettelsau fuhren, nachdem die Meldebögen ausgeteilt worden waren und auch davon, dass sie etliche Kinder heimlich zu ihren Familien zurückbrachten, damit sie dort auf dem Bauernhof wieder „wenigstens als Dorfdeppen" leben konnten und nicht mit auf die Transporte kamen. Dies Engagement war aber in der Hierarchie der Anstalt etwas Heimliches. Die Anstaltsleitung, so wurde immer wieder gesagt, konnte nichts gegen die Transporte machen. Und da ist es wieder da, das Christentum des Pastor Lensch und offensichtlich gar nicht so weniger anderer. Ich wähle eine andere Sprachform: *Über die deutsche Unfähigkeit mit dem Lebendigen umzugehen.*

Vor welchem Hintergrund können Sätze wie der des Pastor Lensch entstehen? Da ist sofort und mit vollem Recht jenes Bündel von deutschen Kontinuitäten anzusprechen, jene Mischung von Untertanengeist, gläubigem Gehorsam gegenüber der Obrigkeit, jene lutherische Zwei-Reiche-Lehre, die eine ach so fatale Trennung in privat und öffentlich, in einen inneren religiösen und einen äußeren politischen Bereich erlaubt. Diese Lehre war es auch, die in jener wasserdichten Verbindung von Thron und Altar dazu führte, dass - gewiss mit viel innerer Verkrümmung - das „Untertansein der Obrigkeit" in Deutschland immer den Vorrang hatte vor jenem anderen klaren Wort, das da heißt, man müsse Gott mehr gehorchen als den Menschen. Aber es ist nicht nur dieses Lehrgebäude, das wäre zu einfach. Das aktuelle Verhalten von Lutheranern etwa in Südafrika oder in El Salvador zeigt, dass man auch ganz anders, geradezu subversiv, mit dieser Zwei-Reiche-Lehre umgehen kann, wenn es darauf ankommt, sich auf verschiedenen Ebenen in unterschiedlichen Rollen für die Befreiung von Unterdrückten einzusetzen. Die deutsche Kontinuität ist sehr viel tiefer in uns verwurzelt: Jener Bekenntniszwang, der letztendlich nur eine dualistische Weltbetrachtung zulässt, Welf oder Waibling, Luther oder Papst, gut oder böse und dazwischen nichts außer Verrat, scheint nur psychohistorisch zu erklären. Laut Ulrich Sonnemann und immer mehr anderen ist diese spezifisch deutsche Entwicklung im Rahmen unserer europäischen Nachbarn seit 1848 entscheidend dadurch zu erklären, dass wir es nicht geschafft haben, eine erfolgreiche bürgerliche Revolution zu erkämpfen. Es fehlt die Erfahrung, dass von unten, in Solidarität mit anderen, tiefe Gefühle von Zorn und Hass gegen die Oberen, von Sehnsucht und Hunger nach Gerechtigkeit und Selbstbestimmung, erfolgreich geäußert und durchgesetzt werden können, gerade auch mit Gewalt und Macht von unten. Alles, was andere Völker erkämpft haben, die nationale Einheit, die Freiheitsrechte, die Menschenrechte, soziale Gesetzgebung usw., wurde den Deutschen von oben und von außen gewährt und manchmal aufgezwungen - angefangen von jener absurden Reichsgründung im feindlichen Ausland durch die Fürsten bis hin zum Grundgesetz dieser Bundesrepublik. Was für eine Kette von Erfahrungen: Wer kämpft, wer sich engagiert, wer lebendig ist, der kriegt eins drauf, hat keinen Erfolg, umso weniger, je mehr er Aggression und Bereitschaft zur Gewalt zeigt; wer sich aber unterwirft, abwartet, nach oben schaut, den Rahmen des Möglichen nie überschreitet, der kommt durch.

Welch eine Kette von Erfahrungen, die nicht nur die einfache große Linie von Herrschern und Beherrschten prägen, sondern - durchaus verschlungen und differenziert - auch die Empfindungen derer, die immer wieder ausbrechen wollen aus dieser Kette von Fakten.

Der Mythos vom schönen Menschen

Vor mir liegt - aus der Bibliothek meiner Familie - die Rassenfibel von Dr. Robert Lehmann in der 2. Auflage von 1934. Ich blättere sie durch und schaue mir die Bilder an. Eine lange Kette von schönen Menschen. Lauter „gute Gesichter", wie meine Mutter immer sagte: der Helgoländer Fischer und der Bergbauer aus dem Bildband „Die von der Scholle" und daneben, meist im Kleinformat, Krüppel, Bastarde, Kranke, Juden. Und ich versuche - zugegebenermaßen mit einem gewissen Zwang - nicht in meine mir selbst anerzogenen Beurteilungsmuster zu fallen und lege ein Buch daneben mit Bildern, die nahtlos die Vorgeschichte jener Bilder der Rassenfibel belegen. Es sind Bilder aus dem Wandervogelleben von Jule Groß, der unter den Bezeichnungen Wandervogel-Lichtbildamt zum Wandervogel-Fotografen schlechthin geworden ist.[10] Zum Mythos des schönen und wohlgebauten Menschen kommt hier noch der Mythos der Jugend. Und nun brauche ich nur die Augen zu schließen und die Bilder beginnen sich zu bewegen, Leni Riefenstahls Filme, und unmerklich spüre ich in mir wohlige Empfindungen im Erinnern von Bildern von Festen der Alternativbewegung, schön und frei und selbstbestimmt, selbstgestaltet und - hier sind ja viele liberale Münchner: Hand aufs Herz - schwingt nicht Zustimmung mit bei dem allsommerlichen Blick in den Englischen Garten auf die schönen Nackten, das bunte Volk, die wohlgestaltete Natur mitten in der Stadt? Und ist es nicht geradezu pervers, verklemmt, unfrei, widerlich moralisch, wenn ich mich frage: Aber wo sind die „nicht schönen Körper", die Krüppel, die Kranken, die Verletzten und Verhungerten, die nackten Leichen von Dachau, die Opfer von medizinischen Versuchen? Die Integration des Lebendigen, des Hässlichen, des Schattens, der Aggression, des Hasses und wie immer das in den einzelnen Erklärungszusammenhängen heißt, ach wie ist sie schwer.

Der fragmentierte Gott

Ich kehre zurück zur Rassenfibel. Dr. Lehmann wird dort an einigen Stellen persönlich und durchaus biblisch. Er erinnert sich an die „Art, wie Esau um seine Erstgeburt gebracht wurde, an Jakobs Täuschung in der Brautnacht mit Lea mit dem blöden Gesicht, an Jakobs List mit den sprenkligen Schafen und Ziegen, an Leas und Rahels gegenseitige Hintergehungen mit ihren Kebsweibern, an Davids damals nicht übliche Kriegslist gegen den kernigen (arischen) Ritter Goliath." Ich muss gestehen, ich hatte im Elternhaus den Gottesbegriff in schönerer und lieblicherer, jedenfalls in einer für ein deutsches Kindergemüt förderlicheren Art kennen gelernt und war erstaunt, als ich in der Schule über den ‚lieben Gott' mit biblischen Geschichten belehrt wurde, die mich schon als Kind abschreckten. Ich begriff schon damals nicht, dass der liebe Gott, den ich kennen gelernt hatte, derselbe sein sollte, der solche mir hässlich erscheinenden Taten belohnte. Wie will man ein Kind zur Ehrlichkeit erziehen, wenn man solche Geschichten wenn möglich noch beschönigt? Jedenfalls sollten sie mindestens im Religionsunterricht in deutschen Schulen aufrichtig als das erklärt werden, was sie sind: unehrlich, verwerflich, hässlich. Sonst besteht die Gefahr, dass Kinder falsche religiöse Begriffe bekommen oder womöglich an das andere ‚Bessere' in der Bibel schon frühzeitig mit Vorurteilen herangehen.

Der Befund des Dr. Lehmann ist eindeutig. Alles, was böse erscheint, krankhaft, triebhaft, dunkel und verschlagen, gehört abgesondert, selektiert, vernichtet. Das gilt auch für den Gott der Bibel. Und das gilt erst recht für die Erziehung der Kinder zur Gespaltenheit. Denn wenn bei Gott so etwas nicht vorkommen darf, dann erst recht nicht beim Kind. Das Böse gehört weggesteckt, darf nicht wirksam, darf nicht lebendig werden.

Aber wiederum ist es nicht so einfach mit diesem Dualismus. Denn sind seit dem wichtigen und befreienden Impuls der Aufklärung nicht Generationen von Theologen am Werk, um die Bibel zu sortieren, zu selektieren, zu entmythologisieren, um hinauszuwerfen oder zu interpretieren? Gewiss, mit bester Absicht, im Bemühen um besseres Verständnis, höhere Transparenz, um der intellektuellen Redlichkeit willen, aber - und hier rede ich als gebranntes Kind - wann haben wir Theologen, wann hat die Praxis der Kirche es je verstanden, diese vielen Impulse und Traditionen für die Lebendigkeit des Lebens im Alltag der Menschen zu gestalten?

Und die Erziehung? Geht es nicht gerade emanzipatorischer Pädagogik auch immer darum, das Kind als defizitäres Wesen zu definieren, das zu seiner Befreiung an die Hand des Pädagogen genommen werden muss, um über viele Stufen immer identischer, immer in sich vermittelter, immer perfekter zu werden? Und die Medizin? Muss sie nicht in einer Gesellschaft instrumentalisierter Vernunft immer an den Mythos der Heilbarkeit glauben? Daran, dass letztendlich alles technisch machbar ist? Und, und, und ...

In der Bibel finden wir nicht einmal Spuren eines solchen auf Perfektion, auf Schönheit hin orientierten Menschenbildes. Gewiss, die Ebenbildlichkeit Gottes wird ausgesagt. Aber Gott zeigt sich den Menschen eben in Jesus als Mensch, nicht als Nazarener, sondern als gebrochener, ausgepeitschter, stöhnender, sterbender Mensch, der verspottet wird und dessen Kleider geteilt werden. Die Bibel spricht in unerbittlicher Nüchternheit vom begrenzten Leben des Menschen. Menschliches Leben ist immer Fragment, Bruchstück. Seine Ganzheit, seine Vollkommenheit hat es nur - und ohne jene eigene Vermittlungsleistung - durch Gott, blitzartig, völlig überraschend, gegen alle menschlichen Maßstäbe. Die Letzten werden die Ersten sein und die Ersten die Letzten. Und durch diese Menschwerdung Gottes ist die Parteinahme des biblischen Gottes in aller Eindeutigkeit auf der Seite derer, die zerfetzt sind, unterdrückt, ausgebeutet, beleidigt, krank, verkrüppelt, behindert, ohne jede Chance. Denen sagt er Befreiung zu, nicht den Perfekten. Im fragmentierten Leben, „in dem, was ihr getan habt einem meiner geringsten Brüder", ist er zu erkennen in aller Vollkommenheit und Ganzheit. Der glimmende Docht wird nicht ausgedrückt und das angebrochene Schilfrohr wird nicht endgültig zerbrochen. Jeder lebendige Atemzug ist vor diesem Gott lebenswert.

Aber ist das nicht nun doch alte schlimme Bußpredigt, Verachtung des Menschen, die gerade erst bereit macht zu menschenverachtendem Handeln? Es ist zum Verzweifeln. Der Zwang zum Nichtintegrieren, zum Grenzen ziehen, zum Mauern bauen, er lässt mich nicht los. Das Wissen um die Notwendigkeit, Grenzen zu überschreiten, in fremden Köpfen zu denken, den anderen offen aufzunehmen, empathisch zu sein, dies Wissen tut sich schwer, lebendig zu werden. Spürbar werden kann es allerdings auf einem - zumindest für uns Deutsche - lebensnotwendigen Weg:

Der Weg der Befreiung heißt Erinnerung

Marieles Bänkchen gibt es immer noch. Es hat sich in unserer Familie der Brauch gebildet, dass es immer bei denen ist, die gerade kleine Kinder haben, so im Alter zwischen drei und sechs Jahren. Unsere Kinder saßen schon darauf und wir haben ihnen die Geschichte erzählt von dieser Bank und von der Marie, von ihrem Leben und Sterben, und wir erzählen diese Geschichte immer wieder, spätestens dann, wenn wir zu Verwandten kommen, bei denen gerade die Bank steht. Vielleicht gelingt damit das Erinnern für die Nachgeborenen besser. Wir brauchen in jedem Fall viele solcher Zeugnisse als Orte des Erinnerns. Zu viele alte Decken sind darüber gebreitet. Und wer sie wegzieht, hat es oft nicht leicht. Nicht überall gibt es Gedenktafeln und Erinnerungsbücher, wie das in Alsterdorf so eindrucksvoll gelungen ist. Ich denke an bittere Konflikte um die Veröffentlichung der Dokumente in Neuendettelsau, an den Streit um eine Gedenktafel in Haar, auf der auch die Opfer der Euthanasie erscheinen sollen, an dieses elendige Kapitel der Wiedergutmachung der vergessenen Opfer, ich denke an den aktuellen Streit um eine Gedenktafel für die homosexuellen Häftlinge in der Gedenkstätte Dachau - und diese Reihe will kein Ende haben. Aber es bleibt uns kein anderer Weg. Gerade in kirchlichen Einrichtungen sind solche Erinnerungswege eine dringliche und durch keine Entschuldigung aufzuschiebende Forderung.

Und Erinnern verweist ja immer auch auf uns selbst, auf unseren Körper, auf unsere Gefühle, auf unsere Wünsche und Triebe, unseren Hass und Zorn, unsere Schmerzen und Krankheiten, auf unseren Tod. Auch hier ist Heilung nur möglich, wenn wir nicht vergessen wollen, kein Gras darüber wachsen lassen, keinen Körperpanzer. Medizin bekommt dann ihren Sinn eben nicht als Heilkunst der Perfektion, sondern als Weggenossenschaft für ein lebendiges Leben voller Brüche, Schmerzen und Trauer. Wir brauchen eine radikale Erinnerungsbewegung von unten auf möglichst vielen Ebenen, vor allem in den Kirchen und bei Medizinern. Nur so können wir Leben lebendig gestalten. Alles, was auf dieser Tagung und in der anschließenden Schlussdiskussion aktuell diskutiert werden wird, die Frage nach Sterbehilfe, Sterilisation, eugenischer Indikation usw., muss diesen Weg der Erinnerung der Geschichte von Medizin und Nationalsozialismus gehen. Jede Position, die sich dieser Vergegenwärtigung des Schrecklichen nicht stellt, verliert ihre Glaubwürdigkeit.

Die Bibel ist voller Verse, die diese Erinnerung angehen im Blick auf Gott. Für uns, sagte einmal Bonhoeffer, heißt Ewigkeit Vergessen, aber Ewigkeit ist nicht Vergessen, sondern Gedächtnis, ewiges Gedächtnis. Was immer auch in der Zeit geschieht, hinterlässt seine Spur in der Ewigkeit. Es ist aufgehoben bei Gott.

VOM TRAUM ZUM ALBTRAUM?

Die Bilder nicht nur von Hoyerswerda und Rostock, sondern auch die vom westdeutschen Engelberg in Bayern und von Saarlouis sind (hoffentlich) nicht mehr zu verdrängen. Hoffentlich nicht, denn die Verdrängungsleistung ist groß. Deutsche bedrohen Fremde im eigenen Land, nicht nur verbal, auch nicht nur symbolisch, sondern handgreiflich lebensbedrohend. Häuser werden angezündet, Menschen gejagt.

Was ist los mit den Deutschen im Einigungsprozess? Jawohl, ich meine: „mit den Deutschen“. Denn es geht nicht nur um die schon erschreckend große Zahl derer, die bei den Pogromen aktiv sind, es geht nicht nur um die viel zu vielen, die zuschauen, oft Beifall klatschen, sondern es geht um die gesamte politische Öffentlichkeit, die erschreckend routiniert und unschlüssig reagiert - in aller Regel nur mit dem Wiederherbeten von vertrauten Beschwichtigungsformeln, die bis dahin reichen, dass an allem die Stasi schuld sei. Und es geht um die gesamte Bevölkerung, auch um uns.

Sind wir, die wir im Allgemeinen eine ganz andere Gesinnung zur Schau tragen, im Augenblick nicht wie gelähmt? Fallen uns wirklich Lösungen ein? Oder nicht doch wieder nur Demonstrationsrituale, die besser sind als nichts, die aber auch kaum weiterhelfen, eventuell sogar die vorhandenen Gräben noch vertiefen? Was ist nur mit uns Deutschen los?

Dies gilt für die ganze öffentliche Diskussion über die Einigung. Ich denke an die Finanzierung der Kosten der Einheit. Jeden Tag, manchmal beinahe jede Stunde ein neuer Vorschlag, ein heilloses Durcheinander, ein Hin- und Herschieben der Verantwortung und die nur langsam deutlicher werdende Einsicht, dass einfach nicht alles zu bezahlen ist, dass Einschnitte nötig sind, dass aber bislang keine politische Struktur sichtbar ist, in der das Prinzip von sozialer Gerechtigkeit und Verteilung der Kosten auch nur halbwegs vertrauenswürdig angewandt werden könnte. Teilen verbindet uns nicht, sondern weckt Neid und Missgunst. Was ist nur mit uns Deutschen los?

Nicht nur die Umfragen, sondern vor allem die persönlichen Gespräche erbringen in den letzten Monaten fast nur Unglücklichsein, Angst, Aggressionen, im allerbesten Falle ein dickes Fell, das das private Glück rettet durch Abschottung nach außen. Was ist nur mit den Deutschen, mit uns, los?

Gerade drei Jahre sind vergangen, seit in der damaligen DDR jahrelang gehegte Wünsche und Träume sich mehr und mehr in öffentliches Engagement verwandelten und Wirkung zeigten. Der Wunsch nach mehr Freiheitsrechten, nach Bürgerrechten, nach den Menschenrechten, nach freier Reisemöglichkeit, nach Pressefreiheit, diese Wünsche, die in Demonstrationen und Bürgerbewegungen Gestalt gewannen, waren im Zusammenhang der damaligen weltpolitischen Situation auf einmal so machtvoll, dass sie, zur Überraschung der Akteure selbst, dazu führten, dass ein für Jahrzehnte fest betoniert geglaubter Herrschaftsgötze innerhalb weniger Wochen zerbrach. Aufgrund unterschiedlicher politischer Aktivitäten wurde nicht nur der Wunsch nach Freiheit realisiert, sondern - für viele viel zu schnell - auch der Wunsch nach der staatlichen Einheit Deutschlands. Ich hätte es damals nie und nimmer gedacht, dass es drei Jahre später nötig sein wird, sich fast mühsam daran zu erinnern, wie beglückend, wie befreiend, wie zu Herzen gehend diese Erfahrungen waren. Nicht nur *ein* Traum, viele Träume schienen in Erfüllung zu gehen, eine neue Zukunft mit neuen Perspektiven schien zu beginnen, und - das ist meine These, die ich belegen will - *eine neue Zukunft hat auch begonnen,* aber sie ist zugedeckt, manchmal fast zubetoniert, von der Flut anderer Erfahrungen, die sich zwischenzeitlich in Deutschland, in der Mitte Europas angestaut haben.

Es sieht im Augenblick so aus, als ob der Einigungsprozess Deutschlands nicht nur für die eher skeptischen Beobachter der europäischen Nachbarstaaten zum Albtraum wird, sondern auch für uns Deutsche selbst. Sollte es wirklich so sein, dass wir nicht in der Lage sind, in guter Verfassung miteinander zu leben, eine Identität als Bürgerinnen und Bürger einer deutschen Republik zu entwickeln, die Selbstbewusstsein und Offenheit ermöglicht, um auch bei Nachbarn und Freunden Angst abzubauen? Viele zumindest kleine Träume, die sich in der alten Bundesrepublik entwickelt haben, etwa in den Folgewirkungen der Studentenbewegung, zum Beispiel der Traum vom Leben in einem vergleichsweise kleinen europäischen Land, das gastfreundlich ist, multikulturell, bescheiden, aber eben doch selbstbewusst, scheinen kaputt zu gehen. Träume, die ähnlich geträumt wurden in den Bürgerbewegungen der DDR; die aber kaputt gemacht werden von der verzerrten Identitätsfratze jener jungen Menschen, die ausländische Gäste anbrüllen mit dem Ruf: „Ich bin stolz, ein Deutscher zu sein!"

In solch einer Situation, die ich jetzt sehr holzschnittartig und unzureichend skizziert habe, ist es für verantwortungsbewusste Menschen unbedingt nötig, mit allen zur Verfügung stehenden Kräften nachdenklich zu bleiben und aus diesem Nachdenken heraus zu möglichst überlegten Handlungen zu kommen.

Wenn Gruppen, die sich zum Teil über Jahrzehnte hinweg um Partnerschaft und Verständnis über die geschlossene Grenze hinweg bemüht haben, nun nicht geistesgegenwärtig bleiben, dann ist das von jenen großen Mehrheiten, die die jeweils andere Seite für Jahrzehnte nicht oder nur sehr verzerrt wahrgenommen haben, überhaupt nicht zu erwarten.

Erster Schritt solch einer Geistesgegenwart muss sein, dass wir uns gegen alle Verdrängungstendenzen noch einmal klar machen, was dieser Einigungsprozess bedeutet. Dies möchte ich unter Ausschluss der kirchlichen Bereiche in diesem Beitrag darstellen und Herausforderungen an uns formulieren. Wir brauchen die große Debatte über uns selbst - Selbstverständigung.

DIE DEUTSCHE EINIGUNG ALS TEIL EINES EPOCHALEN UMGESTALTUNGSPROZESSES

Was ich jetzt im Folgenden darstelle, ist für die meisten Ostdeutschen unausweichliche Realität, mit der sie sich seit drei Jahren auseinander setzen. Für viele Westdeutsche ist allerdings das, was ich sagen will, kaum im Bewusstsein.
Einige Entwicklungen möchte ich genauer darstellen:

- Vertraute Weltbilder zerbrechen
- Alte Konzepte erwachen neu
- Neue Visionen sind nicht in Sicht
- Die Kosten der Einheit erzwingen ein neues Verständnis von Politik
- Die innere Einigung wird unglücklich erfahren - trotz spürbaren Glückes

HERAUSFORDERUNGEN FÜR UNSER DENKEN UND HANDELN

1. Jetzt oder nie: Demokratie!

Dies muss die erste Herausforderung sein. Alles Wichtige ist schon gesagt. Die Bürgerbewegungen in der DDR und in den Nachbarstaaten haben ihr Leben dafür eingesetzt, dass Menschen- und Freiheitsrechte für sie möglich wurden. Der Ruf „Wir sind das Volk“ gilt weiterhin. Die Praxis der „Runden Tische“ hat einen wichtigen Weg gewiesen. Es kommt darauf an, Demokratie in allen Ebenen, von Vereinen, Schulen, Kirchengemeinden, über die lokalen und regionalen Parlamente und Gremien hin, zu praktizieren. Gerade Westdeutsche, die Demokratie langweilig finden, müssen ihre Bequemlichkeit ablegen und sich wieder engagieren. Dass dabei die Krise der Parteien erst jetzt öffentlich diskutiert und bearbeitet wird, ist ärgerlich. Trotzdem ist Engagement in Parteien nötig, aber auch das Engagement in allen nur denkbaren Bürgerbewegungen. Die Diskussion um die Verfassung darf keine Expertenrunde bleiben. Wir *haben* eine gute Verfassung, sie muss weiterentwickelt werden, damit Deutschland wieder in guter Verfassung *ist.*

2. Es geht um die Gestaltung sozialer Gerechtigkeit, gerade weil der Sozialismus sowjetischer Prägung gescheitert ist.

Für die Bürger der DDR war und ist es furchtbar, dass für sie soziale Gerechtigkeit in der Bundesrepublik vor allem in Form von Vorschriften, Formularen und Behördengängen aufgetaucht ist. Es wird alles darauf ankommen, dass die notwendige Umverteilung der begrenzten Mittel so weit nur immer möglich sozial gerecht vorangeht. Es darf nicht so sein, wie es viele Menschen in den neuen Ländern im Augenblick erfahren, dass sie die alten marxistischen Lehrbücher bestätigt sehen, weil nun die Armen immer ärmer und die Reichen immer reicher werden. Dies hat enorme Rückwirkungen auf die westdeutsche Gesellschaft. Besitzstandswahrung kann nicht das einzige Prinzip sein. Dies gilt für Arbeitgeber und Arbeitnehmer. So schwierig diese Herausforderung ist, so unausweichlich ist sie. Die Akzeptanz des Einigungsprozesses wird davon abhängen, ob Politiker und Experten glaubwürdig versuchen, die entstehenden Belastungen gerecht zu verteilen, oder es wird zu einem heillosen Verteilungskampf kommen. Die Erfahrungen des Lastenausgleiches nach dem Krieg zeigen alle Schwierigkeiten, aber auch alle Chancen.

3. Für die Menschenrechte und den Rechtsstaat.

Bärbel Bohley hat den zwar verständlichen, aber schlimmen Satz gesagt: „Wir erhofften Gerechtigkeit und bekamen den Rechtsstaat." Gewiss möchten da viele eine schnelle und strenge Verurteilung der Regierungskriminalität und vielleicht noch schärfere Gesetze, die die allgemein wachsende Kriminalität in den neuen Ländern einschränkt. Gerade aber weil es um die Menschenrechte geht, um die Achtung der Rechte des Einzelnen, auch des einzelnen Angeklagten, wird es entscheidend sein, dass wir alle mühsamen Errungenschaften des demokratischen Rechtsstaates weiterentwickeln, die ganze Mühsal der Rechtsangleichung auf uns nehmen. Möglich ist dies nur dann, wenn es nicht einfach darum geht, dass westdeutsches Recht nun auch in den neuen Ländern eingeführt wird. Vielmehr besteht die große Chance, dass wir Westdeutschen unsere Rechtsprechung noch einmal neu durchdenken, um gegenseitig voneinander zu lernen. Wie schwierig dies ist, erfahren wir derzeit mit dem Paragraphen 218. Gerade hier liegen aber auch die Chancen einer demokratischen Selbstverständigung.

4. Rückkehr nach Europa über alle alten Visionen hinaus

Jens Reich, ein führender Kopf der DDR-Opposition, hat seine Intentionen unter dem Titel „Rückkehr nach Europa", d. h. Rückkehr in eine zivile Völkergemeinschaft, beschrieben. Gerade angesichts der Auseinandersetzungen um Maastricht und im Blick auf die Wiedererstehung des Nationalismus an vielen Stellen Europas wird es ganz wichtig sein, die Europadiskussion, die Vision eines zivilisierten Europas, weiterzuentwickeln, wieder neu zu bedenken und attraktiv zu machen. Wie gut das gehen kann, zeigen etwa Versuche grenzüberschreitender Regionen, wie zum Beispiel das Egerland, Oberfranken, die Oberpfalz, Westsachsen und Westböhmen, sich zusammenzufinden, sich zu konstituieren und auszugestalten.

5. Für ein nachhaltiges Wirtschaften.

Der dritte Weg ist noch nicht zu Ende. Es ist interessanterweise vor allem Kurt Biedenkopf und sein Beraterstab, die darauf aufmerksam machen, welch ungeheure Chancen in dem noch nie da gewesenen ökonomischen Umgestaltungsprozess liegen. Es wäre völlig verfehlt, hier nur die alten Rezepte von schnellem Wirtschaftswachstum ohne Rücksicht auf Ökologie, Kultur und die gewachsenen Bedürfnisse der Menschen anzuwenden. Der von Biedenkopf mitgeprägte Begriff des „nachhaltigen Wirtschaftens" bezeichnet ein Wirtschaften, das die Folgen auch über Generationen hinaus für Natur, Kultur und menschliches Zusammenleben mit bedenkt. So wird eventuell das Zusammenbrechen alter Wirtschaftsstrukturen verständlich, Visionen von rekultivierter zerstörter Landschaft tauchen auf, sanfter Fremdenverkehr, ökologisch sinnvolle Produktionsweisen, Verkehrsführungen usw. sind jetzt möglich. Gerade in der Landwirtschaft zeigt sich, dass die Strukturen der erzwungenen Kollektivierung ungeheure Chancen bieten.

6. Erinnerung ist das Geheimnis aller Versöhnung.

Wir können die Herausforderung des deutschen Einigungsprozesses nur annehmen, wenn wir Geschichte nicht verdrängen, sondern aufarbeiten. Dies gilt für die gemeinsame Geschichte des Nationalsozialismus, dies gilt auch für die Geschichte des SED-Staates unter Einschluss seiner Unterstützung durch viele Westdeutsche. Es wird im Augenblick fast nur am Beispiel der evangelischen Kirche diskutiert, gilt aber ohne Zweifel für die ganze westdeutsche Gesellschaft. Warum haben wir uns so einfach teilen lassen? Warum haben wir Unrecht und Menschenverfolgung so leicht verdrängt oder unangemessen für unsere politischen Ziele funktionalisiert? Gerade hier bedarf es der gemeinsamen Anstrengung, bis hin zur Gestaltung von verantwortlichen Gedenkstätten, von guten, richtigen Geschichtsbüchern und dementsprechendem Unterricht usw.

7. Die Einheit beginnt zu zweit. Wir brauchen eine Bewegung für innerdeutsche Beziehungen!

Denn die Erfahrungen zeigten: Wo immer Menschen sich Zeit nehmen und sich aufeinander einlassen, wo Ost- und Westdeutsche nicht nur aufeinander einhacken, sondern einander zuhören, sich Geschichten erzählen und Bilder voneinander entwerfen, überall dort entsteht das Gefühl von Glück: Wir gehören zusammen, wir haben uns etwas zu sagen. Es ist gut, dass die alten Grenzen überschreitbar geworden sind. Diese Erfahrung kann heilsam werden für die ganze Gesellschaft, nicht zuletzt für die individualisierte westdeutsche. Wir brauchen eine Fülle von intensiven Begegnungen. Die deutsch-französische Aussöhnung könnte ein kleines Modell sein, das nun zwischen den Deutschen bei weitem überschritten werden muss. Es darf nicht geschehen, dass wir ganz schnell zur Geschäftsordnung übergehen. Die Grenzen sind noch nicht verschwunden, sie sind aber überschreitbar geworden. Begegnung ist die Voraussetzung für Verständigung. Durch Begegnung kann der große öffentliche Dialog über die Selbstverständigung von uns als Deutschen beginnen.

Zelte der Begegnung

EVANGELISCHE AKADEMIEN – FOREN DES DIALOGS ZWISCHEN KIRCHE UND GESELLSCHAFT

Die Evangelischen Akademien in Deutschland gratulieren der Evangelischen Akademie Iserlohn herzlich zum 50-jährigen Jubiläum der Gründung. Wir freuen uns, dass das Jubiläum in Iserlohn der Evangelischen Akademie gilt, denn der Begriff „Evangelische Akademie" ist eine der ganz wenigen neuen Wortschöpfungen des deutschen Protestantismus in der Nachkriegszeit, die in die ganze Gesellschaft hineinwirkte. Und ich bin mir allein schon aufgrund dieser Wirkkraft des Begriffes Evangelische Akademie gewiss, dass er auch in Iserlohn nicht in der geschichtslosen Bezeichnung „Institut für Kirche und Gesellschaft" verschwinden wird.

Die Geschichte der Evangelischen Akademien, die im Herbst 1945 mit der Gründung in Bad Boll begann, ist der Versuch der Evangelischen Kirche, nach ihrem vielfältigen Versagen im Nationalsozialismus den Dialog zwischen Kirche und Gesellschaft nicht mehr abreißen zu lassen. Dialog wird dabei verstanden als gegenseitiges „Ehrliches Wort mit offenem Gesicht".

Die Geschichte dieses Dialoges ist eine Erfolgsgeschichte in Deutschland - wohl bekannt in Westdeutschland - aber auch in Ostdeutschland. Der Bostoner Soziologe Peter L. Berger erwähnt in dem 1998 von ihm herausgegebenen Bericht an den Club of Rome mit dem Titel „Die Grenzen der Gemeinschaft" explizit die Arbeit der Evangelischen Akademien in Deutschland, die als intermediäre Institutionen eine unverzichtbare Rolle in grundlegenden gesellschaftlichen Orientierungsprozessen gespielt haben, und er sagt voraus, dass diese Rolle in der Sinnkrise moderner Gesellschaften noch wachsen wird.

Lassen Sie mich heute in Vergegenwärtigung der nun gut 50-jährigen Geschichte der Evangelischen Akademien drei wesentliche Wirkweisen von Evangelischen Akademien skizzieren, die den Anforderungen der Gesellschaft und des Evangeliums genügen und Perspektiven für die Zukunft eröffnen.

EVANGELISCHE AKADEMIEN ALS „ZELTE DER BEGEGNUNG"

Geradezu poetisch werden in einer Denkschrift von 1963 die Evangelischen Akademien beschrieben als „Zelte der Begegnung, die bald hier, bald da an irgendeiner Stelle, an der eine die Menschen besonders bewegende Frage besteht, für kurze Zeit aufschlagen werden, um Menschen zu gemeinsamem Nachdenken über diese Frage zu versammeln und um ihnen in diese Frage hinein das Wort Gottes zu sagen".

In der Sprache des amerikanischen Soziologen Peter L. Berger wird ohne jede Poesie der erste Teil der eben zitierten Wirkweise als intermediäre Institution beschrieben. Eine Institution, die zwischen (inter)gesellschaftlichen Handlungsebenen angesiedelt ist. Was dieser Ausdruck meint, wird deutlich, wenn wir fragen: Wie wirkt eine intermediäre Institution?

Menschen, Frauen und Männer, Bürgerinnen und Bürger, die sich an ihrem Ort in ihrer Sache engagieren wollen, haben es in einer immer komplexer werdenden Gesellschaft schwer. Sie brauchen Orte, an denen sie mit ihrem Engagement nicht nur Gehör finden - was ja schon viel ist -, sondern an dem sie mit den Menschen zusammenkommen, die zu der Sache des Engagements etwas zu sagen haben. Das sind Menschen aus Wissenschaft, Politik, Kultur, Wirtschaft, Gleichgesinnte und Andersdenkende. Mit ihnen kommt man an diesen Orten nicht nur zusammen, sondern es kommt zur Begegnung, zum Treffen - ein Ausdruck, der im Mittelalter Streit mit Waffen einschloss -, zum streitbaren Dialog. Und diese Orte geben die Möglichkeit, öffentlich zu werden, in andere gesellschaftliche Bereiche hineinzuwirken. Politikbildung im vorparlamentarischen Raum heißt das morgen.

Jede Tagung hier in Haus Ortlohn oder in einer anderen Akademie wirkt als intermediäre Institution, wenn sie gelingt. Das ganze Können und Wissen guter Akademiearbeit zeigt sich hier von der Atmosphäre bis hin zur Moderation oder der Einladungsstrategie, der strategischen Themenwahl usw.

Entscheidend ist dabei immer, dass es zum Dialog, zum Austausch kommt, der über Information hinausgeht. Hier hat die Informationsgesellschaft durchs Internet inzwischen alle nur denkbaren und immer häufiger auch undenkbaren Möglichkeiten. Information gibt es überall. Was dagegen nur Akademien und einige andere Institutionen, die von uns gelernt haben, können, ist „Zelt der Begegnung" zu sein. Welch eine Herausforderung! Gelingt dies, wirken Evangelische Akademien als Orte des Vertrauens.

EVANGELISCHE AKADEMIEN ALS ORTE DES VERTRAUENS

Der britische Soziologe Anthony Giddens, der Vordenker und inzwischen auch Kritiker von New Labour, schrieb in seinem Werk über die „Konsequenzen der Moderne" mehrere Kapitel über die Wirkungsweise und konstitutive Notwendigkeit von Vertrauen in modernen Gesellschaften. In einer historischen Einführung unterscheidet er zwischen gesichtsabhängigen und gesichtsunabhängigen Bindungen. Klassisch entstanden Vertrauensbeziehungen eben nur gesichtsabhängig in Situationen gemeinsamer Anwesenheit. In der globalisierten Moderne reicht nun aber diese klassische Vertrauensbildung nicht mehr aus, sie ist schlicht unmöglich. Andererseits wachsen in der globalisierten Weltgesellschaft ständig Expertensysteme mit einer symbolischen Zeichensprache, von denen immer mehr Menschen abhängig werden. Er nennt als Beispiele die Entwicklung der Medizin, der Finanzsysteme oder die ganze Daseinsfürsorge.

Um des Funktionierens der Gesellschaft willen brauchen aber auch diese abstrakten Expertensysteme Vertrauen von möglichst vielen Menschen - sie brauchen Legitimation und Zustimmung. Giddens führt aus: „Hinreichend vertrauensvoll werden diese abstrakten Systeme nur, wenn an bestimmten Zugangspunkten Experten gesichtsabhängig erfahren werden. An diesen Orten kommt eine Verbindung zustande zwischen Menschen ohne Fachkenntnisse und den Vertretern abstrakter Systeme. Dies sind Orte, an denen Vertrauen gewahrt oder aufgebaut werden kann."

Evangelische Akademien sind in diesem Sinne nicht nur Orte, an denen sich Bürgerinnen und Bürger beteiligen können, sozusagen von unten nach oben, sondern die Gesellschaft mit ihren immer abstrakter werdenden Systemen, wie zum Beispiel dem der Politik, der Wissenschaften, der Finanzen, braucht Orte wie die Akademien, um Vertrauen überhaupt erst entstehen und wachsen zu lassen. Wiederum gilt hier zu sagen: Information allein genügt nicht. Wir alle wissen im Alltag um die jedes Vertrauen zerstörende Wirkung von Gebrauchsanweisungen, die uns Informationen über angeblich einfache Handlungsanweisungen geben sollen und selbst beim Aufstellen eines IKEA Regales zu blutigen Daumen und Ehekrisen führen. Wie viel entscheidender ist, dass wir in Fragen der Gentechnik, der Migrationspolitik oder der Gerechtigkeit zwischen den Generationen nicht abstrakten Expertensystemen gegenüberstehen, sondern von Angesicht zu Angesicht Menschen, die befragbar sind, mit denen sich ein Streit lohnt, weil die Begegnung in einer Atmosphäre stattfindet, in der man einander zuhört, in der gut moderiert wird, in der man zusammen isst und auch noch zum Abend und zum Übernachten bleibt. Das ist das unvergleichlich Moderne an Evangelischen

Akademien. Eine Gesellschaft, die um des Überlebens der Menschheit und der Erde willen gemeinsam handeln will, braucht ein Netzwerk von Zelten der Begegnung und Orten des Vertrauens.

Woher aber kommt Orientierungswissen und Lebenskunst an diesen unverzichtbaren Orten?

Wir sind beim letzten Teil des Eingangszitates, in dem zur Wirkweise des Zeltes der Begegnung der Zweck ausgeführt wird: „um ihnen in ihre Fragen hinein das Wort Gottes zu sagen".

EVANGELISCHE AKADEMIEN SIND „OFFENE FENSTER NACH JERUSALEM"

Die „offenen Fenster nach Jerusalem" sind ein Zitat aus der Bibel, aus dem 6. Kapitel des Buches Daniel: ein noch junger Mann aus der Führungselite Israels. Die Weltmacht seiner Zeit zwang ihn zur Emigration in die fremde Metropole. Auch dort macht er Karriere als Verwaltungsfachmann und Politiker. Nichts können Neider an ihm Verwerfliches finden, außer seinem Glauben, der ihm offensichtlich geistige Orientierung und Lebenskraft gibt. Seine Gegner setzen geschickt durch, dass eben dieser Glaube verboten wird, und Bibelleser wissen, dass Daniel darüber fast zu Tode kommt, um dann noch überzeugender seinen Glauben zu leben. Was seinen Glauben ausmacht, wird einmal ganz schlicht beschrieben: *Er hatte aber an seinem Obergemach offene Fenster nach Jerusalem, und er fiel dreimal am Tag auf seine Knie, betet, lobte und dankte seinem Gott.* (Daniel 6,11)

Was für ein Bild! Mitten in einem Leben voller Verantwortung und Erfolg, aber auch voller Niederlagen und Anfeindungen, wir würden sagen: voller Stress und Konkurrenz, gibt es einen Ort mit offenen Fenstern. Offen für eine ganz andere Dimension. Aber nicht irgendeine, sondern offen nach Jerusalem. Orientierung kommt aus einer eindeutigen Geschichte, dem Zeugnis für den Gott Abrahams, Isaaks und Jakobs und für Christinnen und Christen, für den Gott, den uns der Jude Jesus verkündigt hat.

Was für ein Hinweis für uns, die wir in einer Gesellschaft leben, die sich so schwer erinnert und so schnell vergisst. Kirchen und ihre Akademien sind Orte gegen das Vergessen, sind Orte einer Kultur des Gedenkens. Orte der gefährdeten Begriffe und Bilder: Gerechtigkeit, Barmherzigkeit, Freiheit, Gnade, Schutz des geknickten Lebens, Trost, Sturz von Tyrannen, Erzählungen von Niederlagen und Rettungen. Dreimal täglich – und hoffentlich auch noch öfter – stellen Evangelische Akademien sich und die Wirklichkeit, in der sie leben, in die Offenheit des Glaubens, der Einspruch erhebt gegen einen vergesslichen, oberflächlichen Alltag. Evangelische Akademien sind Orte, in denen Menschen ihre bedrängenden Fragen stellen, und die Programme zeigen, dass es die Fragen der Nachdenklichen in der Gesellschaft sind. Dort haben wir etwas zu sagen, oder wir sind nur Teil des öffentlichen Geschwätzes.

In der Arbeit Evangelischer Akademien liegt die große Chance, mitten in konkrete und bedrängende Fragen hinein das Wort Gottes zu verkünden, die Wirklichkeit in seinem Licht zu deuten.

In einer Tagung zur Genforschung wäre beispielsweise nicht dem Götzenbild des perfekten, gesunden Menschen zu huldigen, sondern von realen Menschen zu erzählen, die verletzlich und vielleicht gebrochen sind, aber als solche geliebt, angenommen, akzeptiert werden. Christen können so von Menschen und zu Menschen sprechen, weil sie an einen Gott glauben, der selbst gebrochen wurde, dessen Kleider verteilt wurden, der starb und gerade deshalb uns nahe ist, solidarisch, bis in den Tod.

Oder in einer Tagung zum Liberalismus wäre davon zu sprechen, dass Freiheit Tiefendimensionen hat, die präziser sind als Beliebigkeit, dass Freiheit erfahrbar wird auch in der Hingabe, im Verzicht, im Opfer, bis hin zum souveränen Satz Dietrich Bonhoeffers: „Tritt aus ängstlichem Zögern heraus in den Sturm des Geschehens, nur von Gottes Gebot und deinem Glauben getragen, und die Freiheit wird deinen Geist jauchzend empfangen."

Sie spüren es, wenn es Evangelischen Akademien weiter geschenkt ist, Zelte der Begegnung, Orte des Vertrauens und offene Fenster für unseren Gott zu sein und immer wieder neu zu werden, dann geht es jetzt erst richtig los. Ich wünsche der Evangelischen Akademie Iserlohn im Bündnis aller Evangelischen Akademien weiterhin den Geist Gottes. Wo der weht, ist Freiheit.

Keinem von uns ist Gott fern

Die Spatzen pfeifen es inzwischen von den Dächern, was vor einigen Jahren noch in den geschlossenen Zirkeln von Philosophen und Intellektuellen geraunt wurde: Wir leben alle im postmodernen Zeitalter!

Was heißt das? Das Projekt der Moderne ist gescheitert, alle großen Systeme und Vorsätze, zuallererst die Hoffnung auf ein glückliches Leben durch technischen Fortschritt, sind erloschen. Darüber brauchen wir aber nicht traurig zu sein. Hauptsache, wir leben jetzt. Es lebe das Fragment, das begrenzte Engagement, Zitate aus allen Zeiten und allen Religionen genügen, ganze Bücher sind langweilig, es sei denn, es sind fantastische Geschichten. So lasst uns leben in möglichst vielen Masken, wer sich nicht täglich mindestens zweimal umstylt, hat nichts vom Leben. Für alle, die nach einem dauerhaften Lebensstil suchen, die Kontinuität wollen, kann man höchstens ein müdes Lächeln übrig haben. Wer immer noch lange Haare hat, ist längst schon uralt. Wer aber nach einer Glatze nun wieder neu lange Haare hat und bereit ist, sie morgen wieder abzuschneiden, der ist postmodern.

Paulus als Vertreter jener skurrilen Jesus-Bewegung aus dem hintersten Winkel des römischen Reiches kommt nach Athen. Er kommt mitten hinein in jene Stadt, die längst ihre wirtschaftliche und politische Machtstellung verloren hat, die aber noch ein Jahrmarkt war von vorübergehenden Eitelkeiten, voller Versatzstücke aus alten Philosophien, voller Bilder von alten und neuen Göttern. Er kommt fürwahr in eine postmoderne Stadt. Lukas, der Chronist dieser Geschichte der Apostel, bringt die Beobachtungen auf den Punkt: *Alle Athener nämlich, auch die Fremden, die bei ihnen wohnten, hatten nichts anderes im Sinn, als etwas Neues zu sagen oder zu hören.*

Paulus verbringt mehrere Tage in diesem Panoptikum und hält dann auf dem Areopag, auf dem Gerichtsplatz, wo Kritik geübt wird, wo unterschieden werden soll, seine berühmte Rede an die Athener. Im Zentrum der Rede steht die Losung für das Jahr 89: *Keinem von uns ist Gott fern.* Paulus bezieht dieses „uns" so offensichtlich auf alle, die ihm zuhören, dass wir als Zuhörer überhaupt nicht anders können, als diese Ansage auf uns und die Situation, in der wir leben, zu beziehen. Das, was Paulus sagt und wie er sich in dieser Situation verhält, kann uns Hilfe und Lehre sein für unser Verhalten und für unser Reden in dieser postmodernen Gesellschaft.

Paulus geht in dieser Gesellschaft umher und er beginnt seine Rede damit, dass er eben dieses Umhergehen beschreibt und interpretiert. Wiewohl er zunächst erregt und ergrimmt ist – zumindest berichtet dies Lukas so –, kommt es bei ihm zu keiner Verurteilung. Er spürt nach einigen Tagen offensichtlich, dass hinter dem ganzen Getriebe der Athener, dieser Sehn-Sucht nach Neuem, eine tiefe Sehnsucht, Suche nach echtem Leben steckt. Von einem Altar her interpretiert er all das als die Suche nach einem noch unbekannten Gott: *Was ihr verehrt, ohne es zu kennen, das will ich euch jetzt verkündigen.* Paulus grenzt sich also nicht ab von der Welt, die ihn umgibt, er verurteilt nicht, er betreibt keine Ausgrenzung und Verdammung. Er fühlt sich nicht beauftragt, einzelne Sekten zu verfolgen und vom Standpunkt der eigenen Wahrheit her zu verdammen. Vielmehr ist er offen und öffnet sich immer mehr für das, was er sieht und hört. Ja, in dem, was er spricht, verwendet er eine ganze Reihe von Zitaten aus der griechischen Philosophie und aus hellenistischen Religionen. Er schließt niemanden aus, sondern sagt in seinem Zielsatz: *Keinem von uns ist Gott fern.* Eine geradezu wahnsinnige Aussage angesichts dieser verwirrenden Vielfalt von Sehnsucht, Angst, von Wünschen, Träumen und Schäumen, Suche und Sucht, diesen ganzen Versatzstücken von Hoffnung und Glauben.

Und Paulus begründet dies alles klar und eindeutig vom Gott des Jesus Christus her, der die ganze Welt geschaffen hat und alle Menschen, die dazugehören, und von diesem Gott her, der alle Menschen erhalten und ihnen Leben geben will. Ja mehr noch: Der große Gott, der sich offensichtlich in vielen Religionen ausdrückt, dieser große Gott ist ganz klein geworden, hat sich an unsere Seite gestellt, ist geradezu in uns hineingeschlüpft in das menschliche Leben bis hinein in den Mutterleib. Dieser große Gott ist in Jesus von Nazareth Mensch geworden, ist uns nicht mehr fern, sondern ganz nahe, hautnah.

Blicken wir nur einen Augenblick zurück auf die Geschichte der frühen Jesus-Bewegung, die zunächst eng begrenzt war in den jüdischen Gesetzen, die sich heftig darüber stritt, ob überhaupt jemand Christ werden könne, der nicht nach jüdischem Ritual beschnitten ist, der nicht die dort üblichen Konventionen, Speiseregeln usw. einhält. Diese junge Bewegung von Christen hat sich in kurzer Zeit so intensiv auf Jesus selbst besonnen, dass sie zu einer radikalen, alle Grenzen überwindenden Offenheit als Ausdruck der Liebe fähig wurde.

Was heißt das für uns, die wir gerade wieder in einer gesellschaftlichen Phase voller religiöser Suchbewegungen und voller Bruchstücke großer Systeme leben? Unser Herz ist doch zerrissen! Bei vielen von uns etwas Älteren hängt es noch immer an den großen Denksystemen der Aufklärung, am Versuch, mit der Vernunft die Menschheit zu begreifen und sie so zu bestimmen, dass Gerechtigkeit herrscht, dass Friede möglich ist, dass also ungerechte Systeme überwunden und kriegerische Zustände beseitigt werden. Und das Herz vieler anderer hängt an der einen oder anderen religiösen Tradition und Übung: an Formen der Meditation, an enthusiastischer Frömmigkeit, an tiefer Bibelfrömmigkeit, an gefühlvollem, intimem Beten usw. Die Situation der evangelischen Jugendarbeit, nicht zuletzt hier auf diesem Konvent, ist eine eindrückliche Kollage dieser Vielfalt, ein aus vielen Versatzstücken zusammengesetztes Bild.

Und nun dies: *Keinem von uns ist Gott fern.* Horchen wir in uns hinein. Wollen wir da nicht aufbrausen und zumindest sagen, dass *mir* Gott doch etwas näher ist, dass *ich* doch das deutlichere Zeichen für diesen Gott abgebe mit der Art, wie ich mich politisch engagiere, mit der Art, wie ich bete, wie ich

Gemeinschaft praktiziere usw. Gewiss, alle sind von Gott geliebt, aber wir - und vielleicht noch einige andere - möchten doch etwas mehr geliebt sein.

Paulus meint nicht, dass nun vor Gott einfach alles gleich sei und dass damit der Streit und die Auseinandersetzung aufhören sollten. Er wird vielmehr deutlicher: „Der Gott, der Herr des Himmels und der Erde ist, wohnt darum nicht in Tempeln, die von Menschenhand errichtet sind. Auch bedarf er nicht der Menschenhände zu seiner Verehrung, als ob er etwas nötig hätte, der er selbst vielmehr allen Menschen Leben, Odem und alles übrige gewährt." Dies ist die Kunde, die wir ganz tief in uns aufnehmen können. Es geht überhaupt nicht um unsere Leistungen, um unsere Anstrengungen, um unsere Papiere, um die Qualität unserer Antragsformulierungen oder um die Radikalität unseres Engagements. Dieser Gott will nicht Menschen, die auf die Leistungen starren und sie vor sich her aufbauen wie Götzenbilder. Der Gott von Jesus Christus will uns vielmehr sagen, dass wir ein Recht haben zu leben, zu atmen, zu sein. Diese Botschaft kann uns so vertraut werden wie das Einatmen und das Ausatmen. Von dieser Grundlegung her kann Paulus offen sein, und er will, dass auch wir offen sind, gelassen, neugierig auf Fremdes und lebendig. Und dieser Gott will, dass wir aufeinander zugehen, uns gegenseitig befragen, uns auseinander setzen und um die Wahrheit kämpfen und streiten. Er hält eine Rede auf dem Gerichtsplatz und nicht in irgendeiner religiösen Kuschelecke dieser Gesellschaft, selbst wenn sie Evangelische Jugend heißen sollte.

Keinem von uns ist Gott fern. Lassen wir es doch zu, dass uns dieser Gott in Jesus ganz nahe ist. Lassen wir das doch jeden Tag neu auf uns wirken. Das kann sehr unterschiedlich sein, wie diese Wirkung zu uns kommt. Die lange Geschichte der religiösen Übungen ist dafür eine Schatzkammer, die es immer neu zu erschließen gilt. Dies kann in langen Meditationen sein, im Lesen der Losung, das können Gedanken sein beim Zeitungslesen und Nachrichtenhören und vieles mehr. Dieser Gott und seine Lebendigkeit sollen, können und wollen zu uns dringen und in uns wirken. Und von dieser Grundlage her kann man anderen Menschen anders, offener ins Gesicht schauen. Wer schon beschenkt ist, braucht nicht aus Furcht vor Konkurrenz um sich zu schauen, braucht nicht ständig Angst zu haben um die eigene Position, und er kann sie trotzdem gelassen, offen, produktiv vertreten, in den Streit um die Wahrheit einbringen. Wer von dieser Zusage Gottes herkommt, braucht dann auch keine Machtmittel, keine institutionellen Tricks, auch keine Tricks mit der Geschäftsordnung, sondern er kann sich auf das verlassen, was er zu erzählen hat, was ihm von seinen Gedanken wichtig ist, was er aus der Geschichte weiß.

Gott ist keinem von uns fern. Gott will uns ganz nahe werden. Jesus Christus selbst hat vor seiner Hinrichtung am letzten Abend mit seinen Freunden uns ein Zeichen gegeben, in dem diese Nähe spürbar, mit allen Sinnen erfassbar wird. Es ist das Zeichen des Teilens von Brot und Wein untereinander, als Zeichen dafür, dass wir nicht alles zusammenhalten müssen, sondern dass wir uns hineingeben können in diese Liebe - so wie wir sind, als Teile, als Bruchstücke, als Fragmente und doch geliebt und zusammengefasst in der Einheit der Liebe Jesus'.

Leben zwischen Gewalt und Zärtlichkeit – Deutschland im Herbst 1977

Eigenes Leben wird mehr und mehr erstickt in unserem Lande. Das Trommelfeuer von immer neuen Nachrichten, Bildern und Gefühlen, das in den letzten Tagen über uns alle - liebe Gemeinde - niederging, machte eigenständiges, selbstbestimmtes Denken und Handeln oder gar Fühlen immer schwerer. Wie gelähmt, oft stumm oder dann wieder aufatmend saßen wir am Fernsehapparat. Unsere Hoffnungen, unsere Ängste, unsere Abscheu, unsere Freude, alles was sonst oft uns gehört, hing von dem, was geschah, und der Art, wie uns darüber berichtet wurde, ab. Und kein Gefühl, kein Gedankengang waren von Dauer, immer wieder wurden sie von neuen Meldungen, Vermutungen und Kommentaren umgeworfen. „Betroffenheit“ wurde zu einem häufigen Wort, Trauer, die eigene Trauerarbeit einschließt, wurde immer weniger gebraucht. Ich habe mich selten so ohnmächtig an Ereignisse und Vermittlungsprozesse außerhalb von mir ausgeliefert gefühlt wie in diesen Tagen. Ich hatte Schwierigkeiten, frei zu atmen.

Ein Gottesdienst in dieser Lage ist Zeit zum Ausatmen und zum Durchatmen. Er kann nach alter Bestimmung durchaus mehrdeutig „Versammlung sein“: Versammlung, Zusammensammeln meiner eigenen Gedanken, meiner Gefühle, meiner Geschichte, Sammlung der Quellen aus der langen Geschichte des Lebensmutes der jüdisch-christlichen Tradition, und dies in Versammlung der Menschen um mich herum, mit denen ich weitergehen will, mit denen ich gemeinsam buchstabieren will, was jetzt nach alledem noch Gewicht hat, worauf ich mich verlassen kann.

Der Textabschnitt aus der Bibel, der für diesen Sonntag vorgesehen ist, ist selbst ein überlieferter Versuch, sich angesichts überstürzender politischer Ereignisse zu sammeln. Matthäus, der Autor, schrieb diesen Text unter dem Eindruck der Zerstörung Jerusalems im Jahre 70 durch die römische Militärmaschinerie. Augenzeugen berichten vom Niederbrennen aller Häuser, rings um die Stadt standen Kreuze, an denen Menschen zu Tode gefoltert wurden. Ihr Schreien sei erst nach Tagen verstummt. Imperialistischer Terror in seines Wortes ursprünglicher Bedeutung, Zerstörung der Hoffnung eines ganzen Volkes. Wie wird Matthäus damit fertig? Er erinnert an eine alte Geschichte, die Jesus und schon jüdische Rabbiner vor ihm erzählten, die Geschichte vom großen Festmahl, und durchschießt diese Geschichte mit den aktuellen Ereignissen. Er stellt sich in seine Tradition und konstituiert damit zugleich die eigene aktuelle Identität.

Die alte Geschichte ist schnell erzählt: *Das Himmelreich gleicht einem König, der seinem Sohn die Hochzeit ausrichtete. Und er sandte seine Knechte aus, die Gäste zur Hochzeit zu laden; doch sie wollten nicht kommen. Abermals sandte er andere Knechte aus und sprach: Sagt den Gästen: Siehe, meine Mahlzeit habe ich bereitet, meine Ochsen und mein Mastvieh ist geschlachtet und alles bereit; kommt zur Hochzeit! Aber sie verachteten das und gingen weg, einer auf seinen Acker, der andere an sein Geschäft. [...]Dann sprach der König zu seinen Knechten: Die Hochzeit ist zwar bereit, aber die Gäste waren's nicht wert. Darum geht hinaus auf die Straßen und ladet zur Hochzeit ein, wen ihr findet. Und die Knechte gingen aus auf die Straße und brachten zusammen, wen sie fanden, und die Tische wurden alle voll.* (Mt 22,1–10)

Eine geradlinige Geschichte mit deutlicher Moral. Da will einer feiern, ist bereit, etwas herzugeben, will andere beschenken; aber, die, die was haben, die Besitzenden, die Geschäftsleute haben dafür nichts übrig, sie können nur noch haben, nicht mehr sein. Sie sind die Bösen. Andere aber, die, die nichts haben, die auf der Straße sitzen, die können feiern, sich freuen, Mensch sein. Die sind gut. Das Himmelreich wird mit ihnen verglichen. So werden wir alle dereinst in dem neuen Himmel und auf der neuen Erde zusammenleben, neue Menschen sein.

Wir kennen solche Geschichten. Für viele, zumal von den Jüngeren, die in den letzten zehn Jahren sich gesellschaftlich engagierten und lange nicht merkten, dass sie durch die Art ihres Engagements aus der Gesellschaft auszogen, war ein solches Schwarz-Weiß-Denken notwendig: Wir stehen auf der richtigen Seite, die Herrschenden, die anderen sind falsch und schlecht. Verfolgt man die Schriften derer, die heute Terroristen genannt werden und von denen drei in diesen Tagen zu Tode kamen, so weicht anfänglich differenzierte Gesellschaftsanalyse mehr und mehr militärischem Freund-Feind-Denken. Der Staat und dahinter das Kapital sind die Feinde, und zuletzt werden bestimmte Personen, deren Namen wir alle inzwischen kennen, zu ganz persönlichen Feinden, die man nur noch umbringen muss.

Verrückt und bedrohlich ist aber nun zugleich, dass sich eben dasselbe Denken nur mit ausgewechselten Feindbildern, als Weiß-Schwarz- anstelle von Schwarz-Weiß-Denken, in diesen Tagen sprunghaft ausbreitet. Wir, die Mächtigen, samt allen anständigen Bürgern, sind die Guten, wir bekämpfen und jagen alle Bösen, die Terroristen, ihre Helfershelfer und Sympathisanten, und im Zweifelsfall gehört jeder dazu, der nicht ganz auf unserem Standpunkt steht.

Die Zuspitzung der Ereignisse, die immer bedrückenderen

Grausamkeiten, die immer größere Zahl der Toten und der Geiseln und die gewaltige Reaktion vom Staat darauf scheinen nur ein solches Denken zuzulassen. Es ist wohl Schutz vor eigenem Denken, eigener Stellungnahme als Mensch, der anderen Menschen gegenüber, zumal wenn sie Schmerzen haben und sterben, doch auch ganz anderes empfinden kann.

Matthäus verknüpft diese prinzipiell zu seiner Zeit ähnlichen Erfahrungen mit der alten Geschichte von Jesus. Er merzt die alte Geschichte nicht einfach aus und erklärt sie für ungültig. Nein, er hält fest an der Hoffnung auf ein Leben, das ein Fest für alle sein wird, ohne Schmerzen, ohne Tränen, ohne Gewalt und Tod, voller Zärtlichkeit und Liebe. Aber er reißt diese Hoffnung herab aus ihrem idealistisch-abstrakten Himmelreich und verknüpft und verbindet sie mit seinen Erfahrungen, mit den materiellen Verhältnissen dieser Erde. So kann der Agierende der alten Geschichte kein reiner Held, auch kein reiner Tor bleiben. Er ist, wie wir alle, Teil der Gesellschaft, ist gleichzeitig gut und böse. *Einige der Geladenen aber ergriffen seine Knechte, verhöhnten und töteten sie. Da wurde der König zornig und schickte seine Heere aus und brachte diese Mörder um und zündete ihre Stadt an.* (Mt 22,6 f.)

Jerusalem wurde angezündet. Terror kommt oft aus gutem Grund. Er ist dem Menschen nicht fremd, sondern möglich. Militaristisches Denken, Denken in Bataillonen vom eigenen Feldherrnhügel aus steckt in jedem von uns. Wer hat noch nie gesagt oder wenigstens heimlich gewünscht: „Den bring ich um"? Wir alle sind mit dem Terrorismus verstrickt, und sei es in der Freude am Fernsehkrimi. Trauerarbeit, Buße, Veränderung sind durchaus auch kollektiv, nicht zuletzt für uns als Deutsche, bitternötig. Aber eben nicht, indem wir sagen, wir wären gut, und die anderen, die Intellektuellen, die Hochschulen wären schlecht. Der Anfang zu neuem Denken und Leben besteht nicht im Leugnen dieser Verstrickung, sondern im eigenen bewussten Hineinstellen in diese durchaus gesellschaftlichen Verhältnisse. Verbessern, gar Verändern einer Gesellschaft ist nicht möglich, wenn ich mich außerhalb von ihr wähne, ihr gegenübertrete, um sie zu behandeln. Einwirkung ist nur möglich, wenn ich weiß, dass ich mit Haut und Haaren selbst in den Verhältnissen stecke, die ich verändern will. Dies ist bei Matthäus ein zutiefst jesuanisches Prinzip; der Gott muss erst Mensch werden bis hin zur verächtlichen Geburt und dem verächtlichen Tod. Und wer von uns will nicht immer wieder Gott sein, erhaben über jegliche narzisstische Kränkung?

Dieser lebenswichtige Stellungswechsel vom erhabenen Vorkämpfer für eine große Idee zum mitschuldigen, belasteten, gewöhnlichen Genossen steht in der Gefahr, zur einfachen Anpassung, zum kritiklosen Mitmachen zu verkommen. Der Einschub der zerstörerischen Wirklichkeit bei Matthäus hatte zuerst die Tendenz zum resignativen Satz: So sind wir halt alle, selbst der König; da ist nichts zu machen. Die weiterführende Lösung liegt nicht einfach darin, dass er die alte Geschichte mit ihrem Fest der Hoffnung weiterführt, sondern in einem abermaligen Einschub der erfahrenen Wirklichkeit, nun auf der Ebene derer, die sich daranmachen, das Fest zu feiern, die nicht einfach resignieren. Auch sie sind, das betont Matthäus gegenüber den Vorlagen der Geschichte bei Lukas und im Thomasevangelium ausdrücklich: „Böse und Gute". Auch die beste Organisation, die ehrlichsten Verfechter einer neuen Welt, bleiben Menschen. Deshalb ist weiterhin Kritik, Auseinandersetzung zwischen Freunden und Distanzierung nötig. Matthäus hängt die Geschichte vom Gast ohne hochzeitliches Gewand an: *Da ging der König hinein, die Gäste anzusehen, und sah da einen Menschen, der hatte kein hochzeitliches Gewand an, und sprach zu ihm: Freund, wie bist du hereingekommen und hast doch kein hochzeitliches Gewand an? Er aber verstummte. Da sprach der König zu seinen Dienern: Bindet ihm die Hände und Füße und werft ihn in die Finsternis hinaus! Da wird Heulen und Zähneklappern sein.* (Mt 22,11-13). Es gilt hier, den Unterschied zum ersten Einschub der terroristischen Vergeltungsmaßnahmen zu beachten. Hier findet zunächst ein Gespräch zwischen Freunden statt, wir feiern alle, warum feierst du nicht mit? Es geht um die Bitte nach Gespräch, aber das Gespräch ist nicht mehr möglich. Der andere bleibt stumm, hat Berührungsängste. Er ist den alten Normen, der Struktur des Habens noch verhaftet. So wird er kritisiert, verfällt dem Urteil, wird distanziert, zurückgelassen in dem Bereich der Unsicherheit und Angst.

Diese Art von Kritik, von Gericht unter der Perspektive des allgemeinen Festes, diese gegenseitige Prüfung der Meinungen, des jeweiligen Lebensvollzugs tut weh. Wenn jemand kein Weggenosse mehr ist, mit dem man denselben Weg gegangen ist.

Das Urteil bedeutet aber nicht totale Vernichtung, ist nicht getragen von einer Liebe zum Tod, sondern ist der schmerzliche Preis für das neue Leben.

Wir kommen nicht darum herum, gerade weil wir nach vorne, auf das Überleben des Lebens dieser Erde schauen. Wir müssen „nein" sagen in diesen Tagen zu den Terroristen, von denen etliche einmal so dachten und lebten wie viele von uns. Wir müssen „nein" sagen zu all denen, die jetzt zwischen polizeilicher Untersuchung und blinder Verfolgungsjagd auf alle eigenständig Denkenden nicht mehr unterscheiden wollen. Dies alles nicht, weil wir die Guten sind, sondern weil wir Menschen sind, die „ja" sagen zum Leben.

Die deshalb nicht in den Maßstäben und der Sprache des Krieges, der Verachtung, der Vernichtung denken und reden wollen, obwohl sie das von Kindesbeinen an gelernt haben. Wenn selbst ein Mann wie Golo Mann in diesen Tagen mehrfach erklärt, dass wir im Kriegszustand mit den Terroristen leben und diese deshalb auch kriegsmäßig erschossen werden könnten, dann verfällt er in das Denkschema ebendieser Terroristen, sagt letztlich „nein" zum Leben und hört auf, Weggefährte zu sein.

Leben, das war für viele lange Zeit ein schwammiger Begriff. Auf brutale Weise ist uns aber nun wieder klar geworden, dass es zunächst das Leben eines jeden von uns ist, als Mensch, der atmet, der singt, liebt und hasst, der Kind war und groß werden will, der ganz eigene Erfahrungen sammelt und bestimmte Menschen kennt, der trotz aller Vereinheitlichung wertvoll und einmalig bleibt. Und dieses Leben ist einbezogen in die Natur, in das bedrohte Leben dieser Erde, von dem viele meinen, dass die Katastrophe angesichts der zerstörten Umwelt und den schon vorhandenen Schädigungen durch die Atomenergie nicht mehr aufzuhalten ist. Die Zerstörungskräfte der Wachstumswirtschaften des Kapitalismus und Sozialismus, die heute schon zwei Drittel der Menschen nicht satt werden lassen und die letzten Reserven der Natur angreifen, spitzen die aktuellen Ängste vor dem Terrorismus zu zur prinzipiellen Weltangst, die lähmt, die jede Lebensbejahung, jedes eigenständige Leben zutiefst in Frage stellt.

Wie können wir überhaupt noch sinnvoll weiterleben, ohne mit den Wölfen zu heulen, ohne zu resignieren, ohne Amok zu laufen und andere und uns selbst zu zerstören?

Matthäus gibt gute, wichtige Hinweise: die Rückbesinnung auf die alten Träume der Menschen, das Annehmen von uns selbst als gewöhnliche Menschen, die Notwendigkeit der ständigen Kritik, die Orientierung an denen, die denselben Weg gehen. Dennoch - die Befreiung zum neuen Lebensmut ist damit noch nicht voll aufgetaucht. Als ich bei der Predigtvorbereitung den ganzen Abschnitt noch mal las, stieß mir zuletzt der Anfangssatz auf: Vor der ganzen Geschichte steht: *Das Himmelreich ist gleich ...*, und dann kommt diese Darstellung einer guten und bösen Wirklichkeit, einer elenden Wirklichkeit, die uns so vertraut vorkommt: Das alles soll dem Himmelreich gleichen?

Im Judentum gibt es zur Geschichte vom Festmahl eine hilfreiche weitere Geschichte: Ein Mensch kommt zu einem berühmten Rabbi und bittet: Ich möchte sehen den Himmel und die Hölle. Der Rabbi führt ihn in einen großen Festsaal, inmitten steht eine prachtvolle Tafel voller köstlicher Speisen. Viele Menschen sitzen an der Tafel. Der Mensch tritt näher und sieht voll Schrecken in die ausgemergelten, gierigen Gesichter von hungrigen Menschen. Hass steht ihnen ins Gesicht geschrieben. Er blickt auf die Speisen, einige am Tisch sind schon zerfallen, faul und schlecht. Warum, fragt sich der Mensch, haben sie nicht gegessen? Dann erkennt er den Grund: Jeder hat nur einen Löffel, und der ist nur am Ende zu greifen und länger als zwei Arme, so dass ihn niemand zum Munde führen kann. Voll Schrecken wendet sich der Mensch ab. „Das ist die Hölle", sagt der Rabbi, Nun der Himmel. Abermals kommen sie in einen großen Festsaal, er gleicht völlig dem ersten samt Tafel und Menschen. Beim Nähern sieht der Mensch wiederum die großen Löffel, doch alle essen, sind fröhlich und reden miteinander. Da erkennt er den Grund: Die Menschen reichen sich gegenseitig die Speisen mit den Löffeln zu. Es werden alle satt. Der Rabbi tritt an den Menschen heran und spricht: Sieh, das ist der Himmel!

Liebe Freunde, es kommt auf uns an, wir sitzen noch am gedeckten Tisch, wenn auch schon vieles zu faulen beginnt. Und wir haben alle unsere mehr oder weniger langen Löffel, die uns am vollen Leben behindern. Die Verhältnisse, die sind mal so. Dennoch können wir die Maßstäbe unseres Handelns bestimmen. Phantasie und Findigkeit, Poesie und Witz, Nachdenken und Trauern, alles was wir sind, ist für uns da. Das einfache Ja zum Leben wird lebendig, vielfältig lebbar. Was können wir nicht alles, wenn wir nicht mehr gelähmt auf den großen Feind schauen, der uns zu große Löffel gibt.

Matthäus sagt: So ein Leben gleicht dem Himmel. Und das ist für Christen noch mehr. Der ganze Trend christlicher Tradition schwappt geradezu über von Zusagen, dass ebensolches Leben von Gott gewollt, durch Jesus legitimiert ist. Du brauchst dich nicht täglich zu verantworten und alles vor dir und den Altären der Theorien und Organisationen legitimieren. Du bist - wie es in alter Sprache heißt - gerechtfertigt, befreit zu eben einem solchen Leben. So eine Legitimation lässt sich nicht theoretisch ableiten, sondern ist in der Bibel stets Ausdruck von geschichtlicher Erfahrung, von befreiender Lebenspraxis, selbst im Leiden, von gerade nicht leichtgläubigem eigenen Glauben.

Solch intensives Leben ist die Antwort auf die bitterernste Frage nach dem Sinn des Weiterlebens im Angesicht des drohenden Zusammenbruchs der Erde. Martin Luther sagte den wichtigen Satz: Wenn ich wüsste, dass morgen die Welt unterginge, so pflanzte ich heute noch ein Apfelbäumchen.

Im Alltag, in dem, was wir täglich tun, in den kleinen Dingen, taucht das neue Leben auf, die Alternative zu Anpassen, Amoklaufen oder Resignieren. Ein Leben jenseits der ausgetretenen Pfade, durchaus standhaft, gerade weil es sensible Wege geht, zuversichtlich, nicht blind, mit langem Atem, weil es weiß, woher es kommt; aufrecht, weil es nach vorne sieht, wohin es geht, und gerade deshalb auch bereit, Umwege zu gehen, zu warten, um Zurückgebliebene nachkommen zu lassen. Ein Leben, das in mir beginnt, beim Hineinhorchen in mich, bei der Liebe zu meinem Körper und dem Weitergeben all dessen an andere, in einem Blick, einer Umarmung, in einem Wort.

Ein Leben voller Zärtlichkeit als Beginn einer eigenen Antwort auf terroristische Gewalt, eine Antwort, die eine große Geschichte hat, zu der die Geschichte des Jesus von Nazareth gehört, der zugleich die große Zukunft dieser Antwort ankündigt. Glücklich zu preisen, die Sanftmütigen, denn sie werden die Erde besitzen! Glücklich zu preisen, die da hungert und dürstet nach der Gerechtigkeit, denn sie sollen satt werden. So soll es sein, so wird es sein.

Die Festigkeit des Herzens

Die Jahre veralten wie Gewänder. Heute am letzten Tag des Jahres 2001, am Abend des alten Jahres legen viele von uns langsamer als sonst das alt gewordene Gewand ab. Die Freude auf ein neues Gewand, das mehr sein soll als ein Karnevalskostüm, kommt schwer auf.

Das vergehende Jahr brachte uns - weltweit vermittelt durch die Medien - die gemeinsame Erfahrung des 11. September, in der in wenigen Minuten so viel zusammenbrach. Ganz unmittelbar in New York und Washington und ganz schnell übertragen für uns. Altes und Neues brach zusammen und gleichzeitig auf. Die erste Erkenntnis „Nun wird alles anders“ hält an bis heute.

Ein ganz normaler Tag hatte begonnen. In Berlin feierten viele aus den kirchlichen Kreisen an diesem Vormittag den 90. Geburtstag von Altbischof Schönherr und am Abend trafen sie sich mit unzähligen anderen im Dom wieder, um beisammen zu sein und zu beten.

Die Einsichten dieses Tages gelten noch heute am Abend dieses Jahres: Wir können das, was geschehen ist nicht einfach wegstecken, für alt erklären und dann schnell mal was Neues probieren; wir spüren vielmehr, dass wir die Grundfragen des Lebens ernst nehmen müssen:

Woran können wir uns im Leben festhalten und - diese Frage wird langsam wieder gesellschaftsfähig - woran im Sterben? Zu welchem Sinn und auf welches Ende hin leben wir?

Vieles, was in unserem individuellen Leben nur selten aufbricht, wenn ein Mensch in unserer Nähe stirbt, wenn wir alt und krank werden, ist in diesem Jahr für unsere ganze Gesellschaft existenziell erfahren worden. Mit dieser Erfahrung in uns können wir nun auf zwei Verse aus dem Hebräerbrief hören, die der Predigttext für den Altjahrsabend sind: *Jesus Christus gestern und heute und derselbe auch in Ewigkeit. Lasst euch nicht durch mancherlei und fremde Lehren umtreiben, denn es ist ein köstlich Ding, dass das Herz fest werde, welches geschieht durch Gnade.* (Hebr. 13,8-9)

Sind solche Verse Antworten auf unsere Fragen an das Leben? Berührt uns dieses dogmatisch ausformulierte Bekenntnis von einem Jesus Christus, der wie ein unbeweglicher Fels im Strom der Zeit steht und sich nie verändert, während alles ringsum ihn in dauernder Veränderung begriffen ist?

Für nicht wenige war eben dies Religion: erstarrte Wahrheit, gestern und heute und in Ewigkeit. Die Erfahrung des 11. September hat abermals bei nicht wenigen die Ahnung davon wachsen lassen, dass in religiösen Sätzen nicht nur Aussagen gemacht werden, die immer älter und unwichtiger werden, sondern Zusagen, die uns heute an diesem Abend für die Zukunft des kommenden Jahres trösten und stärken können.

Religion und im Falle des Neuen Testamentes der christliche Glaube, unser Glaube, sei noch nicht am Ende, sondern gegenwärtig und voller Zukunft.

Gerade der Hebräerbrief beschreibt in diesem 13. Kapitel, dass Jesus im Strom der Zeit und Geschichte zum Opfer wird: Er wird ausgestoßen, gekreuzigt, draußen vor dem Tor. Derselbe blieb Jesus also nicht, indem er als zeitloses göttliches Wesen dem Strom der Zeit trotzt. „Derselbe" bleibt er, obwohl und indem er sich dem Strom der Zeit aussetzt, sich ihm hingibt, indem er das Schicksal der zeitunterworfenen Menschen teilt.

Jesus ist nicht im Palast geboren, sondern draußen am Stadtrand, im Stall von Bethlehem, er lebte mit denen am Rande der Gesellschaft, er überschritt Grenzen zu anderen, zu Fremden hin und starb außerhalb der Mauern von Jerusalem. Der die Mitte ist, bewegt sich auf die Ränder zu. Der „derselbe" ist, gestern, heute und in Ewigkeit, hat seine bleibende Identität darin, dass er sie für andere verliert.

Und damit ist die entscheidende Antwort gegeben auf die Frage, was uns im Leben hält, auch, wenn alles zusammenbricht: Ich kann Identität überhaupt nicht anders gewinnen, als dass ich die krampfhafte Jagd nach ihr aufgebe und mir schenken lasse, was ich nicht erraffen und nicht erarbeiten kann.

Die Festigkeit des Herzens, die uns im Strom der Vergänglichkeit Identität und Kontinuität gibt, kann nicht erarbeitet werden. Das Ergebnis krampfhafter Arbeit wäre nur die Art der Festigkeit, die wir mit dem griechischen Fremdwort als „Sklerose" bezeichnen: eine Festigkeit, die Symptom des Alterungsprozesses und Vorbote des Todes ist. So sklerotisch haben viele Religion und Kirchen erlebt.

Die Festigkeit des Herzens, die dem Leben und der offenen Identität dient, ist „umsonst". Das Wort umsonst hat in der Sprache des Neuen Testaments dieselbe Wurzel wie das Wort Gnade. Im Lateinischen und damit den romanischen Sprachen ist das manchen im Ohr: gratis und gratia. Festigkeit des Herzens also nicht als sklerotische Erstarrung, als Festhalten, sondern als Beständigkeit im Sich-Hingeben, im Sich-Schenken und Beschenken-lassen.

Darum - so steht in unserem Predigttext - lasst euch nicht durch mancherlei und fremde Lehren umtreiben, denn es ist ein köstlich Ding, dass das Herz fest werde, welches geschieht durch Gnade.

Woran können wir uns festhalten im Leben am Abend des alt gewordenen Jahres 2001?

Unsere bedrohte Identität in der Erfahrung, dass alles zusammenbricht, ist verbunden mit der Identität Jesu, der derselbe bleibt: Wer sich selbst und Jesus finden will, ist frei, sich zu verlieren und zu verschenken, ist frei für ein Leben der Hingabe, der Einfühlung, der Liebe.

Wem je geschenkt war, sich zu verlieben - und sei es Hals über Kopf -, weiß von dieser so offenen, freien Festigkeit des Herzens. Wer sein Leben mit anderen teilt - und das kann mühsam sein, voller Zweifel, und es kann scheitern -, weiß dennoch auch von der Erfahrung, dass Kraft und Zuversicht wachsen, wenn es mir gelingt, die Gedanken anderer Köpfe und die Gefühle anderer Herzen nachzuvollziehen.

Und das gilt gerade am Ende dieses Jahres nicht nur individuell, sondern für uns alle in Gruppen, Institutionen, als Gesellschaft: Dem Terror antworten durch Festigkeit des Herzens, im Dialog mit den Religionen und Kulturen dieser Erde; durch Prozesse, die nach gerechterer Verteilung des Reichtums dieser Erde suchen, des wirtschaftlichen Reichtums, des ökologischen Reichtums, des Reichtums an Menschenrechten und an kultureller und religiöser Tradition.

Es ist uns weiter geschenkt, als zum Leben Befreite zu leben.

Wir können uns auch im Jahr 2002 für andere öffnen, wenn wir uns selbst öffnen für die Zusage dessen, der *derselbe* bleibt zu allen Zeiten.

Ich schließe mit Versen, die Jochen Klepper, verheiratet mit einer jüdischen Frau und voller Vorahnungen auf ein schreckliches Ende, zur Jahreswende 1938/39 in Nikolassee schrieb: „Der du die Zeit in Händen hast, Herr, nimm auch dieses Jahres Last und wandle sie in Segen. ... Der du allein der Ewige heißt und Anfang, Ziel und Mitte weißt im Fluge unserer Zeiten: Bleib du uns gnädig zugewandt und führe uns an deiner Hand, damit wir sicher schreiten."

Liebe den Fremden wie dich selbst

ÜBER DIE NOTWENDIGKEIT DES FREMDEN IM CHRISTLICHEN GLAUBEN

Die biblische Kunde

Dass der Fremdling, der in Deinen Toren ist, zu schützen und zu achten ist, das wird zurzeit oft allzu wohlfeil in kirchlichen Erklärungen als eindeutiges biblisches Erbe behauptet. Das wichtige „Gemeinsame Wort der Kirchen“ zu den Herausforderungen durch Migration und Flucht von 1997 tut dies ausgiebig.

So gewiss die fremdenfreundlichen Gesetze im Umfeld der hebräischen Bibel historisch gar nicht hoch genug zu würdigen sind, so ist doch festzuhalten, dass sie „nur“ für im Lande ansässige Fremde galten, die zusammen mit Witwen und Waisen als Hilfsbedürftige der Nächstenliebe empfohlen werden (5 Mose 14,29 u. a.). Anders steht es mit den fremden Völkern, die als „Heiden“ dem Volk Israel nicht angehören. Man sucht sie entweder für den Glauben an Gott zu gewinnen (Jes. 45,14 ff.; 56,3-8; Hes 47,22 f. u. a.) oder man schließt sich entschieden gegen sie ab (Esr 9 f.). Den durchreisenden Fremden wird allerdings Gastfreundschaft erwiesen (Hiob 31,32), wenngleich sie bei Frauen nicht selbstverständlich ist (Ruth 1,19). Entscheidend für diesen differenzierten Umgang mit Fremden ist nicht die ethnische Zuordnung, sondern die Haltung zum Glauben an den Gott Israels. Dieser Glaube wiederum ist durch viele Gesetze und Vorschriften geschützt. Besonders eindrücklich ist die Bestimmung im 2. Buch Mose im 19. Kapitel. Mose bereitet auf Gottes Wort hin das Volk zum Empfang der

Zehn Gebote vor. Gott sagt zu Mose: *Zieh eine Grenze um das Volk und sprich zu ihnen: Hütet euch, auf den Berg zu steigen oder seinen Fuß anzurühren, denn wer den Berg anrührt, soll des Todes sterben.* (Vers 12). Der kultische Kern des Gottesglaubens ist ein geografisch geschützter Bezirk. Diese Schutzbestimmungen werden dann für die tragbare Bundeslade und später für den Tempel in Jerusalem bis zu dem Glauben an seine Wiedererrichtung immer weiterentwickelt.

Das Volk Israel bekommt von dieser Gottesbegegnung her seine Mitte. Wer von dieser Mitte entfernt lebt, ist fremd, ist Ausländer, ist Heide. Wer sich auf diese Mitte zubewegt, wird immer mehr zum Vertrauten.

Zwischen Fremden und Vertrauten besteht also ein tiefer innerer Zusammenhang. Das Vertraute wird nur dann lebendig erhalten, wird nur dann richtig geehrt, wenn es offen ist für das Fremde. Die Gesetze der Gastfreundschaft, der Offenheit für fremde Menschen kommen aus einer tiefen Verbindung mit der eigenen vertrauten Mitte des Glaubens. Wird dagegen das Vertraute nur geschützt, abgeschottet, dann geht dieser Zusammenhang verloren. Das Vertraute wird starr und leblos. Andererseits darf aber die Mitte des Eigenen, die Quelle des Glaubens, nicht aufgehen in einer „besinnungslosen" Offenheit für das Fremde. Dann kommt es zum Verrat des Eigenen, zum Überlaufen zu den fremden Göttern, das letztlich mit dem Tode bestraft wird.

Der Jude Jesus steht ganz in dieser Tradition, geht aber in seiner Lebenspraxis und Verkündigung noch weiter. Das Gebot der Nächstenliebe wird von Jesus als grenzüberschreitende Liebe zum Fremden, zum Feind interpretiert und praktiziert.

Die eindrucksvollste Geschichte ist die vom barmherzigen Samariter (Lk 10,25-27). Ein Fremdling wird zum Vorbild für den Glauben. Sein Beispiel leuchtet auf dem negativen Hintergrund der Repräsentanten der religiösen Institutionen. Sie versagen, obwohl sie alle Gesetze kennen und aus der Mitte der Gesellschaft kommen. Der Fremde tut das im wahrsten Sinne „Naheliegende", obwohl er den geschlagenen Menschen im Straßengraben nicht kennt. Darüber hinaus sind viele Begegnungsgeschichten bekannt, in denen Jesus mit Fremden spricht, insbesondere mit Frauen, und die eine Geschichte, in der er ins Ausland, in die Gegend von Tyrus und Sidon geht (Mk 7,24-30/Mt 15,21-28). Hier sagt er einer Ausländerin, einer kanaanäischen Frau, die ihn intensiv bittet und an ihn glaubt: *Dein Glaube ist groß.*

In der Theologie der frühen christlichen Gemeinden wird das Verhältnis von Vertrautem und Fremdem zu einer zentralen Frage, die über die Ausbreitung des christlichen Glaubens entscheidet. Bleiben die christlichen Gemeinden eine engagierte Sonderbewegung innerhalb des Judentums unter Beibehaltung der üblichen Vorschriften für die Lebensgestaltung, oder entwickeln die christlichen Gemeinden ein eigenes Selbstverständnis und einen entsprechenden Lebensstil?

Im dritten Kapitel des Galaterbriefes verbindet Paulus die Tauferfahrung unmittelbar mit der Erfahrung der Grenzüberschreitung zwischen Menschen, die sich bis dato fremd oder gar ablehnend gegenüber standen. Er zitiert eine bekenntnishafte Formel, die die Getauften wahrscheinlich nach der Taufe im Gottesdienst gesprochen haben*: Hier ist nicht Jude noch Grieche, hier ist nicht Sklave noch Freier, hier ist nicht Mann noch Frau; denn ihr seid allzumal einer in Christus Jesus. Gehört ihr aber Christus an, so seid ihr ja Abrahams Kinder und nach der Verheißung Erben.* (Gal 3,28.29) Man muss sich die Gemeinde in Galata vorstellen als Gruppe, die sich in den hinteren Räumen von ärmlichen Häusern traf. Juden waren hier wie an anderen Orten die Ersten, aber später kamen Fremde hinzu, zum Beispiel Griechen; Frauen, die als Sklavinnen von ihren Herren missbraucht wurden; Gerbersklaven, die am ganzen Körper stanken. Nach den üblichen Vorschriften, aber auch nach dem eigenen Empfinden hätte es hier nur Trennung geben können, Ekel voreinander, Angst vor Fremden. Die Taufe mit dem Ritual der Reinwaschung vom Alten, mit der Befreiung von Zwängen schuf eine Dynamik, eine Kraftquelle der Freiheit und der Liebe, die alle Grenzen überschritt. Menschen fielen sich in die Arme, die sich vorher nicht riechen konnten, Ausgebeutete und Ausbeuter erkannten sich als einander gleichgestellte Menschen, Ausländer mit fremder Sprache, mit „ekelhaften Sitten" wurden interessante – „dazwischenseiende" – Menschen.

Der festliche Beginn des christlichen Glaubens, die Taufe, symbolisiert seitdem die Erfahrung von Freiheit und Liebe sowie ein neues Verhältnis von Fremden und Vertrauten. Wer in Christus ist, wer Gott in ihm glaubt, wer darauf fest und tief vertraut, fühlt sich frei, getragen und ermutigt zur Liebe, zur Offenheit für Fremde. Er gewinnt Gelassenheit, muss nicht voller Angst auf seiner eigenen Identität bestehen und sich verteidigen. Wer sich so auf Gott verlässt, der ist frei und losgelassen für andere, für Fremde. Das Verhältnis von Fremdem und Vertrautem wird nochmals tiefer verstanden: Gott ist ganz bei mir, in mir, er wird „mein Eigen", Bestandteil meiner Identität und daher kann ich mich auf ihn als Teil meiner Selbst verlassen, kann aus mir herausgehen, offen werden ohne Angst und voller Liebe für das Fremde. Denn Gott ist zugleich immer der ganz andere, der Fremde - auch wenn er in mir ist.

Durch den Propheten Jeremia fragte Gott einmal selbst: *Bin ich nur ein Gott der nahe ist und nicht auch ein Gott der ferne ist?* (Jer 23,23). Gott ist beides zugleich. Wer an ihn glaubt, erfährt in sich selbst Vertrautes und Fremdes. Christen leben mitten im Vertrauten, brauchen Heimat und lieben sie. Zugleich sind sie nicht im Vertrauten zu Hause, sie sind Fremde auf der Erde und wissen, dass sie hier *keine bleibende Stadt* (Hebr 13,14) haben, dass sie nichts mitnehmen können ins Grab, und sie sind getrost, weil sie die „zukünftige Stadt suchen und sich darauf verlassen, dass dort *Gott abwischen wird alle Tränen von ihren Augen und der Tod wird nicht mehr sein, noch Leid noch Geschrei noch Schmerz wird mehr sein.* (Offb 21,4).

Der Umgang mit dem Fremden in der Geschichte der Kirche

Die Geschichte der einstigen christlichen Außenseiterbewegung, die bald zu einer Geschichte von Kirchen wurde, scheint die Erfahrungen von Freiheit und Liebe der frühen Christen bald zu vergessen. Da ist spätestens seit der Erhebung dieser religiösen Bewegung zur Staatskirche durch Konstantin zu Beginn des vierten Jahrhunderts sehr oft von der Bildung eines Schatzes vertrauter Traditionen die Rede. Fremde werden als Heiden gesehen, die zu bekehren, und das heißt allzu oft, die zu unterdrücken sind. Die christliche Kirche, die sich als „katholisch", das heißt als allgemein und weltumfassend verstand, achtete darauf, dass sie als Leitkultur durchgesetzt wurde, wenn nötig mit allen Mitteln. Fremdes wurde nicht geduldet, es musste befriedet, das heißt zwanghaft vertraut gemacht werden. Als sich dann sogar die nicht einfach zu verdrängende neue Religion des Islam der Ursprungsländer des eigenen Glaubens bemächtigte, war die Kreuzzugsidee als Besitzstandswahrung nur konsequent. Die Pogrome gegen die stets nur kleine Gruppe der Juden hatten schon vorher gezeigt, dass ursprünglich Eigenes bei Fremden besonders gehasst wird. Als schließlich die Christenheit sich selbst in feindliche Bewegungen spaltete, zeigten die Glaubenskriege über Jahrhunderte diesen Hass auf Vertrautes, das als Fremdes erscheint.

Fragt man dagegen im Wissen um jene schreckliche Geschichte des Fremdenhasses im Christentum nach den Bewegungen, in denen christlicher Glauben in seiner Ursprungserfahrung lebendig blieb, verändert sich das Bild. Christentum blieb immer dann lebendig, wenn sich Glaubende Fremden gegenüber offen verhielten.

Die gesamte Kirchengeschichte ist gleichzeitig mit der Abwehr des Fremden auch als eine Geschichte der Aufnahme von Fremden in das Innere der Kirche zu erklären, einer kontinuierlichen Liebe zum Fremden, zur Welt. Begonnen hat dies gewiss schon in der frühen Christenheit, die wir u. a. aus dem Neuen Testament kennen. Die Kultur des Hellenismus auf der Basis der griechischen Antike wurde intensiv von den Theologen der frühen Kirche rezipiert. Die Trinitätslehre z. B. ist ohne griechische Philosophie nicht denkbar. Ähnliches gilt für die römische Rechtskultur und dann im Lauf der Jahrhunderte für fast jede Kultur, auch für solche, die stark unterdrückt wurden. Die Orte für die Errichtung eigener Kirchengebäude waren fast immer heilige Orte der Kulturen und Religionen der eroberten, der missionierten Völker.

Der Ablauf dieser Integration von Fremden hatte seine Gesetze. Fast immer gab es erste Grenzgänger, die für die Kirchenfürsten hinter ihren festen Mauern „zu weit“ gingen. Oft wurden diese Grenzüberschreiter selbst als Fremdgänger diffamiert, als Ketzer verdammt und nicht selten verfolgt. Fast immer gab es dann nach kürzerer oder längerer Zeit Lernprozesse, Revisionen und Rehabilitierungen, die freilich für viele Opfer zu spät kamen.

Nicht nur Fremde von außen bestimmten die Kirchengeschichte, sondern ganz stark auch aus der Kirche selbst kommende Reformbewegungen, die zur Selbstbesinnung und zur Buße aufriefen. Die Mönchsbewegung ist voll von Persönlichkeiten, denen die eigene Kirche fremd wurde, die aber gerade durch ihre Kritik wiederum von den eigenen Kirchenleuten als fremd empfunden wurden. War die Kritik zu scharf - wie zum Beispiel bei Petrus Waldus - und die Forderungen zur Umkehr zu streng, führte es zur Verketzerung des vermeintlich Fremden und zum Ausstoß aus der Großkirche. So entstanden z. B. die reformatorischen Kirchen, die Waldenser, Hussiten, Lutheraner, Calvinisten usw. Gelang allerdings der Umgang mit dem Fremden z. B. bei Franziskus von Assisi mit seinem Bettelorden zu Zeiten eines überaus reichen und damit prassenden Papsttums, so gewann die Kirche Selbstbesinnung und Glaubenskraft zurück. Das sich nur noch durch Besitzstandserweiterung, Geldanhäufung und Geldverschwendung definierende Papsttum im Mittelalter ist wiederum ein Beleg dafür, dass die besinnungslose Hingabe an das dem Christentum Fremde zum Abfall vom christlichen Glauben führt und zum Sieg der fremden Götter, zu einem Neuheidentum. Nur die Rückbesinnung auf den Kern des Evangeliums und daraus entstehende Reformbewegungen führen zur Rückkehr des für die Geschichte des Christentums so entscheidenden offenen Verhältnisses zwischen Vertrautem und Fremdem.

Beispiel ließe sich an Beispiel reihen, bis hin zum Neuheidentum der Deutschen Christen in der Zeit des Nationalsozialismus oder den protestantischen Kirchen in Südafrika, die Rassentrennung als gottgewollt erklärten.

Seit die Kirchen immer mehr an Privilegien und Herrschaft verlieren, entwickelt sich im 20. Jahrhundert in der ökumenischen Bewegung eine Theologie, die diese historischen Erfahrungen als Lernprozess interpretiert. Gewiss als ein Lernen aus vielen schmerzlichen Erfahrungen - Kreuzzüge und Glaubenskriege bis hin zu Nordirland und Jugoslawien -, aber auch als ein Lernen aus gelingendem Umgang mit Fremden. Die Kirchenspaltungen können nicht nur als Unglück verstanden werden, sondern als noch nicht ganz gelungene, aber hilfreiche gegenseitige Kritik, als notwendige Hinweise auf „Defizite", die Möglichkeiten der Änderung bedeuten. Konsequenz einer solchen Theologie ist die Suche nach einem Bild für diesen Lernprozess. Die Theologie vom Bund Gottes mit seinem Volk unter allen Völkern ist hier verheißungsvoll. Einheit ist in diesem Zusammenhang kein Korsett, dem sich alle anpassen müssen, sondern ein konziliarer Prozess, also eine Folge von Beratungen, von Konferenzen zum Finden des richtigen Weges unter der Verheißung, dass wir alle eins seien, dass alle Menschen gleich sind vor Gott und unter uns.

Aus dem innerchristlichen Lernprozess wird damit „selbstverständlich" ein Prozess, der für die ganze Menschheit gilt, für den Umgang von fremden Kulturen und fremden Religionen miteinander. Die Geschichte von Bürgerbewegungen, von Befreiungsbewegungen und vielen Gruppen und Initiativen in der Verheißung von Gerechtigkeit, Frieden und Bewahrung der Schöpfung gehören auch dann hierzu, wenn sie Versagen und Verrat einschließen, wie zum Beispiel in der Zeit des ‚Kalten Krieges'. Auch hier führte die gut gemeinte Liebe zum Anderen und Fremden oft zum Vergessen des eigenen Auftrages, wie umgekehrt die Abschottung des Eigenen im Geiste des ‚Antikommunismus' unverantwortlich starr machte.

Perspektiven

Die Weiterentwicklung einer ökumenischen Theologie des Fremden ist angesichts befremdender Dokumente wie „Dominus Jesus" von der vatikanischen Kongregation für Glaubensfragen besonders geboten. Die lange Erfahrungsgeschichte im Umgang mit dem Fremden zeigt, dass es nichts nützt, Fremdheit zu vertuschen oder gut gemeint zu verharmlosen. Das

Fremde gilt es zuzulassen, sich ihm auszusetzen und dadurch das Eigene tiefer zu verstehen, noch einmal zu durchdenken und es dann so souverän und offen wie möglich zu bezeugen. Aktuell ist es wichtig, den eigenen Glauben in der vom Evangelium inspirierten protestantischen Tradition so klar zu verkünden, dass fremde Glaubensbrüder ihn besser verstehen.

Die Eröffnung der Dekade gegen die Gewalt am 3. Februar 2001 in Berlin durch den Zentralausschuss des Ökumenischen Rates der Kirchen ist die aktuelle Bewährung einer Theologie des Fremden. Dies gilt regional für die gewalttätige Fremdenfeindlichkeit in Berlin und Brandenburg und darüber hinaus in vielen Teilen der gegenwärtigen Welt. Das gilt aber auch für die vielen anderen Formen der Unterdrückung des Fremden zwischen den Geschlechtern, in der inzwischen weltweiten Migration auf Grund von Hunger, Armut, Bürgerkrieg oder religiöser Verfolgung oder für die vielfältigen Arten des An-den-Rand-Drängens von Fremden am Arbeitsplatz oder in Wohnungen.

Eine Theologie, die das Liebesgebot als aufmerksame Hinwendung gerade auch zum Fremden interpretiert und dabei die notwendige Liebe zu sich selbst, zu eigenen Vertrauten nicht vergisst, erhält ihre souveräne Legitimation aus ihrem Entstehungsort im frühchristlichen Taufgeschehen. Am Beginn des 21. Jahrhunderts steht eine Wiedergeburt des Christentums an, die durch den Heiligen Geist für jeden Tag angesagt ist. Das Manifest der Freiheit aus dem Galaterbrief, dass hier nicht Jude noch Grieche, nicht Sklave noch Freier, nicht Frau noch Mann ist, gilt!

„Das gegenwärtige Leben aber ist ein Übergang ..."

OSTDEUTSCHE GEDANKEN ZUR ZUKUNFT DER KIRCHE AM REFORMATIONSFEST

In der ersten der 95 Thesen, die am 31. Oktober 1517 veröffentlicht wurden, schrieb Martin Luther: „Da unser Herr und Meister Jesus Christus spricht: ‚Tut Buße', wollte er, dass das ganze Leben der Gläubigen Buße sei." Um das ganze Leben der Glaubigen ging es Luther bei der Reformation. Was aber macht das Leben von Gläubigen aus?

In der Psalmenvorlesung von 1513 bis 1515 entwickelt Martin Luther noch vor dem großen öffentlichen Durchbruch eine Anschauung des Lebens, die hochaktuell ist. Er schrieb: „Das gegenwärtige Leben aber ist eine Art Bewegung und Vorübergehen, das heißt Übergang, Wanderung aus dieser Welt in die künftige, welche ewige Ruhe ist ". Das tätige Leben „ist ständig ein Fortschreiten von Akt zu Akt, von Fähigkeit zu Fähigkeit ". Weiter schreibt er: „Fortschreiten ist nichts anderes als ständig anfangen. Und Anfangen ohne Fortschreiten ist Erlöschen. Wie das bei jeder Bewegung und jedem Akt aller Kreatur offensichtlich ist ". Man muss also „immer fortschreiten, und wer meint, er habe es ergriffen, weiß nicht, dass er erst beginnt. Denn immer sind wir unterwegs und müssen hinter uns lassen, was wir wissen und haben und suchen nach dem, was wir noch nicht wissen und haben ".

Was für Gedanken am Beginn des 16. Jahrhunderts, in einer Zeit, die im Rückblick als Epochenwende dargestellt wird, als der Übergang vom Mittelalter zur Neuzeit, einer Zeit, die aus europäischer Sicht geprägt war von der Entdeckung der Welt durch die Europäer, durch wichtige Erfindungen wie die Buchdruckerkunst und durch die Reformen der altüberkommenen, verkrusteten Kirche, die zur Reformation führten. Zumindest in solchen Zeiten besteht das Leben der Gläubigen nicht darin, dass sie die Hände in den Schoß legen, dass sie das Alte ängstlich bewahren, dass sie nicht aus sich herausgehen.

Das Leben, das Luther meint, ist ein Leben, das sich öffnet, das Fremdes in sich hineinlässt und auf die Suche nach Fremdem geht, das alte Strukturen und Gebräuche aufgibt, um im Fortschreiten auch immer wieder neu anzufangen: „Denn es genügt nicht, getan zu haben und nun zu ruhen, sondern – wie es in der Philosophie heißt – ist Bewegung ein unvollendeter Akt, stets teils schon ergriffen und teils noch zu ergreifen, stets in der Mitte zwischen Entgegengesetztem und zugleich im Ausgangspunkt und Zielpunkt sich aufhaltend. Befände man sich bloß in einem, so wäre es nicht Bewegung." Was für ein Leben voller Kraft, voller Dynamik. Gläubige leben aus der Kraft Gottes, aus seiner *dynamis*, und solch ein Leben ist offensichtlich fähig zur Veränderung, zum Übergang.

SEHNSUCHT NACH GEBORGENHEIT

Kann uns heute die Kunde von solch einem dynamischen Leben überhaupt noch erreichen? Da gab es das Jahr 1989, das von vielen als Epochenwandel beschrieben wurde. Ein System mit zwei Weltmächten, das fünfzig Jahre lang das öffentliche Handeln auf der Welt bestimmt hat, brach in sich zusammen. Die bewährten Orientierungssysteme - hier Westen, dort Osten, hier Gut, dort Böse, oder für viele auch wieder umgekehrt - stimmen nicht mehr. Menschen auf der ganzen Erde sind gezwungen, sich neu zu orientieren, eigene Werte zu finden.

Aber vieles spricht dafür, dass dieser Epochenwandel mit dem europäischen Schwerpunkt doch nur sehr eingeschränkt die ganze Dramatik unserer Situation beschreibt. In eine um vieles weitergehende Richtung weist der Begriff der Globalisierung. Das, was schon immer angesagt wurde, ist nun Realität. Wir leben mit allen *Vor-* und mit allen *Nach*teilen in *einer* Welt, sind voneinander abhängig, so miteinander vernetzt, dass uns Ereignisse, vor allem Unglücke, erreichen und bewegen, die noch unsere Großeltern schlicht nicht wahrgenommen haben, da sie am anderen Ende der Welt stattfanden. Der Begriff der Globalisierung verweist auf den Globus, verweist auf den Blauen Planeten, den wir erst sehen können, seitdem uns die Weltraumforschung so weit brachte, dass Kameras und später Menschen von außen auf diese Erde schauen können.

Wir leben fürwahr in einer Welt des Übergangs, der Neuorientierung. Aber von jenem Überschwang des Lebendigen, von jener Lebenskraft, die aus dem Glauben an Gott kommt, die Luther beschrieb, ist - zumindest in unseren Breiten - fast nichts zu spüren. Vor allem - und das ist besonders erschreckend - nicht in den Kirchen. Viele von uns und wiederum nicht zuletzt Menschen, die sich zur Kirche halten, empfinden unsere Zeit auf Grund der großen Veränderungen vor allem als bedrohlich. Die Angst wächst, dass die bewährten Lebensmuster nicht mehr zu gebrauchen sind, dass uns nicht mehr schützt, was uns und unsere Vorväter geschützt hat, dass nicht mehr gilt, was über Jahrhunderte gegolten hat. Dadurch wächst bei vielen die Sehnsucht nach Geborgenheit, nach Beheimatung, nach Schutz.

OSTDEUTSCHE KIRCHLICHE REALITÄTEN

Wir wohnen im Osten Berlins, in Lichtenberg. Unser Haus steht neben einer Kirche, die vor gut einhundert Jahren im Sinne der Volksmission mit dem Geld von Kaiserin Auguste-Viktoria errichtet wurde, um der schnell wachsenden Bevölkerung kirchliche Zuflucht zu geben. Sie hat weit über 1000 Sitzplätze und reichte in den 20er-Jahren doch nicht aus, um die vier- bis manchmal siebenhundert Konfirmanden der rund 12 000 Gemeindeglieder am Palmsonntag aufzunehmen.

Heute, nach zwölf Jahren Nazidiktatur und fast genau 40 Jahren SED-Staat sowie einigen wenigen Jahren dazwischen, sind von der Gemeinde noch ca. 700 Mitglieder registriert. Es gibt mal acht, manchmal aber auch nur vier Konfirmanden, und die letzte Pfarrstelle ist gerade halbiert worden, die Zusammenlegung von fünf Kirchengemeinden zu einer Art Regionalgemeinde ist im Gange und beschäftigt die noch engagierten Laien in den Gremien mit Finanzfragen und abermals Finanzfragen. Dieser Blick in eine Gemeinde ist nicht singulär, sondern symptomatisch. In Ostberlin liegt die Zahl der Kirchenmitgliedschaft bei der evangelischen Kirche zwischen fünf und sieben Prozent der Bevölkerung. In Brandenburg sind es landesweit noch circa 25 Prozent, und in Westberlin, der mit Hamburg zusammen am meisten von einer überhaupt nicht staatlich erzwungenen Säkularisation geprägten Großstadt, sind noch knapp 40 Prozent Kirchenmitglieder.

Zum nüchternen Blick auf die Wirklichkeit gehört, dass jede dieser Entwicklungen schon seit langem bekannt ist und prognostiziert wurde, dass aber die kirchlichen Strukturen und die damit verbundenen Menschen sich aus eigener Kraft nicht entscheidend gegen diese Entwicklung stellen konnten solange noch Geld vorhanden war. Dies war in der DDR sicher ungleich schwieriger, da alle staatliche Privilegierung auf der Seite der Nicht-Kirchenmitglieder lag. Es gab in den aus Kirchen und kirchlichen Gruppen hervorgegangenen Bürgerbewegungen bis hin zu den Tagen des Herbstes 89 mit den übervollen Friedensgebeten einen überraschenden Trend in Richtung Kirche.

Wir müssen aber heute sagen, dass daraus keine kirchliche Erneuerung entstanden ist; nur wenige sind längerfristig geblieben. Für Westberlin gilt, dass gleichzeitig zur Entkirchlichung auch eine Fülle von Reformbewegungen entstanden. Diese änderten insgesamt zumindest äußerlich nichts am Abbau der gewohnten Kirchlichkeit. Es könnte allerdings sein, dass die Bewährungsprobe für die Reformansätze jetzt erst beginnt. Auf der anderen Seite ist überdeutlich, dass auch in solch einer weitgehend entkirchlichten Region der Wunsch nach Orientierung, nach der Erfahrung eines ganz anderen Lebens, nach Religion und auch nach Kirche ständig noch präsent ist und zu wachsen scheint. Am Heiligen Abend ist auch in unserer Kirche jeder Platz besetzt, wenn auch fast niemand mehr das Vaterunser kann und auch kaum jemand in der Lage ist, selbst bei „Stille Nacht" mitzusingen. Die Osternacht im Berliner Dom wird oft von 3000 bis 4000 Menschen besucht, kirchenmusikalische Aufführungen sind häufig überlaufen, auch Akademietagungen sind oft erstaunlich voll, und je nach Thema gibt es Tagungen mit mehrheitlich Nicht-Kirchenmitgliedern. Und wenn die Beratungsstellen des Diakonischen Werkes oder die Krankenhausseelsorge auf Grund der Finanzlage halbiert werden müssen, nehmen inzwischen die öffentlichen Proteste zu, und es gibt überraschende neue Organisationsformen, Fördervereine, Stiftungen usw.

Im Vergleich zur kirchlichen Situation in Bayern ist allerdings zu sagen, dass die Unterschiede inzwischen so groß sind, dass manches fast nicht mehr vergleichbar erscheint. Dennoch ist es gerade für Christen, die noch in weitgehend gefestigten kirchlichen Verhältnissen mit öffentlicher Anerkennung leben, ungeheuer wichtig, dass sie die Entwicklung im anderen Teil unseres Landes mit einer teilweise ganz anderen Geschichte genau beobachten.

Es spricht vieles dafür, dass manche der in Berlin und Brandenburg sichtbaren Entwicklungen auch in Bayern schon begonnen haben. So ist es die Chance und Herausforderung des nun durch keine unüberwindlichen Grenzen mehr gestörten Zusammenlebens, dass wir hier aufeinander achten, uns gegenseitig zur Kenntnis nehmen und auch gegenseitig unterstützen. Denn eines kann ich als Mensch, der beide Bereiche in unserer Gesellschaft gut kennt, mit Sicherheit sagen: Die großen Unterschiede in der Entwicklung liegen nicht in der persönlichen Schuld von Christen im Osten, sondern in den sehr unterschiedlichen historischen Bedingungen, insbesondere in den letzten 50 Jahren. Es spricht fast nichts dafür, dass Bayern, Hessen oder Niedersachsen sich wesentlich anders verhalten hätten, wenn sie unter den Bedingungen hätten leben und Christ sein müssen, wie das die Sachsen, Mecklenburger oder eben auch die Brandenburger mussten.

In einem ersten, noch von außen zu betrachtenden Überblick sind es für mich die folgenden Beobachtungen, die Kirche in Ostdeutschland von Westdeutschland unterscheiden: Die Kirche ist nicht mehr Mehrheit, sondern Minderheit, die Kirche ist kaum mehr privilegiert und muss sich wie andere gesellschaftliche Gruppen ihre Anerkennung in der Öffentlichkeit, beim Staat und den Kommunen immer wieder neu erwerben. Sie kann nicht auf Sonderrechte pochen, sondern lediglich auf eigene Kompetenz und im Zweifelsfall auf die Grundrechte, die auch für alle anderen gelten.

So geht es beim Streit um den Religionsunterricht in Brandenburg nicht darum, dass die Kirche alte Privilegien einfordert, sondern die Evangelische Kirche setzt sich dafür ein, dass die Religionsfreiheit und ihre Schwester, die Meinungsfreiheit, in einer Fächergruppe so garantiert werden, dass im Rahmen der schulischen Bildung die zur Orientierung im Leben der Schüler notwendigen Religionen und weltanschaulichen Traditionen authentisch vertreten werden können.

Die Kirche kann ihre bisherige Struktur, ihre bisherigen Personalstellen, ihre bisherigen Arbeitsbereiche nicht mehr finanzieren, sie muss zum Beispiel in Berlin-Brandenburg im Jahr 2000 mit rund der Hälfte der Finanzmittel auskommen, die sie noch 1990 zur Verfügung hatte. Konkret heißt das, dass dies mit einem langsamen Personalabbau nicht mehr getan ist und wir in Berlin und Brandenburg die erste Entlassungswelle für kirchliche Mitarbeiterinnen und Mitarbeiter haben und dass ganze Arbeitsbereiche ohne hauptberufliche Mitarbeiter auskommen müssen. Vieles fällt auf die Gemeinden, auf Vereine und Initiativen zurück und verändert dabei seinen Charakter.

... WIE PAULUS AUF DEM AREOPAG

Die Kirche wird dadurch nicht gleich richtig arm, ist aber nachhaltig zur Neuorganisation gezwungen, die in den ersten Phasen oft als sinnlose Einsparung erscheint. Sie kann sich dabei auf ihre Jahrhunderte alte Grundstruktur, die Ortsgemeinden, mittelfristig nicht mehr verlassen. In vielen Regionen, vor allem in Ostberlin und in Brandenburg, gibt es inzwischen Regionalgemeinden, die wir in Bayern aus der großen Diaspora oder am Beispiel von kleinen Kirchen wie der Reformierten Kirche kennen, wo eine Gemeinde einen ganzen Regierungsbezirk umfassen kann.

Die Phase, in der die Kirche auf der Basis ihrer Ortsgemeinden bestehen kann, wird offenbar in einem starken Säkularisationsprozess sehr schnell durchschritten. Deshalb ist es umso wichtiger, übergemeindliche Institutionen zu haben, die mit wenigen Mitarbeitern für einen weiten Bereich arbeiten. Die entscheidende Gefahr einer kleiner werdenden Kirche ist ihr Trend zur „Versektung“, und dies widerspricht ganz und gar dem öffentlichen Auftrag des Evangeliums. Deshalb sind von Anfang an die auf die Gesellschaft und damit auf die Öffentlichkeit bezogenen Arbeitsformen der Kirche wichtig.

Im Medienzeitalter kann dies nicht nur von einer Ortsgemeinde aus geschehen. Gerade eine Minderheitenkirche braucht gesamtkirchliche Arbeitsfelder, die mit viel Sachverstand und Phantasie auch unter Einsatz moderner Medien und durchaus wirtschaftlich sich selbst tragend neue Organisationsformen suchen müssen. Die Kirche muss mit hoher Wahrscheinlichkeit ihre dem Staat analog gestaltete Struktur als Behörde aufgeben und mehr und mehr zu einem gemeinnützigen Unternehmen werden, das sich auf dem freien Markt der Konkurrenz stellt, wie es einst Paulus auf dem Areopag in Athen getan hat.

STAUNEN ÜBER DEN GLAUBEN

Wichtiger aber als diese Fragen der äußeren Gestaltung sind für mich inzwischen andere Erfahrungen in einer Minderheitskirche in säkularer Umwelt geworden:

- Die Inhalte der kirchlichen Verkündigung, das Evangelium, werden überraschend interessant und lebendig. Ich gestehe, dass ich noch nie in meinem Leben vorher so häufig nach der Begründung meiner Existenz als Christ gefragt wurde wie in den letzten Jahren. Gelten in Gebieten alteingesessenen Christentums viele Kirchenmitglieder doch eher als uninteressant und etwas langweilig, eben normal, so verändert sich dies deutlich in einer weitgehend kirchenfremden Umgebung. Und wenn nicht gleich in der ersten Frage, so geht es in der Regel in einem Gespräch sehr bald um die Frage nach dem Sinn des eigenen Lebens, nach dem Tod, nach dem Lebensmut. Übrigens kann man in solchen Gesprächen nicht mit christlichen Floskeln antworten, sondern ist gezwungen, dies sehr persönlich und existenziell zu formulieren, oft auch in Erfahrungsgeschichten zu erzählen.

- Eng damit zusammen hängt die zweite Erfahrung, dass biblische Geschichten und Gestalten wichtiger werden. Die Unkenntnis von christlicher Tradition ist immer wieder verblüffend. Am „Tag des Offenen Denkmals“, an dem auch viele Kirchen geöffnet werden, ist es wirklich notwendig, den jungen Familie, die freundlich, nett und neugierig zum ersten Mal in eine Kirche kommt, zu erklären, oder besser: zu erzählen, wer das denn ist, der da am Kreuz hängt, warum er dorthin kam, zu welcher Zeit das war und was das mit uns zu tun hat.

  Das gilt aber zum Beispiel auch für Akademietagungen, in denen die Gottesdienste oft für die nicht kirchlichen Besucher das Interessanteste sind und in denen Beiträge von Theologen, die es etwa in der Auslegung einer biblischen Geschichte wagen, zum Beispiel dem Tempelbau in Jerusalem, es, Zugänge und Einsichten zur Architekturdebatte in Berlin zu geben und zu den Auseinandersetzungen um die Gestaltung Berlins als Hauptstadt. Ganz häufig kommt dann als Reaktion ein Satz wie dieser: „Das hätte ich nie gedacht, dass die Christen mit ihren alten Geschichten so viel zu sagen haben.“ Im anschließenden Gespräch taucht immer wieder das Erstaunen darüber auf, dass der christliche Glaube es wirklich mit dem ganzen Leben zu tun hat.
- Die öffentlichen Rituale der Kirche, insbesondere die Kasualien, also Beerdigung, Hochzeit, aber auch Segenshandlungen, Ansprachen usw., gewinnen in einer säkularen Gesellschaft neue Bedeutung. Wenn immer die Kirche außerhalb ihrer Mauern auftritt, stößt sie auf neugierig-distanzierte Fremde und eine ungeahnte Öffentlichkeit. Fast immer sind Menschen dabei, für die zum Beispiel eine christliche Beerdigung eine einzigartige und vielleicht auch eine einmalige Erfahrung in ihrem Leben ist. Hier sorgfältig zu sein, sehr überlegt zu formulieren, die Gesten genau zu bedenken und, wenn immer möglich, auch die Kommunikation darüber in Gesprächen anzubieten, ist eine große Chance zur Kenntlichwerdung von Kirche und christlicher Verkündigung.

BETEILIGUNGSKIRCHE ALS MODELL FÜR DIE ZIVILGESELLSCHAFT

Zu der wichtigsten, aber auch in Berlin und Brandenburg bisher kaum weitergeführten Erfahrung gehört, dass eine Kirche, die das Leben als Übergang versteht, nach und nach wegkommt von der Fixierung auf die Pastorenkirche. Der Hinweis von Luther auf das Priestertum aller Getauften wird zur aktuellen Perspektive. Gewiss ist es sinnvoll, wenn es gut ausgebildete theologische Experten in den Kirchen gibt. Dass insbesondere das Studium der Theologie an öffentlichen wissenschaftlichen Hochschulen von hohem Wert ist, will ich überhaupt nicht infrage stellen. Entscheidend ist ein genuiner Ansatz der Reformation: Nach lutherischem Verständnis des Evangeliums gibt es keine Priesterweihe und das heißt keine exklusive Weise der Weitergabe, der Kommunikation des Evangeliums.

Prinzipiell sind alle Getauften berechtigt, das Evangelium zu verkündigen, Seelsorger und Seelsorgerinnen zu sein, auch die Sakramente zu verwalten, wiewohl es sicher gut ist, wenn im Normalfall die Gemeinde dies ordentlich regelt. Die im Neuen Testament mehrfach dargestellte und gepriesene Vielfalt der Begabungen, der Charismen und Beauftragungen der einzelnen Gemeindeglieder im gemeinsamen Amt der Versöhnung, eine Vielfalt, die in der Reformation erneut gepriesen wurde, wird in der Situation einer Minderheitenkirche mit geringer werdenden Finanzmitteln zur großen Chance, zum Geschenk. Die Zukunft der Kirche liegt in der neu zu entdeckenden Beteiligung aller Menschen, die zu ihr gehören, der Frauen und Männer, der Kinder, der Jugendlichen und der Alten.

Wir halten das Erbe der Reformation Luthers lebendig, wenn es uns im Land dieser Reformation gelingt, die Pastorenkirche zu einer Beteiligungskirche aller Getauften zu reformieren. Es ist ernüchternd und auch ein wenig traurig, dass diese Reform der Kirche nicht aus ihr selbst heraus in Freiheit geschehen ist, wiewohl in den vergangenen Jahrzehnten sehr viele darüber nachgedacht haben, sondern dass dieser Schritt unter dem Zwang der Einsparungen geschehen muss. Es kommt alles darauf an, dass er trotzdem so weit wie möglich in Freiheit geschieht. Eine Reihe von Erfahrungen in einzelnen Projekten zeigen, dass Menschen neue Kompetenzen zurückgewinnen, wenn sie erst einmal auf den Geschmack eines eigenständigen Engagements gekommen sind.

Ich möchte Ihnen, liebe Schwestern und Brüder im Süden unseres Landes, fast beschwörend sagen: Nehmen Sie die vielfältigen Überlegungen zur Neustrukturierung des Ehrenamtes, zur Strukturreform der Kirchen ernst. Sie können es noch weitgehend in Freiheit tun und nicht nur aus Angst vor zurückgehenden Kirchensteuereinnahmen.

Die Atomisierung der Gesellschaft in Mini-Interessenbereiche von Einzelnen, die in Konkurrenz zu anderen stehen, ist unübersehbar. Es stellt sich überall in der Politik, in den Parteien, in den großen Organisationen wie Gewerkschaften und Verbänden die Frage: Wie wird es möglich sein, dass Menschen wieder das Gemeinsame in den Blick bekommen, dass sie von sich aus, aus innerem Antrieb heraus, gemeinschaftlich handeln?

Peter Sloterdijk hat eine „Theorie des entgeisterten Subjekts" vorgestellt. Er beschreibt dabei als Ausgangspunkt die Tatsache, dass viele Menschen ihre medialen Eigenschaften vergessen und verlieren. Er meint damit, dass sie zu Menschen werden, die nichts mehr weiterzugeben haben, die nichts mehr vermitteln können. Er verweist darauf, dass die Auffassung vom Menschen als Bote, der etwas zu sagen hat, tief in der religiösen Tradition wurzelt. Unser Bild vom Engel als dem von Gott gesandten Boten beschreibt dies. Was die Gesellschaft braucht, sind wieder Menschen, die sich in diesem Sinne als Boten verstehen.

RÜCKBESINNUNG AUF DAS EVANGELIUM

Otto von Bismarck hat einmal im Blick auf einen seiner Landpfarrer gesagt, dieser sei zwar ein Gesandter, aber kein Geschickter. Er hat in diesem Wortspiel ausgedrückt, dass es nicht ausreicht, im offiziellen Auftrag gesandt zu sein, sondern dass man sich auch als Geschickter verstehen und verhalten muss, der wirklich das weitersagt und tut, was er verkündet. Sloterdijk zitiert eine Tagebuchaufzeichnung von Franz Kafka, wo er eine kurze Szene wie folgt beschreibt: „Sie wurden vor die Wahl gestellt, Könige oder Kuriere zu sein. Nach Art der Kinder wollten sie alle Kuriere sein, deshalb gibt es lauter Kuriere. Und so jagen sie, weil es keine Könige gibt, durcheinander und rufen einander selbst ihre sinnlos gewordenen Meldungen zu."

Wir sind weitgehend zu Boten geworden, die entweder gar keine Botschaft mehr haben, oder zu solchen, die nicht mehr wissen, was sie weitersagen. Es gibt keine Königsbefehle oder gar göttliche Hinweise mehr. Für uns als Christen gibt es allerdings die Rückbesinnung auf das Evangelium, die gute Botschaft, die wir sonntags hören und die wir jeden Tag in der Bibel lesen können. Uns als Protestanten weist diese Überlegung zurück auf die Geburtsstunde der Reformation. Ich zitiere noch einmal den Beginn der ersten These. „Da unser Herr und Meister Jesus Christus spricht: ‚Tut Buße', wollte er, dass das ganze Leben der Gläubigen Buße sei." Wir haben in dieser verfahrenen Situation, in der es keinen König, keinen Herrn und Meister mehr zu geben scheint, eine klare Zusage. Wir haben unseren Herrn und Meister Jesus Christus, der gegenwärtig sein will. Es kommt alles darauf an, dass wir diese Aussage nicht im schlechten Sinne konservieren, dass wir sie als Wahrheit „einkasteln", wie das viele Sekten und Religionsgruppen tun. Die Aussage der Reformation ist, dass dieser Herr und Meister durch uns, durch unser Leben, durch das Leben einer jeden und eines jeden hindurchwirken will. Luther sagte – und Dietrich Bonhoeffer hat es für dieses Jahrhundert verstärkt –, Jesus Christus existiert in der Gemeinde und als Gemeinde, er lebt in uns. So leben wir Menschen, die in ganz besonderer Weise bevollmächtigt sind, zum Handeln in dieser Welt. Nicht als Größenwahnsinnige und mit übergroßem Auftrag, sondern ein jeder in seinem Alltag. Martin Luther hat es an vielen Stellen ausgeführt, dass es auch Gottesdienst in dieser Welt ist, wenn eine Magd Betten bezieht oder Kuchen bäckt.

Es ist nicht nur überraschend, manchmal fast verwirrend, dass Menschen, die sehr grundsätzlich nachdenken, die oft aber den unmittelbaren Zusammenhang zur Kirche verloren haben, immer wieder auf diese im Menschen ruhende Autorität stoßen. Meister Eckart beginnt seine Predigten meist mit dem Satz „Ein Meister sprichet" und meint dabei eben gerade nicht sich allein, sondern dieses Zusammenfließen der von Gott kommenden Autorität und all dem, was wir als Menschen in unsere Sprache und in unser Handeln mit einbringen.

Luther führt in den ersten Psalmenvorlesungen aus, dass Buße Bewegung ist - die Bewegung von Nichtgerechtem zu Gerechtem. „Wenn wir also immer in der Buße sind, sind wir immer Sünder und dennoch, eben darum, auch immer Gerechte und im Gerechtfertigt-Werden." An anderer Stelle schreibt er im Jahr 1536: „Dass der Mensch gerechtfertigt wird, verstehen wir so, dass der Mensch noch nicht gerecht ist, sondern eben in der Bewegung, im Lauf hin auf die Gerechtigkeit ist." Es ist dieses Zusammenfließen von Gotteskraft, von seiner *dynamis,* und unserer eigenen Kraft zur Gestaltung des Lebens, die wir brauchen in unserer Gesellschaft, in einer Gesellschaft, die entgeistert erscheint, in der vieles nicht mehr zusammenpasst, die geradezu schreit nach Menschen, die intensiver, glaubensvoller leben, voller Lust und Liebe.

BOTEN DER GUTEN NACHRICHT

Die Zukunft der Kirche besteht in Menschen, die Boten dieser guten Nachricht sein wollen, die sich in diesem Sinne als Geschickte verstehen, die so „geschickt" leben wollen. Menschen, die von dieser Botschaft wissen, sind befähigt zu einem Leben im Übergang, zu einem Leben, das fortschreitet. Sie wissen etwas von dem täglichen Neuanfang, das für Glaubende möglich ist. Nicht nur die Kirche braucht solche Menschen, sondern die Gesellschaft insgesamt. Eine Zivilgesellschaft, eine Bürgergesellschaft, in der Menschen wieder Verantwortung übernehmen und in der das Gemeinwohl kein auferlegter Zwang, sondern eine aus dem eigenen Selbstverständnis heraus angenommene Notwendigkeit ist.

In dieser Kirche hängen an den Wänden die schönen alten Epitaphien, die Geschlechterschilder, die von den großen Familien dieser Stadt erzählen, die über viele Generationen hinweg die Bürgergesellschaft geprägt haben. In diesen Familien - und das wissen die alten Nördlinger gut - gab es Menschen, die sündig waren, und Menschen, die gerecht waren. Gerade deshalb künden ihre Geschlechtertafeln in dieser Kirche davon, dass die Kirche einmal der Ort war, aus dem die Gesellschaft ihre Kraft und ihre Ideen geholt hat. Dies könnte unter den ganz anderen heutigen Bedingungen noch einmal so werden, wenn wir uns in der Kirche vorbildlich für die Gesellschaft daranmachen, die Strukturen so zu verändern, dass die Gesellschaft sieht, wie Menschen gut und geschickt miteinander leben.

PRO „ECCLESIA SEMPER REFORMANDA“

Der Blick auf Ostdeutschland spitzt die Situation zu und macht die Botschaft geradezu unausweichlich. Auch ihr Schwestern und Brüder in den Kirchen, die noch über reichlich Geld verfügen und die noch von einem allgemeinen Wohlwollen und von Zustimmung getragen werden, könnt beginnen, jetzt geschickt zu leben. Verlasst euch nicht auf eure Strukturen und erst recht nicht auf eure Finanzen, verlasst euch nicht auf das, was immer schon so war, sondern verlasst euch auf Gott und dadurch auf euch selbst, auf das Miteinander von Menschen in Gruppen und Gemeinden, die dann auch in Gremien und Synoden hineinwirken können.

Kirche ist nur Kirche, wenn sie sich ständig verändert, wenn sie - wie Luther sagt - „ecclesia semper reformanda“ ist. Zu dieser Botschaft gehört, dass sie nicht die Verkündigung von Dauerstress ist, sondern dass sie gründet in der grandiosen Zusage, dass wir einen Herrn und Meister haben, der uns lieb hat, der will, dass wir leben, „der uns mit allem, was Not tut für Leib und Leben, reichlich und täglich versorgt, in allen Gefahren beschirmt und vor allem Übel behütet und bewahrt, und das alles aus lauter väterlicher, göttlicher Güte und Barmherzigkeit, ohn' all unser Verdienst und Würdigkeit.“ (aus Martin Luthers Kleinem Katechismus) Diesem Gott wollen wir danken und loben, im Osten und im Westen, im Süden und im Norden!

Theologische Gedanken zur Öffnung der Grenzen zwischen Ost und West

DIE GRENZEN SOLLEN GRENZEN WERDEN

Die Öffnung von bisher weitgehend geschlossenen Grenzen hebt diese Grenzen nicht auf, sondern gibt ihnen erst ihre wahre Bestimmung. Unüberschreitbare Grenzen sind Wände, gegen die man anrennt, Mauern, keine wahren Grenzen. Grenzen sollen Orte für gelingende Passagen sein. Sie helfen beim Übergang vom Vertrauten zum Fremden und zwischen unterschiedlichem Fremden.

Die veröffentlichte Rede, vor allem westdeutscher Politiker nach der Öffnung der Mauer, beschwor verdächtig schnell das Wegfallen der Grenzen zwischen BRD und DDR. Orte der Grenzüberschreitung, der Begegnung zwischen zwei fremden Gesellschaften, scheinen überflüssig zu sein.

Dagegen konstatiere ich auf Grund der in der Bibel geronnenen Erfahrungen mit Grenzen und auf Grund von aktuellen Erfahrungen der Begegnung mit Menschen aus der DDR: Jetzt ist die Chance der Grenze da, der Grenzüberschreitung, der wahrhaften Begegnungen. Wird diese Zeit des „Übergangs" eilig, ja hektisch weggedrängt, so mag dies für eine kurze Zeit folgenlos sein. Unerbittlich wird aber dies Verdrängte wiederkehren und das lebendige Zusammensein der Menschen in Deutschland gefährden.

GRENZEN SIND NÖTIG

In vielen gelingenden Biographien gibt es am Anfang den geschützten Raum von Liebe und Lernen. In ihm sind Erfahrungen möglich an der Hand der Mutter, in Begleitung von Erwachsenen. Hier entstehen Selbstverständliches und Sicherheit, hier sind wir zu Hause.

Für Menschen in Gruppen, für Gemeinschaften im lokalen und regionalen Zusammenhang gilt Verwandtes. Ausdruck für diese sozialen Zusammenhänge sind eigene Sprache, Slang, Mundart im Stadtteil, im Dorf, im Tal; dazu vertraute Feste, Bräuche, Kleidung samt Accessoires, das Milieu eben, die (Teil-)Kultur.

Die Bibel kennt solche Erfahrungen gut. Im 5. Buch Mose 15,12 wird mitten in Bestimmungen für die Asylgewährung, also zur Öffnung für Fremde und Ausgestoßene, eine Bestimmung gegen Landraub aufgeführt: *Du sollst Deines Nächsten Grenze, die die Vorfahren festgesetzt haben, nicht verrücken.* Der Schutz des umgrenzten Gebietes als Voraussetzung, um Fremden Schutz gewähren zu können.

Tiefere, spirituellere Bedeutung bekommt die Abgrenzung eines Raumes in 2 Mose 19,12. Zur Vorbereitung des Kultes zum Empfang der Zehn Gebote, der innersten Identität des Volkes, spricht Gott zu Mose: *Zieh eine Grenze um das Volk.* Das Volk soll sich in diesen Grenzen vorbereiten und zugleich noch nicht in den allerheiligsten Bezirk treten.

Der Brauch, das Weihnachtszimmer mit den Geschenken, deren bestes in der Krippe dargestellt ist, abzusperren und erst nach einer Zeit der Vorbereitung die „Grenze" zu öffnen, ist eine bescheidene Vergegenwärtigung dieser Erfahrung. Grenzen also haben ihren Sinn, er zeigt sich allerdings erst ganz - wie beim Weihnachtszimmer -, wenn ihre Überschreitung dazukommt.

GRENZÜBERSCHREITUNG ALS ANSTIFTUNG ZUM LEBEN

Ein Mensch wird Mensch, wenn er seine Grenzen überschreitet. Er muss sich hinauswagen. Er darf nicht der Gefangene seines Platzes werden. Lernen, Studieren, also Eifern, setzt diese Bereitschaft voraus. Sie ist konstitutiv für Jugend als Aufbruch aus der Kindheit.

Die Bereitschaft, Grenzen zu überschreiten, zeigt sich nicht nur im propagierten westlichen Glauben an Fortschritt und Mobilität, sondern auch in verrückten Überschreitungen oder in kaum spürbaren bei behinderten Menschen. Sie zeigt sich am tiefsten in der Liebe. Liebe heißt ja, Sich-öffnen, Aus-sich-herausgehen, Sich-verlassen auf andere Menschen. Das Doppelgebot der Liebe (Mt 22,37 und 39): *Du sollst den Herrn, deinen Gott, lieben von ganzem Herzen ... du sollst deinen Nächsten lieben wie dich selbst* beschreibt Grenzüberschreitung als eine reflexive Bewegung: Öffne dich Gott, der dich auf weiten Raum stellt mit all deinen Behinderungen, überschreite aus dieser Erfahrung heraus die Grenze hin zum Fremden, vergiss aber nicht, über diese Grenze wieder zurückzugehen, um das erfahrene Fremde für dich, für das Vertraute um dich, weiter zu gestalten.

Im Achten auf die reflexive Vielfalt wird immer neues Leben, lebendiges Leben unter Achtung des bisher Vertrauten gestiftet. Die vielen Jesus-Geschichten vom Überschreiten der Grenzen hin zum Kranken, Ausgestoßenen, Beleidigten, Ausländer bis hin zur Grenze des Todes belegen diese Erfahrung. Sie ist zugleich die Exodus-Erfahrung der Israeliten und die Verheißung der Christen: *Denn wir haben hier keine bleibende Stadt, sondern die zukünftige suchen wir.* (Hebr 13,14) Was heißt diese Bewegung für die gegenwärtige Situation?

ZUM BEISPIEL DEUTSCHLAND WEST UND OST

Ich gehe von dem mir Vertrauten aus, der Existenz eines Bundesbürgers. Der Raum seiner eigenen Erfahrungen wird immer schneller aufgerissen, ob er will oder nicht. Mobilität und Flexibilität sind Forderungen der Wirtschaft, die bis in die Familienerziehung wirken. Wer wie einst der Schuster bei seinen Leisten bleibt, bleibt sitzen. An ihm scheint das Leben vorbeizugehen. Die Empfindungen von Zuhause-Sein werden multimedial als Folklore entfremdet und verkauft. Wir machen die Erfahrung der Entgrenzung. Die Welt wird zerstückelt in beliebige, weil nicht mehr eigenartige Teile. Urlaub auf Teneriffa, in den USA, in Kenia, in Indien; „eigentlich" ist es gleichgültig, wohin man fährt.

Widerstand dagegen, alternatives Leben, tut sich schwer, wird bald auch selbst vermarktet.

Was dagegen ist uns wirklich fremd und neu? Bislang war es z. B. die Erfahrung der Grenzüberschreitung in Richtung DDR: die Begegnung mit Menschen, die nachdenken, die genau lesen, gut zuhören, ernsthaft reden, die etwas riskieren, wenn sie sagen, was sie denken.

Versuche ich mit dem Kopf eines DDR-Bürgers zu denken und zu fühlen - was nur sehr unzulänglich geht - so gibt es da den Hunger und Durst nach Fremdem und Neuem, nach Reisen, nach anderen Sprachen, nach Offenheit, nach Demokratie. Das bisher Vertraute, das Gefangensein im grauen DDR-Alltag, das ständig Beschnüffelt-Werden, der Zwang zum Leben in der Nische, in Datsche und Kirche, die Nachbarschaftshilfe, auch die Risikobereitschaft in der Opposition, all dies, was dem Partner im Westen immer so gefallen hat, ist das nicht schnell zu vergessen, als „Altes" abzustreifen? Gilt es nun nicht gerade mobil zu werden, flexibel, selbstbestimmt, wendig, eben fit für den Westen?

Ich breche hier ab. Die gute Lösung scheint so nahe zu liegen. Bei solchen Erfahrungsunterschieden müsste doch voneinander zu lernen sein, damit beide Seiten besser, lebendiger leben. Genau dies aber setzt voraus, dass wir auf die Grenze als Ort der Begegnung achten. Das Schlimmste wäre die Abschaffung der Grenzen im Sinne einer linearen Einheit.

Was haben wir uns nicht alles zu erzählen, zu berichten, zu analysieren und dabei stets auch zu lernen? Jeder wage die Grenze zum bisher Fremden zu überschreiten, d. h. aufeinander zuzugehen, sich zu treffen, sich auch zu streiten. Das ist Lernen, aber eben auch Lieben. Und jeder bezieht sich wieder zurück auf das bisher allein Vertraute und beginnt dies neu zu gestalten. So könnte gemeinsames Leben sich konstituieren und in diesem Falle wirklich zu einer neuen Konstitution, einer guten, eigenen Verfassung führen.

All dies liegt so nahe und scheint in diesen Wochen doch so fern. Die riesige Vereinigungsmaschine läuft mit hoher Geschwindigkeit und erfasst täglich neue Bereiche.

Im Geiste und in der Übung christlicher Rede wage ich zum Schluss einen Zuspruch:

Achtet die Grenzen, wenn ihr sie überschreitet. Lasst keine Nivellierung zu, keine Gleichschaltung. Achtet zuerst auf das jeweils Vertraute, gebt ihm Raum im Singen, Erzählen und Tanzen.

Das europäische Haus braucht zuallererst Heimatstuben für die Lappen und Letten, die Sorben und Serben, die Schotten und Iren, die Bretonen und Katalanen, für die Franken und Schwaben ... Erst von diesen Stuben aus und unter dem Schutz einer von allen getragenen Vereinigung darüber, dass Eigenarten zukünftig geachtet, ja gesetzlich geschützt sind, können wir aus Ruhe und voller Eifer zusammenkommen.

An dieser Stelle ein kleiner Einschub aus der eigenen Heimatstube: Bayern scheint auf den ersten Blick eine gute Lösung im föderativen System der Bundesrepublik zu sein. Aber das Beispielhafte verdunkelt sich, weil innerhalb dieses Staates im Blick auf Franken und Schwaben, Oberpfälzer und Niederbayern Zentralismus herrscht, der Vertrautes degradiert zugunsten eines längst entfremdeten und zur Ware gewordenen Bildes, einer Schablone, von (Ober-)Bayern.

So eben soll es nicht gehen, sondern achtet auf die Grenzen, auch auf die Grenzen hin zur Vergangenheit, achtet auf die je eigene Geschichte. Auf die Geschichte des Nationalsozialismus, des real existierenden Sozialismus und des Kapitalismus. Schafft Orte der Begegnung an Orten, an denen diese Geschichte spürbar wird. In Weimar/Buchenwald z. B. und anderswo.

Achtet auf die Grenzen, schützt die Minderheiten, genießt die Unterschiede!

Ich träume von einem Festmahl im europäischen Haus, einem Essen, in dem die Düfte und Geschmäcker aus allen Landen auf den Tisch kommen. Das Ganze allerdings in Freiheit, will sagen, man darf die Gänge auslassen, die einem nicht schmecken. Dabei sind alle im Gespräch, im Wettstreit, hören auf fremde Klänge, auf vertraute Dialekte, auf ungewohntes Brauchtum, genießen die feinsten Gewürze. Ich spüre im Traum: Solche Menschen sind auch bereit, die Grenze zu achten hin zur ganzen Welt, zur ganzen Menschheit, besonders zu den Menschen, auf deren Kosten wir in Europa leben. Und sie achten auf die Grenze hin zur geschundenen Erde, zur Natur.

Ich träume dies Bild weiter und bin - wen wundert es - beim Passahmahl der Bibel, beim Fest der Befreiung. Das Stärkungsmahl vor dem Auszug in die Freiheit beginnt mit einer Versicherung dessen, was das Volk zusammenhält, wir werden stark durch Teilen, wir werden zu einer Einheit aus der Vielfalt heraus, in der jede/jeder einzeln geliebt werden. Apartheid schwindet, Ökumene kommt. Grenzen werden geöffnet und bekommen ihre Bestimmung in der Liebe zwischen Menschen und dadurch zwischen Völkern.

„Wachse, zarte Pflanze Demokratie!"

Das dritte Kapitel des Buches Jesaja beginnt mit einem „Siehe". Wir werden herausgerufen aus unserem alltäglichen Denken. Mechanismen des Immer-so-Weitermachens gelten nicht mehr. Was folgt ist die Vision eines anderen Lebens, eines neuen Himmels und einer neuen Erde. Allerdings nicht als „utopistische Utopie", die jenseits aller Erfahrungen liegt, sondern als sehr konkrete Utopie, die jetzt schon umgesetzt werden kann.

Was heißt dies in einer Zeit, in der Utopien und Visionen keine Konjunktur haben?

Vor dem Hintergrund des Zusammenbruchs totalitärer „Fahrpläne zum Glück der Menschheit" - in Deutschland etwa erfahrbar unter dem Namen des Nationalsozialismus oder auch des so genannten real existierenden Sozialismus - ist hier gewiss Skepsis angebracht. Umso aufmerksamer gilt es, auf diese biblischen Angebote von konkreter Utopie, von Verheißung zu achten. Hier geht es gerade nicht darum, dass Menschen vergewaltigt werden, dass sie zu Objekten gemacht werden, sondern hier geht es um die Ermöglichung des immer wieder neuen Anfangens von Generation zu Generation und für jede Frau und für jeden Mann neu. In diesem Sinne ist im jüdischen und auch im christlichen Glauben Verheißung immer das Erinnern von Zukunft. Im Judentum grundlegend die

Erinnerung daran, dass die Befreiung aus der Knechtschaft und aus der Sklaverei in Ägypten möglich war, dass Gott da gehandelt hat. Und diese Erinnerung wird täglich neu gemacht, im Grunde in jedem Gebet, daran wird an jedem Sabbat gedacht und beim Passahfest. Der Jude Jesus hat diese Tradition des Erinnerns für die Zukunft aufgenommen, wenn er in seinem Abschiedsmahl zweimal betont, dass dies immer wieder wiederholt werden soll: Solches tut zu meinem Gedächtnis.

So ist es gut, dass wir uns gerade im Blick auf unsere Biographien an solche Situationen des Neuanfangs erinnern. Betont ist das in dieser Tagung exemplarisch für 1945 und die Jahre danach sowie für 1989 und die Jahre danach. Was war das? Eine Stunde null, ein Zusammenbruch, Befreiung? Was war es für jeden Einzelnen von uns, für die Gruppen und die Gesellschaft, in der wir leben?

Es sind diese Erfahrungen der Grenzüberschreitung, des Anbruches von Neuem, die einschließen, dass Altes zurückgelassen wird. Zugleich sind dies auch die entscheidenden Erfahrungen eines Bildungsprozesses. Dazu gehört, wenn man den Gedanken radikal weiterdenkt, durchaus die Erfahrung der Geburt als der Grenzüberschreitung hinein in das reale Leben, das wir einigermaßen kennen. Dazu gehört, wenn man noch weiterdenkt, auch die Erfahrung des Sterbens als eines weiteren Überganges, einer weiteren Grenzüberschreitung hinein in ein Leben, das wir nicht kennen.

Leben in diesem Zusammenhang ist somit Grenzüberschreitung. Wodurch bekommt sie aber im jüdischen und christlichen Glaubenszusammenhang ihren Sinn? Karl Barth hat in seinen wenigen Aufsätzen zur Bildung („Evangelium und Bildung“ von 1938) davon gesprochen, dass die Botschaft von Gott auch das Problem der Bildung in sich trägt: „Sofern es das Evangelium von Jesus Christus ist, der als wahrer Gott zugleich auch wahrer Mensch ist: Das realisierte Menschenbild nach dem Bilde Gottes, der Gebildete, der Eine, Einzige, nicht nur in einer Bildung Begriffene, sondern wirklich, weil durch Gott selbst nach dem Bilde Gottes selbst gebildete Mensch. Bildung kann dann verstanden werden als die Wiederentdeckung des verborgenen Bildes Gottes in uns Menschen.“

Der tschechische Theologe und Pädagoge Jan Amos Comenius hat eben diesen Gedanken aus der hebräischen Bibel aufgenommen. Bildung ist für ihn ein Prozess, der mit dem Anfang des Menschengeschlechts beginnt und erst endet, wenn alle Dinge wieder zu Gott gebracht sind. Der große Prozess selbst, auf den alles gerichtet ist und mit dem die Welt zu Gott gebracht werden soll, *omnia in Deum transferre*, ist ein einziger Erkenntnisprozess. Dieser Prozess wird nicht idealistisch von der Erkenntnis abgelöst, er vollzieht sich an und mit der Wirklichkeit dieser Welt. Die Fähigkeit des Menschen realisiert sich über diese Wirklichkeit, je tiefer er in sie eintaucht, umso mehr gewinnt er sich selbst. Alle Erkenntnis ist letztlich Wiedererkennen des verdeckten Sinnes. Von daher gibt es bei Comenius auch keine privilegierte Schicht der Gebildeten, sondern eben dies sind *alle* Menschen. Hier formuliert er den Satz, der im Programmheft unserer Tagung steht: „Wer als Mensch geboren ist, soll wie ein Mensch zu leben lernen oder er sollte aufhören, ein Mensch zu sein."

Welch ein Konzept, das hier auftaucht. Selbstverständlich ist auch dies in Gefahr, idealisiert zu werden, gar totalitär zu werden. Das entscheidende Kriterium für die biblische Tradition, für Comenius, und zum Beispiel auch für Heydorn, der dieses Konzept in unsere Zeit weiterzuentwickeln suchte, ist die Freiheit des einzelnen Menschen. Es geht um die erwählende Freiheit Gottes. Die in ihr begründete evangelische Freiheit und befreiende Bildungsprozesse in Systemen, die die Menschen in Unfreiheit halten, widersprechen sich nicht. Das Evangelium kann der Bildung dienen, sofern es die an befreienden Bildungsprozessen Beteiligten ermutigt, in diesem Prozess trotz aller Widerstände und Rückschläge auszuhalten. Die dazu notwendige Geduld wird bei Comenius eindrucksvoll vorgeführt. Und so wird sich Bildung immer gegen jene Formen von Bildungsplanung und Bildungsökonomie zu wehren haben, die letztlich nichts anderes als die Anpassung der Individuen an die Sachzwänge des ökonomischen und des politischen Systems bezwecken.

Hier sind wir mitten in der Gegenwart. Bildung, politische Bildung, demokratische Bildung muss nach dem Zeugnis des

Propheten aus der hebräischen Bibel die Achtung der Freiheit des Einzelnen und den Befreiungsaspekt für den Einzelnen ernst nehmen und als ständiges Kriterium für alle Versuche und Planungen mitgedacht werden. Begreift man Jesus Christus als den „gebildeten Menschen" par excellence, sind also in ihm alle im Bildungsprozess befindlichen Menschen mitgemeint, so können auch alle diese Menschen als freie Subjekte ihres Bildungsprozesses verstanden werden. Und aktuell formuliert: Die Anerkennung des freien Subjektseins der sich bildenden Menschen ist eine notwendige Konsequenz evangelischer Freiheit.

Und ein letztes Kriterium kommt hinzu: Wer Bildung so versteht, wird niemals dem Irrtum verfallen, dass Bildung für den Menschen einfach machbar wäre. Wir sind hier ganz nahe an dem, was der Prophet mit seiner Vision meint: Inmitten der Unruhe, am Rande der Vernichtung ist eine unendliche Ruhe, als wäre alles schon längst zurückgenommen. *Omnia in Deum transferre* heißt auch, diesen Prozess für sich selbst schon beendet zu haben, in ein Licht zurückgeholt zu sein, dessen Strahlen sich unsäglich brechen. Das Erwartete ist schon gegenwärtig. Nur so können wir als Menschen schon in der Wüste leben. Nur so ist es möglich, nicht immer wieder zu resignieren und umzufallen oder gar liegen zu bleiben. Wir brauchen uns nicht zu krümmen und zu verkrampfen, wir müssen nicht die Zähne zusammenbeißen und durchhalten, wenn es um die Bildung der Menschen geht, wenn es um ihre Befreiung geht, sondern die Menschen, die zumindest eine Ahnung von dem haben, was sich mit den Begriffen Gott und seiner Freiheit verbindet, können immer wieder neu davon ergriffen werden, dass diese Freiheit schon erreicht ist, dass es zumindest einen gibt, der diese Grenzen schon überschritten hat. Davon zeugen viele Menschen, nicht zuletzt auch viele, die in den Bürger- und Demokratiebewegungen in Ost-Mitteleuropa in den letzten Jahrzehnten an diesem Gedanken festgehalten haben. Wir brauchen diese Hoffnung gerade auch heute, wo alles so leicht und machbar erscheint.

Was sucht ihr den Lebenden bei den Toten?

Aber am ersten Tag der Woche sehr früh kamen sie zum Grab und trugen bei sich die wohlriechenden Öle, die sie bereitet hatten.(1)
Sie fanden aber den Stein weggewälzt von dem Grab (2) und gingen hinein und fanden den Leib des Herrn Jesus nicht. (3)
Und als sie darüber bekümmert waren, siehe, da traten zu ihnen zwei Männer mit glänzenden Kleidern. (4)
Sie aber erschraken und neigten ihr Angesicht zur Erde. Da sprachen die zu ihnen: Was sucht ihr den Lebenden bei den Toten? (5)
Er ist nicht hier, er ist auferstanden. Gedenkt daran, wie er euch gesagt hat, als er noch in Galiläa war: (6)
Der Menschensohn muß überantwortet werden in die Hände der Sünder und gekreuzigt werden und am dritten Tage auferstehen. (7)
Und sie gedachten an seine Worte. (8)
Und sie gingen wieder weg vom Grab und verkündigten das alles den elf Jüngern und den andern allen. (9)
Es waren aber Maria von Magdala und Johanna und Maria, des Jakobus Mutter, und die andern mit ihnen; die sagten das den Aposteln. (10)
Und es erschienen ihnen diese Worte, als wär's Geschwätz, und sie glaubten ihnen nicht. (11)
Petrus aber stand auf und lief zum Grab und bückte sich hinein und sah nur die Leinentücher und ging davon und wunderte sich über das, was geschehen war. (12). (Lk 24,1-12)

Die Suche nach dem Leben ist intensiv im Kommen. Gerade die Empfindsamsten der jungen Generation werden in diese Suche, in diese Sucht nach dem Leben hineingetrieben.

Aus den USA kommen in zunehmendem Maße Nachrichten von einer neuen „underground-Religiosität", bei der enthusiastische Elemente, mystische Versenkung und anti-intellektuelle Affekte im Vordergrund stehen. Auch aus dem christlichen Traditionsstrom wird geschöpft, bezeichnenderweise vor allem aus einem bestimmten Verständnis des Urchristentums, das bei manchen Gruppen von Hippies prägende Kraft gewonnen hat. So gibt es zum Beispiel eine Hippie-Gemeinde in Chicago, zu der protestantische und katholische Pfarrer gehören. Sie nehmen das Abendmahl auf öffentlichen Plätzen in demonstrativ heruntergekommener Kleidung in Solidarität mit den dort unterdrückten rassischen und sozialen Gruppen.

Aber auch wir, liebe Gemeinde, sind Betroffene. In einem Gesprächskreis Münchner Pfarrer haben wir vor einigen Tagen übereinstimmend und erstaunt festgestellt, dass es vor allem bei Besuchen kaum noch ein Gespräch gibt, in dem nicht irgendwie die Frage nach dem Sinn des Lebens gestellt wird. Oft individuell in den Situationen im Beruf, in der Familie, die als ausweglos beschrieben werden. „Wissen's, Herr Pfarrer, das ist doch kein Leben mehr, so geht's nicht weiter." Immer häufiger wird die Frage nach dem Leben aber auch in umfassender, kollektiver Weise gestellt. Zumal in einer Stadt wie München, wo die einfachsten Lebensbedingungen, wie reine Luft, sauberes Wasser, Raum zum Wohnen, zum Gehen, zum Spielen, schlicht *zum Leben* in Frage gestellt sind. Wie soll denn sinnvolles Leben da überhaupt noch möglich sein? Echtes, gutes Leben, bei dem man sich wohl fühlt, bei dem man weiß, wozu man lebt. Endlich raus aus all dem Künstlichen, man wird ja nur noch von außen gesteuert, allein die ganze Werbung; ach, man wird sich langsam selbst fremd, anstatt zu sich selbst zu kommen.

Es ist kein Zufall, dass nun auch unter den deutschsprachigen Schlagern ein Boom an mehr oder weniger religiösen Texten festzustellen ist, bei den englischen Texten war das schon länger so. Etwa Udo Jürgens mit seinem Lied „Ich glaube", oder das Lied „Herr", das in seiner Urfassung von einem Beatle stammt, aber auch etwa der Hit „Hier ist ein Mensch, hier ist ein Haus ..." Alles Ausdruck der Sehnsucht des unbehausten, sich selbst entfremdeten Menschen nach einem Leben, in dem er wieder bei sich sein kann, daheim, er selbst.

Und eine lange Reihe von weiteren Indizien ließe sich anführen, Indizien dafür, dass diese neue Suche nach dem Leben, die zu Recht bei den Jungen begann und weiter vorangetrieben wird, inzwischen allgemein geworden ist, dass sie viele, bewusst oder unbewusst, erfasst hat.

Und der Grund liegt auf der Hand: Der materielle Fortschritt, die Technisierung aller Lebenspraktiken, die Rationalisierung des Denkens, diese ganze Entwicklung schlägt zurück. Eine Entwicklung, die im 19. Jahrhundert schon Karl Marx mit seinem Begriff der Selbstentfremdung des Menschen beschrieben hat. Der Mensch wird bei den gegenwärtigen Produktionsverhältnissen mit allem, was er tut und was er denkt, zur austauschbaren Ware, er wird sich selbst, seiner Arbeit, seinem Denken fremd. Diesen Zustand hat der Mensch nun endgültig satt, er will leben, und er spürt, dass das Leben mehr ist als das Produzieren von Waren. Die Suche nach dem Leben, nach dem Lebenden beginnt und damit sind wir mitten in unserem Text, in der Ostergeschichte.

Lukas beschreibt Menschen auf der Suche nach dem Leben. Und er ist dabei sehr realistisch und zeigt auch Irrwege auf. Die Frauen, die sich am frühen Morgen auf den Weg machen, sind Menschen, die sich mit dem Tod, dem Nicht-Leben abgefunden zu haben scheinen. Der Balsam, den sie bereitet haben, kann nur dazu dienen, den Toten zu konservieren, ihn künstlich am Leben zu halten. Ein verständliches Bestreben - wir sind ja alle ein wenig konservativ, wenn es um die Erhaltung, Aufbewahrung von etwas Liebem und Teurem geht.

Wer aber mit einer solchen Grundhaltung Christus sucht, den Lebenden, der befindet sich in einer Sackgasse. Die Frauen finden das Grab, den Ort des Todes, leer; sie sind ratlos; im Griechischen heißt es: Sie sind in eine Aporie, in eine ausweglose Lage gekommen.

Wir sind betroffen, sagen die Inder, das Christentum ist doch zutiefst spirituell; woran kann es denn nur liegen, dass junge

Leute heute den Weg ihrer eigenen religiösen Tradition nicht zu kennen scheinen? Vielleicht - und dies ist eine zögernde Antwort, die zum Nachdenken anregen soll -, vielleicht sind viele christliche Kirchen immer nur diesen ersten Teil des Weges der Frauen gegangen, hin zu einem toten Christus, den sie mit ihren Traditionen einbalsamierten und mit ihren Liturgien künstlich am Leben erhielten. Sollte deshalb der Weg zum Leben für viele in den Kirchen nicht oder nicht mehr, zu finden sein?

Der Weg der Frauen ging weiter. Zu ihrer Ratlosigkeit kommt durch die Erscheinung der Engel die Ahnung von einem anderen Leben, das nicht mit dem Tod endet. Sie fallen in Furcht, in jenes Erschrecken, vor unerhört Neuem, vor Anderem. Das eingefahrene Denkschema, der Plan des Konservierens, der bisherige Weg ist in Frage gestellt. Alles, was man vorhatte, alles, woran man glaubte, woran man sich hielt, dies alles könnte Illusion sein, könnte sich als falsch, tot oder nicht lebensfähig erweisen. Wer kennt nicht diese Angst vor dem Unbekannten?

Der Weg geht weiter. Es wird alles in Frage gestellt durch die *eine*, die entscheidende Frage: Was sucht ihr den Lebenden bei den Toten? Er ist nicht hier, sondern er ist auferweckt worden, er lebt. Wer das Leben sucht, kann nicht zum Ort des Todes gehen. Denn Leben, das durch den Tod begrenzt ist, ist nicht das Leben. Genauso wenig wie ein Leben, das es nur jenseits des Todes gibt, *das Leben* ist. Das Leben ist ein totales Leben, das hier und heute schon begonnen hat und das nicht mehr aufhört.

Erinnert euch, wie er zu euch geredet hat, als er noch in Galiläa war. Erinnern wir uns an diesen Jesus von Nazareth, an sein Leben, Leiden, Sterben und Auferstehen. Dies war doch kein privates Schicksal, sondern geschah mit dem Anspruch, dass es hier um das Leben der ganzen Menschheit in ihrer ganzen Geschichte geht. Jede Seite des Neuen Testamentes lebt entweder davon, oder sie ist tot. Die Auferweckung Jesu war kein historisch fixiertes Zauberkunststück Gottes. Nein, Gott entschied sich durch die Auferweckung Jesu für das Leben der Welt, seiner ganzen Schöpfung von Anfang an. Damit begann ein neues Leben, eine neue Perspektive. Der Weg des Lebens, auch unseres Lebens, endet nicht in einer ausweglosen Situation. Es ist kein Weg der unveränderlichen Gegebenheiten mehr, so gewiss es durch Tod, Krieg, Ausbeutung und Entfremdung führt. Aber dies alles ist nicht mehr letztgültig, gerade wenn unsere Lebensillusionen und -erwartungen zerbrechen, wenn man ‚sein' Leben verliert, gerade dann ändert sich alles. Denn Jesus Christus, der Auferstandene, der Lebende will uns herausreißen aus einem Leben im Bannkreis des Unveränderlichen, des Todes. Er stellt vielmehr unsere Füße auf einen weiten Raum; er will, dass wir leben - nicht im Himmel, nicht entrückt in einer anderen Welt, sondern hier mitten im Schlamassel der bestehenden Verhältnisse mit vielen Abhängigen und wenigen Reichen, wie alle anderen der Entfremdung vom eigenen Ich ausgesetzt, mitten unter Menschen, die über ihr Leben nur noch stöhnen können und auf den Tod und nicht auf das Leben hoffen. Gerade in dieser Situation will Jesus, dass wir als Menschen leben, die auf das Leben hoffen, die überall, wo sie es können, Zeichen dieser Hoffnung setzten, indem sie sich an die Veränderung von scheinbar Unveränderbarem machen. Kein Mensch und keine Haltung, und sei sie noch so festgelegt, ist unveränderbar. Was könnte solche Hoffnung im verbissenen und festgefahrenen Konflikt zwischen Jungen und Alten in den Familien, in den Schulen bedeuten? Kein Wirtschaftssystem, und sei es noch so mächtig, existiert für die Ewigkeit, es kann verändert, ja ersetzt werden. Was könnte diese Hoffnung für die Auseinandersetzung zwischen Ost und West, zwischen Nord und Süd bedeuten? Was für jeden ausländischen Arbeiter bei uns, der sein Land verlassen muss, weil es für unsere Wirtschaft gewinnbringender ist, wenn er hier arbeitet? Wie viel Resignation, Selbstaufgabe, wie viel unerfülltes Leben könnte so zu neuer Hoffnung, neuer Aktivität, neuem Leben werden?

Dies alles könnte nicht nur so sein, es ist so, weil Jesus lebt. Mit dieser Botschaft kehrten die Frauen vom Ort des Todes um, sie machten die entscheidende Wendung ihres Lebens, und sie gingen zu all den anderen, die sich doch auch erinnern müssten an das, was Jesus gesagt hat - und wer von uns erinnerte sich nicht daran? Und sie sagten das Entscheidende weiter: Jesus lebt; das Leben ist nun da für die ganze Welt.

Doch den Aposteln, den exquisiten Kennern des Lebens Jesu, kamen diese Worte vor wie leeres Gerede, und sie glaubten ihnen nicht. Der 12. Vers ist eventuell ein später Versuch, wenigstens Petrus, der ja immerhin der Stammvater der Päpste werden sollte, ein wenig zu rehabilitieren. Doch wir sollten Lukas für seine ehrliche Schilderung dankbar sein. Die Unsicherheit, der Unglaube ist immer noch die häufigste Antwort auf die Botschaft vom lebenden Jesus. Auch bei vielen Christen. Es wäre vielen doch lieber gewesen, dieser Jesus wäre als großer und verehrenswürdiger Mensch im Grabe geblieben. Oder wenn schon auferweckt, dann so weit in den Himmel hinauf, dass er uns jetzt in unserem Leben nichts mehr angeht, vielleicht später wieder, nach dem Tod. Doch Jesus ist in unser aller Leben hinein auferstanden, er will uns nicht in Ruhe lassen, er will, dass wir jetzt schon *wirklich leben,* voller Hoffnung und Zuversicht.

Doch die Suchenden unserer Zeit ziehen meist an den Kirchen vorbei, sie suchen das Leben, manchmal klopfen einige an, aber oft heißt es dann: Keine Experimente, erst mal die Haare abschneiden und die bürgerliche Moral befolgen, zumal die Sexualmoral usw.

Ostern kommt zwar in den Predigten vor, und wir reden viel vom Leben. Aber wann endlich erinnern wir uns an diesen Jesus, der nicht nur geredet, sondern auch ebenso gelebt hat, ja vielmehr, der immer noch für uns und durch uns - für alle Menschen *lebt?*

Es mögen sich die Himmel geziemend erfreuen, die Erde jubeln, feiern möge die ganze Welt, die sichtbare und die unsichtbare, denn Christus ist auferstanden - ewige Freude!

Wir haben hier keine bleibende Stadt

ZUR KRITIK DER CHRISTLICHEN GENERAL-MOBILMACHUNG

Über die Hoffnung auf Erlösung durch Beschleunigung

Es hilft alles nichts. Spätestens seit der von Peter Sloterdijk vorgelegten Kritik der politischen Kinetik (insbesondere in seinem Buch „Euro-Taoismus", Frankfurt/M. 1989) ist es unausweichlich: Untersucht man die Geschichte der großen Religionen und weltanschaulichen Traditionen unter dem Gesichtspunkt der Beschleunigung, dann ist die jüdisch-christliche Tradition der Motor der ganzen Bewegung. Das gilt noch nicht einmal so sehr für den Hebräer-Brief, der jüdische Tradition und christliche Verkündigung verbindet, sondern insbesondere für alle berechtigt oder unberechtigt herangezogenen neutestamentlichen Zitate für den Missionsbefehl. Nicht zuletzt Matthäi am Letzten: *Mir ist gegeben alle Gewalt im Himmel und auf Erden. Darum gehet hin und machet zu Jüngern alle Völker ... Siehe, ich bin bei Euch alle Tage bis an der Welt Ende.* (Mt 28,19 f.). Hier kommt zur weltweiten Expansion die zeitliche Dimension hinzu, die, wie schon die Apostelgeschichte und Paulus mit seinen Reisen zeigt, große Mobilität erfordert. In etlichen apokalyptischen Schriften, nicht zuletzt in der Offenbarung des Johannes, gibt es beliebig viele Anhaltspunkte für Fahrpläne, die auf Beschleunigung drängen, die Fristen setzen, bis zu denen „alle" getauft und bekehrt sein sollen. Und weite Teile der bisherigen Kirchengeschichte berichten von Menschen und Bewegungen, die auf Überschreitung der bekannten Grenzen hinzielen, immer Neues entdecken und erobern wollen. Dies gilt für viele Missionsbewegungen ebenso wie für die Kreuzzüge, dies gilt aber auch im gesellschaftlichen Bereich für die großen Entdeckungsreisen, für Kolonialismus und Imperialismus.

Die großen alten Weltreligionen, wie der Taoismus oder der

Buddhismus und Hinduismus, kennen das Phänomen der Beschleunigung nicht, gehen von der Erfahrung des Kreislaufes aus, eventuell der spiralförmigen Bewegung. Nur der nach dem Christentum in die abrahamitische Ökumene aufgenommene Islam hat ähnlich zielgerichtete Entwicklungslinien mit der Tendenz zur nach oben offenen Expotentialkurve.

Zieht man die Max Weber'schen Untersuchungen über den Zusammenhang von Protestantismus und dem Geist des Kapitalismus hinzu, so ist die gegenwärtig dominierende Weltanschauung von Globalisierung und flexibel sich darauf einstellenden Individuen und Gesellschaften ohne jeden Zweifel jüdisch-christlich motiviert und trägt in vielen Äußerungen von namhaften Wissenschaftlern und Bankiers eindeutig religiöse Züge. Es geht immer noch um einen Heilsplan für die Menschen, um ein auserwähltes Volk, das den Fahrplan kennt und nach bestem Wissen und Gewissen die nicht ganz so erkenntnisreiche Mitwelt überzeugen will.

Das Ende der Geschichte der Beschleunigung?

Trotz aller Wirkkraft und des überwältigenden Sieges des auf Beschleunigung setzenden Systems 1989 gerät die Bewegung zusehends ins Stocken. Rückblickend ist zu sagen, dass die Konkurrenz zwischen zwei auf Beschleunigung setzenden Systemen in Ost und West mit den Bezeichnungen des Sozialismus und Kapitalismus offensichtlich dem Tempo der Beschleunigung sehr gut tat. Das sichtbare Feindbild im Osten motivierte zu immer neuen Anstrengungen. Das Bewusstsein, dass man auf der guten Seite stand, musste nicht weiter überprüft werden, da die böse Seite nicht nur schwarz gemalt wurde, sondern auch wirklich schlecht war.

Nun aber, da weltweit kein adäquater Gegner mehr da ist und kein Feindbild, von dem man sich absetzen kann, taucht die Rede vom Ende der Geschichte auf. Wie soll denn die Erlösung und Befreiung wirklich aussehen? Es wird deutlich, dass der Wohlstand für alle bei gleicher Lebensart, wie heute bei den Reichen in der westlichen Welt zumindest, in die ökologische Katastrophe führt. Man denke nur an die Autos für alle Chinesen usw. Aber auch mitten in den Ländern der Reichen gibt es solche Erfahrungen. Der zeitweise Zusammenbruch des ganzen Verkehrs in einem riesigen Stau zu Ferienbeginn ist zum Beispiel eine solche Erfahrung, die nachdenklich machen könnte. Und hautnah spüren es immer mehr Menschen, Familien, Partnerschaften und Freundesgruppen, was es heißt, wenn die Beschleunigung ihre Opfer fordert und der eigene Kreislauf kollabiert, das Herz bricht und die Sinnlosigkeit eines sich nur in der Expansion verwirklichenden Lebens nicht mehr wegzudiskutieren ist.

Das Auftauchen solcher Erfahrungen und das Weiterdenken dieser Erfahrungen zu Theorien von Entschleunigung und Verlangsamung, von Kreislaufwirtschaft und Nachhaltigkeit geschieht nicht nur in der Wirtschaft, sondern gerade im Umgang mit den Quellen des Lebensmutes, den natürlichen Ressourcen des Denkens und Glaubens: All diese Ansätze des Umdenkens verursachen immer noch bei viel zu vielen kein schlechtes Gewissen. Hier sind wir wieder am Ausgangspunkt unserer Überlegungen. Das Beispiel des glaubenden Abraham, der geradezu als Irrsinniger und entgegen aller Erfahrung aufbricht, sich in die Wüste begibt und darauf setzt, dass die Verheißung Gottes erfüllt ist, dieses Beispiel ist tief in uns verwurzelt. Müssen wir nicht „modern" und „flexibel" sein? Ist es nicht geradezu unerträglich, wenn man zumindest in diesem Sommer in fremden Ländern auf die Langsamkeit der deutschen Entwicklung angesprochen wird, auf den Reformstau, auf die mangelnde Flexibilität? Ich zumindest für meine Person spüre, dass mich solche Fragen tief berühren. Ich wage nicht zu sagen, dass ich ganz froh bin, in einem etwas langsameren Land zu leben, sondern fühle mich ertappt und geradezu schuldbewusst. Und alles, was in einer langen Tradition christlich-bürgerlich-normaler Erziehung in mir und wohl auch in vielen anderen steckt, wird mobilisiert. Ich will noch fleißiger, noch korrekter, noch pünktlicher, noch schneller usw. arbeiten, und ich meine, das müsste doch unserer ganzen Gesellschaft gelingen. Die gegensätzlichen Erfahrungen kenne ich ganz gut aus der Meditation, dem Still- und Leerwerden in bestimmten Übungen, aus der Beobachtung der Natur, der Jahreszeiten, aber auch aus dem alten Brauchtum mit seinen Volksfesten und aus der Begegnung mit Menschen anderer Völker, die aus einer tiefen Ruhe heraus leben. Diese „Gegenerfahrungen" reichen zumindest bei mir und, wie mir scheint, vielen anderen nicht aus, hier zu einer eigenen souveränen Position zu kommen.

Leben wie ein Gast auf Erden

Von Abraham heißt es im Hebräer-Brief: *Durch den Glauben ist er ein Fremdling gewesen in dem verheißenen Lande, wie in einem fremden und wohnte in Zelten mit Isaak und Jakob, den Erben derselben Verheißung. Denn er wartete auf die Stadt, die einen festen Grund hat, deren Baumeister und Schöpfer Gott ist.* (Hebr 11). Die abermalige, genauere Betrachtung des Beispiels von Abraham eröffnet den Blick auf ganz andere Situationen. Da ist einer Gast, da wird einer aufgenommen in Zelte und Hütten, da feiert einer, der ohne Zweifel sehr viel Zeit zum Erzählen und Nachdenken hat.

Beziehen wir diese Erfahrungen auf all das, was wir von jener Grunderfahrung des jüdischen Glaubens wissen, jener Befreiung aus der Sklaverei und jenem Zug durch die Wüste hin in das verheißene Land, so ist da sehr viel von Lagern, von Warten, von langen, langen Zeiten in der Wüste die Rede, und das Warten war nicht nur Geduld, sondern es war oft auch Klage und Geschrei. Es gab immer wieder die Erfahrung von Ausweglosigkeit und Nicht-Weiterkommen und dann wieder von Besinnung, Nachdenken, Beten, Zeit für Rituale des Abschiednehmens und Trauerns. Nehmen wir diese Beschreibungen ernst, so wird deutlich, dass die Existenzform des Glaubens in der Bibel und die Forderung nach beschleunigter Flexibilität in der gegenwärtigen Globalisierungsphase grundverschieden sind. Gewiss, es gibt die tiefe Überzeugung, dass am Ende eines langen Weges die Erlösung, die Befreiung, das Gelobte Land stehen. Aber es ist gerade der tiefe Glaube daran, der zum Beispiel Abraham und vielen anderen in der Bibel den langen Atem gibt, die Geduld zum Warten, auch die Zeit zum Achten auf die Jahreszeiten, zum Feiern der Feste, zur Pflege der zwischenmenschlichen Beziehungen. Das Geheimnis des jüdisch-christlichen Glaubensverständnisses liegt gerade in diesem Zusammenwirken der göttlichen Verheißung als Grundzusage des Lebens und der damit verbundenen Gelassenheit im Blick auf die praktische Lebensbewältigung.

Das geht bis hinein in unsere Sprache: Wir sind von Gott Frei-Gelassene, die gerade deshalb ruhig, überlegt und im Zweifelsfall auch ohne jeden Beschleunigungsdruck und -stress an die Aufgaben gehen können, die durch Gottes Angebote von Freiheit, von Gerechtigkeit, von Liebe und Frieden und der Bewahrung der Schöpfung gegeben sind. Gott schenkt - und dies ist die Kernbotschaft der reformatorischen Rechtfertigungslehre - dem einzelnen Menschen die ganze Autorität und Legitimität zu solch einem gelassenen Leben. Wir müssen eben nicht möglichst schnell, möglichst gut und möglichst alles alleine machen, sondern Gott hat es schon gemacht, es ist schon gut, wir sind schon befreit, und wir haben die Möglichkeit, auf Grund dieser Befreiung anderen Menschen davon zu erzählen und an deren Befreiung mitzuwirken.

Diese Rechtfertigung des Lebens ist die beste Medizin gegen Stress, gegen Herzinfarkt, gegen die irrsinnige Hetze und Hektik des globalisierten Lebens. Dabei ist diese Position überhaupt nicht fortschrittsfeindlich und steht neuen technischen Entwicklungen nicht entgegen. Sie ist vielmehr in einer ganz anderen Weise flexibel, nämlich offen, achtsam, neugierig auf alle Möglichkeiten, die dem menschlichen Denken und Trachten entspringen. Und dieses gelassene Leben ist zugleich in der Lage, zusammen mit anderen auf Grund der langen Tradition der jüdisch-christlichen Überlieferung und deren Kommunikation in den unterschiedlichen Gemeinden und Kirchen aktiv mitzuwirken an der Orientierung und Bewertung der ständig sich verändernden Situation. Solche Menschen, Christen, sind eben nicht Rädchen in der berühmten globalen Maschine, sie sind auch nicht Opfer der Hektik und der imperialen Unterdrückung der modernen Wirtschaft, sondern es sind selbstbewusste, nachdenkliche und handlungsfähige Menschen. Sie sind dies, weil ihre Flexibilität auch in der Offenheit für Gefühle besteht, sie sind dies, weil sie auch in der Lage sind zu klagen, erschrocken zu sein, zu weinen, zu lachen und zu lieben.

Jawohl, wir haben hier keine bleibende Stadt, an der wir uns festklammern, in die wir uns einmauern müssen. Wir brauchen keine Festungen und Panzer. Wir wissen um die zukünftige Stadt, die uns zugesagt ist. Dies beschleunigt aber nicht unser Leben und versetzt es in Hektik und Stress. Wir haben vielmehr eine Kunde davon, dass dieses Ziel uns ein für alle Mal zugesagt ist durch diesen Gott und durch Jesus Christus, so wie es seit zwei Jahrtausenden geglaubt wird. Aus diesem Glauben heraus wissen wir, dass wir jeden Tag neu geboren werden. Dies gilt gerade dann, wenn wir zur Ruhe kommen, wenn wir die Kraft spüren, die aus der Autorität dieses Gottes zu unserer Autorität im Leben wird. In diesem Sinne können wir selbstbewusste Gäste auf dieser Welt sein. Der Gast hat gern ein gutes Bett, er freut sich, wenn er gepflegt wird, wenn es gesundes Essen gibt und die Gastgeber ein Fest mit ihm feiern. Ein guter Gast wird seinen Gastgebern auch erzählen, dass er von weither kommt und noch weithin gehen will, dass er weiß, woher er kommt und wohin er will. Gerade aber dies treibt ihn nicht zur Hektik an, sondern ermöglicht ihm, wo immer er zu Gast ist, präsent und wirklich da zu sein. Von mir aus kann man solche Menschen auch als flexibel bezeichnen. Sie sind offen, aber nicht anpasserisch, sie sind fähig zur Kritik, sie können Sand sein im hektischen Getriebe dieser Welt. Sie sind dies, da sie von der Verheißung wissen, dass sie hier sind, aber nicht bleiben müssen.

Spiritualität und Protestantismus

Friedrich Heer, frommer katholischer Christ und Kulturhistoriker, schrieb 1980 in dem Aufsatz „Der schwere Segen des Protestantismus“: „Tiefer zielt ein anderer Vorwurf: Der Protestantismus habe einen Kahlschlag in der Seele begonnen, ein

Austrocknen der Wurzelgründe der Seele, ein Töten der ‚Mütter' in der Seele [...] Der Protestantismus habe den eindimensionalen Menschen geschaffen durch seine Engpassführungen, durch seine Verdammung der alteuropäischen Spiritualitäten, der Mystik, der 1000-jährigen Erfahrungen in der ‚Gemeinschaft der Heiligen': durch seine Ausscheidung von unersetzlichen geistlichen Disziplinen in der spirituellen Bildung des Menschen durch die Dreifaltigkeit von ars amandi, ars vivendi, ars moriendi." Die Kunst zu lieben, zu leben und zu sterben haben – so die fundamentale Kritik von Herr – die Protestanten nahezu völlig vergessen.

Und Fulbert Steffensky, der katholische Mönch, der zum Protestantismus konvertierte, berichtet immer wieder, dass er bei aller Sympathie für den Protestantismus als intellektuelles Ereignis seine spirituelle Heimat immer noch in seiner katholischen Tradition haben muss, da ihm der Protestantismus keine Lebensformen mehr anbieten kann.

Eine zunächst gegenläufige Beobachtung kann man allerdings in einem neueren, von Hartmut Weber unter dem Titel „Was sagen die Leute, wer ich sei? Jesus und seine Pfarrer" herausgegebenen Sammelband machen, in dem protestantische Pfarrerinnen und Pfarrer über ihre Erfahrungen mit Jesus und ihre Jesus-Bilder berichten. Durch viele Beiträge zieht sich das biographische Erzählen von frühen religiösen Erfahrungen, die fast ausschließlich durch Frauen vermittelt wurden. Mütterlichkeit taucht hier auf einmal als Fundament protestantischen Glaubens auf. Weiter fallen viele Erfahrungsberichte auf, die mit Musik, insbesondere der von Johann Sebastian Bach, zusammenhängen und Erfahrungen eines intensiven Gebetslebens. Das Theologiestudium spielt dagegen eine ganz unbedeutende Rolle. Universitätstheologen haben sich, ähnlich wie Theologen aus Kirchenleitungen, überhaupt geweigert zu schreiben. Es könnte also sein, dass mitten im Protestantismus, der so unspirituell erlebt wird, spirituelle Erfahrungen aufgehoben sind, über die nur viel zu wenig berichtet wird. Bestimmend bleibt allerdings, dass für viele Menschen, insbesondere auch Jugendliche, der Protestantismus in seinen Gottesdiensten und auch in den Angeboten seiner Jugendarbeit nur wenig spirituelle Ausstrahlungskraft hat. Woran liegt das?

FRÖMMIGKEIT ALS SELBSTBESTIMMUNG

Auf Luther ist hier nicht alles zu schieben. Er war ohne Zweifel ein Mensch, der stark von der Mystik geprägt war und für den Frömmigkeit, die den ganzen Alltag durchdringt, selbstverständlich war. Allerdings ist schon bei ihm, wie zum Teil noch deutlicher bei anderen Reformatoren, eine Grunderfahrung angelegt, die für viele der Einbruch des Unspirituellen ist. Es ist die Erfahrung, dass das Fromme nicht mehr separiert von der übrigen Welt erfahren werden soll, sondern *in* dieser Welt. Selbst die Arbeit einer Dienstmagd im Stall ist nach Luther Gottesdienst und gutes, frommes Werk. Frömmigkeit wird bei ihm aus der Verwaltung durch eine Priesterkaste herausgenommen und in die Verantwortung des Einzelnen gelegt. Selbstbestimmung wird mit Frömmigkeit verbunden. Aber diese Einsicht ist noch ganz und gar eingebunden in die Erfahrungen eines mittelalterlichen Lebenszusammenhangs, in dem ein Leben ohne Gott nicht vorstellbar war.

Der für die Frömmigkeitsgeschichte und den Protestantismus sehr viel wichtigere Einschnitt scheint mir erst im Zeitalter der Aufklärung und des Pietismus zu liegen. In der Aufklärung führte die Selbstbestimmung des Menschen zum ersten Mal zur Vision eines Lebens, in dem Gott keine bestimmende Rolle mehr spielt. Viele Christen bekamen erst damals den Mut, mit dem, was ihren Glauben ausmacht, selbstbestimmt umzugehen. Der frühe Pietismus ist aufs Engste mit dem Geist der Aufklärung verbunden. Bibellesen zum Beispiel nicht mehr unter der Herrschaft von Pfarrern und Universitätslehrern, sondern frei und demokratisch in Bibelkränzchen, in Basisgruppen, getragen von den Erfahrungen und dem Gefühl der Teilnehmer – das ist der Erfahrungshintergrund für die Aufbruchsstimmung des frühen Pietismus. Menschen wollten eigenständig glauben. All das, was wir unter Frömmigkeit verstehen, hat sich erst in dieser Phase entwickelt. Vorher gab es durchaus den Begriff des Frommen, er war aber losgelöst von der einzelnen Subjektivität, losgelöst von den tiefen Gefühlserfahrungen, die inzwischen das ausmachen, was wir fromm nennen.

Gewiss gab es sehr bald eine Spaltung. Die Impulse der Reformation führten durch den weiteren Impuls der Aufklärung zu einem Siegeszug eines bloßen Rationalismus, der zu jener instrumentellen Vernunft führte, die losgelöst von aller Verantwortung inzwischen unsere säkulare Welt bestimmt: Jene so gänzlich unspirituelle kalte Atmosphäre, in der ausschließlich das Machbare zählt und in der der Mensch nur noch zu funktionieren hat. Auf der anderen Seite hat sich die Frömmigkeit sehr bald wieder von ihrem gesamtgesellschaftlichen Zusammenhang gelöst und ist verkümmert in kleinen heilen Inseln, die sehr bald nur noch für sich fromm waren und den gemeinsamen Ursprung von Aufklärung und Pietismus vergessen haben. Das ganze Schreckbild des Pietismus und der Evangelikalen, die angeblich mit Politik nichts am Hut haben und rückständig sind, hat seinen Grund in dieser Trennung. Historisch ist es aber sehr wichtig, dass Selbstbestimmung und Frömmigkeit zusammengehörten und dass dies nicht nur das Geschehen eines kurzen Augenblickes war, sondern sich immer wieder in der Geschichte von Protestantismus und Spiritualität verdichtet hat. Friedrich Schleiermacher gelang diese Verdichtung von Intellektualität, tiefem Gefühl und Verantwortung für die ganze Welt noch einmal zu Beginn des 19. Jahrhunderts. In einem großartigen Entwurf verbindet er die Selbstbestimmung des Menschen, die er ganz weit fasst und in die er alle Gefühle und Wünsche des Menschen mit einbezieht, sowohl mit jenem „Gefühl der schlechthinnigen Abhängigkeit", das die Erfahrung des Glaubens ausmacht, als auch mit der Verantwortung für das öffentliche, gesellige Zusammenleben der Menschen.

Der Protestantismus scheint mir in besonderer Weise geeignet, sich immer wieder der Aufgabe zu stellen, umfassende und ganzheitliche Welterfahrung und die Erfahrung des tiefen Glaubens an eine Wirklichkeit, die alle Welterfahrung übersteigt, als gelebte Frömmigkeit zu verbinden. Historisch ist zu sagen, dass dieses Projekt einer protestantischen Spiritualität immer wieder versucht wurde, zeitweise gelungen ist, aber in den letzten Jahrzehnten massiv zu scheitern droht. Dietrich Bonhoeffer hat in seinem Lebensweg jene Unterscheidung und jene Einheit von letzten und vorletzten Dingen bezeugt.

FRÖMMIGKEIT ALS LEBEN AUF GRUND DER RECHTFERTIGUNG

In unseren Tagen wird immer deutlicher, dass das Projekt der Moderne zu scheitern droht, da ganz offensichtlich das nur an der Vernunft orientierte Engagement bei allem Fortschritt doch zu einem Fortschritt in die Barbarei geführt hat, was die beiden Ortsnamen Auschwitz und Hiroshima belegen. Das Projekt einer protestantischen Spiritualität scheint daher heute notwendig zum Überleben. Wenn sich im alltäglichen Leben nur noch der halten kann, der ständig seine Leistung nachweist, wenn im Alltag Leistungsunfähige, Behinderte immer stärker herausfallen - in der Bundesrepublik sind nur noch rund 30 % der Bevölkerung voll leistungsfähig - dann stellt sich dringlich die Frage nach einem Leben jenseits dieses Realitätsprinzips. Heute kann sich derjenige, der nicht mehr leistungsfähig ist, gesellschaftlich nur rechtfertigen, wenn er sich in Abhängigkeit begibt, sich betreuen lässt, bereit ist, als Kranker, als zu Therapierender, als Auszubildender, kurz als mangelhafter Mensch zu leben. Und diejenigen, die etwas leisten können, sind erst recht dabei, sich tagtäglich zu rechtfertigen, sich zu beweisen, immer besser zu sein.

Die Kunde, dass alle Menschen von Gott gerechtfertigt sind, dass sie ein Recht zum Leben haben, ohne sich ständig beweisen zu müssen, hat Martin Luther wieder entdeckt. Diese Kunde eröffnet eine ungeheuere Freiheit. Sie wird erfahrbar, wenn wir gegenseitige Liebe und Anerkennung zu leben beginnen, wenn wir die Maßstäbe dieser Gesellschaft nicht übernehmen, sondern auch den Behinderten, Kranken, den Jungen, den Alten, wenn wir jeden annehmen und als eigene Schwester oder eigenen Bruder lieben. Wo immer Gemeinschaften beginnen, aus der „Rechtfertigung des Sünders", aus der Gelassenheit des Glaubens zu leben, und von dieser Grunderfahrung her das Herrnmahl als Befreiung zum Zusammenleben feiern, da werden Beiträge zu jenem Projekt einer protestantischen Spiritualität erbracht. Die Erfahrung des Teilens in Liebe ist dabei konstitutiv und zugleich radikal politisch. Protestantische Spiritualität ist Kampf gegen jede Form von Apartheid und Ausgrenzung. Sie ist von daher in einem tiefen Sinne immer auch ökumenisch, den ganzen Weltkreis und alle Menschen betreffend, und sie beginnt zugleich immer ökologisch, das eigene Haus betreffend. Wir Protestanten haben hier wenig lebendige Traditionen, an die wir unmittelbar anknüpfen können, aber einen reichen Schatz in der Vergangenheit, den es immer wieder zu heben gilt. Der Kahlschlag der Seele muss nicht sein. Wir haben wahrscheinlich radikaler und tiefer als Katholiken empfunden, dass dieser Kahlschlag Kälte bedeutet. Für mich ist dies eine Herausforderung, heute als Protestant radikal und zutiefst fromm zu sein.

Seht die Lilien auf dem Felde

VERSUCH ÜBER EIN CHRISTLICHES LOB DES MÜSSIGGANGS

Zwei Seelen, ach, in meiner Brust

Müßiggang ist aller Laster Anfang. Das tönte in die Kindheit von vielen hinein, und mir klingt es aus meiner Kindheit immer noch in den Ohren. Alles musste begründet sein. Sicher, ich durfte mich ausruhen, wenn ich gearbeitet hatte. Aber wirklich müßig sein, also ganz und gar ohne Zweck und Auftrag nur faul zu sein, nichts zu tun, das war mir doch sehr bald verboten. Ich erinnere mich noch genau, wie ich dann im Konfirmandenunterricht lernte, dass dieses Sprichwort im Grunde ein Bibelwort wäre, das im Buch Jesus Sirach im 33. Kapitel im Vers 28 stehe. Und da kamen ja dann noch viele Worte aus der Bibel hinzu: das Wort von der Arbeit im Schweiße des Angesichtes unter Dornen und Disteln und bald auch das paulinische Wort, nach dem der nicht essen soll, der nicht arbeiten will.

Meine schwäbisch-lutherische Herkunft ließ mich bis in die Fasern meines Herzens hinein all das aufsaugen, was ich später bei Max Weber als das protestantische Arbeitsethos kennen lernte. Wer etwas schafft und gar noch dabei Erfolg hat, der ist Gott wohlgefällig. Das Gleichnis von den anvertrauten Pfunden und insbesondere die Rolle des Knechtes, der das anvertraute Pfund einfach in die Erde vergräbt, haben mich oft beschäftigt. In der oft schrecklich empfundenen Schulsituation war mir bis in selbst formulierte Gebete hinein, die ich heute noch in meinem Tagebuch von damals nachlesen kann, klar, dass ich so mit meinen Talenten wuchern musste, dass auch wirklich gute Noten herauskamen. Dies war nicht nur Wunsch und Wille meiner Mutter, sondern auch der Wunsch und Wille Gottes.

Doch da gab es noch andere Botschaften! Etwa jene Verse aus der Bergpredigt von den Lilien auf dem Feld, die so schön geschmückt sind, ohne etwas dafür zu tun, oder von den Vögeln unter dem Himmel, die nicht säen und nicht ernten und doch ernährt werden, und gar die Aufforderung von Jesus: *Sorget nicht!* Ich brachte und bringe diese Stellen immer sehr eng in Verbindung mit dem Lied von Paul Gerhard: „Geh aus mein Herz und suche Freud ...“ Das wollte ich irgendwie schon auch, aber es handelte sich mehr um ein Sonntagsvergnügen, auf das man sich lange freute und das manchmal gelang. Sehr bewusst ist mir noch die Verwirrung, die ich als Jugendlicher, der begann, die Bibel selbstständig zu lesen, bei der Lektüre des Gleichnisses von den Arbeitern im Weinberg empfand. Das Reich Gottes wurde gleichgesetzt mit einem Zustand, in dem nicht mehr die Gerechtigkeit der Leistungsgesellschaft galt. War das etwas, das erst irgendwann kommen wird, oder ist das etwas, was schon hier in dieser Wirklichkeit beginnen soll?

Ich spürte und spüre zwei Seelen in meiner Brust. Tief eingeprägt ist jenes protestantische Arbeitsethos, dem ich selbst so viel verdanke. Bis heute wüsste ich nicht, wie ich meine

Arbeit, für die ich bezahlt werde, ohne diese Grundsätze überhaupt leisten könnte. Im Rückblick gilt dies sicher auch für die Schulzeit und das Studium. Zum anderen aber spüre ich in mir eine tiefe Sehnsucht nach wirklicher Ruhe und Entspannung, nach dem Loslassen all dieser Leistungsprinzipien, die ich meist als Fesseln erfahre. Frage ich mich, wann ich wirklich lebe und woher die Kraft für mein Leben kommt, dann fallen mir sehr viel mehr Phasen der heiteren Ruhe und des Faul-Sein-Könnens ein. Die Geschichte von Maria und Martha kehrt bei diesen Empfindungen immer wieder. Habe ich die Kraft, die Maria besaß, das Wesentliche im richtigen Augenblick zu erkennen? Neige ich nicht immer wieder dazu, wie Martha herumzuackern, Termine abzuarbeiten und nur noch dumpf zu spüren, dass das alles nicht das Richtige ist? Die Erkundung der Geschichte jener Sätze, die zu dieser Ruhe, ja zum Müßiggang auffordern, ist mir in den letzten Jahren wichtiger geworden.

DIE MUSSE UND IHRE GESCHICHTE IM CHRISTENTUM

Der Mythos vom Paradies, vom goldenen Zeitalter, der sich in so vielen Völkern findet, verweist darauf, dass in ihm eine tiefe Sehnsucht des Menschen angesprochen ist. Dieser Mythos ist auch in die Schöpfungsberichte der Bibel eingegangen und beschreibt zunächst einmal Menschen, die in Übereinstimmung mit ihrer Umwelt leben, die sie um des Guten willen bebauen und bewahren, die offensichtlich keinen Zwang einer hektischen Arbeit kennen. Dieses Paradies ist vergangen. Es taucht aber wieder auf in vielen Visionen eines besseren Lebens, innerhalb der Bibel in aller Regel in den Beschreibungen des kommenden Gottesreiches. So zum Beispiel beim Propheten Joel (4,18), wo das Gottesreich beschrieben wird, das der Herr ausgehend von seinem heiligen Berg Zion, also auf dieser Erde um Jerusalem, aufrichten wird: *Zur selben Zeit werden die Berge von süßem Wein triefen und die Hügel von Milch fließen und alle Bäche in Juda werden voll Wasser sein.* Oder beim Propheten

Amos, der durchaus nicht an eine Zeit ohne Arbeit denkt, aber wohl an eine Zeit des wundersamen Arbeitens: *Siehe, es kommt die Zeit, spricht der Herr, dass man zugleich ackern und ernten, zugleich keltern und säen wird* (Amos 9,13). Hier geht es nicht um hektische Arbeit, nicht um Leistung, hier geht es eher schon um ein Leben im Schlaraffenland. Am deutlichsten ist das in der syrischen Baruch-Apokalypse beschrieben, die im dortigen Judentum noch vor dem Auftreten Jesu festgehalten wurde. Dort heißt es: „Und in jenen Tagen werden sich die Schnitter nicht abmühen und die, welche bauen, sich nicht abarbeiten. Denn von selbst werden die Arbeiten weiteren Fortgang haben, samt denen, die daran arbeiten in voller Ruhe" (Syr. Baruch c. 14, S. 172 f., eine so genannte apokryphische Schrift, die nicht zum Kanon der biblischen Texte zählt und doch Eingang in die Schrifttradition des Christentums gefunden hat). Hier wird das automatische Arbeiten „von selbst" vorweggenommen, das übrigens auch bei Aristoteles auftaucht.

Eine lange Kette von Zitaten ließe sich anführen, etwa bei Johannes Chrysostomus (354–407) und in vielen Predigten des Mittelalters. Auf der immer abstrakter werdenden Ebene der formulierten Theologie dagegen wird diese Sehnsucht der Menschen kaum verhandelt. Verfolgt man etwa den lateinischen Begriff von Muße: *otium*, so taucht er in vielen Büchern, die für ein beschauliches Leben im Sinn einer geistlichen Lebensführung der *vita contemplativa* anleiten wollen, auf. *Otium* ist die Voraussetzung für die Meditation und die Kontemplation. Der Zustand der Ruhe, des Sich-Entspannens, des Freiwerdens von Zwängen und Leistungsansprüchen, führt hin zu Meditation und Kontemplation. Es spricht sehr viel dafür, dass hinter diesen Büchern zur Anleitung ein breites Erfahrungsfeld von spiritueller Praxis stand. Bei Thomas von Aquin aber, dem großen Theologen des Mittelalters, taucht *otium* nur noch im Sinne von schlechter Muße und Faulheit auf. Die Theologen der Reformation unterscheiden sich hier nicht von Thomas.

Die Sehnsucht der Menschen nach besseren Zeiten wird umso virulenter von chiliastischen Gruppen, die von einem starken Endzeitbewusstsein geprägt sind, artikuliert. Angesichts der unmittelbar bevorstehenden Endzeiterwartung wird auf verschiedenste Weise das Ausbrechen aus den Leistungsnormen und Ansprüchen proklamiert. Aber auch tiefsinnige Theologen wie zum Beispiel Friedrich Christoph Oetinger, der allerdings mehr der Frömmigkeit als dem Wissenschaftsbetrieb verpflichtet war, greifen diese Wunschtradition auf. In seiner Schrift „Die güldene Zeit“ entwirft er 1759, also 30 Jahre vor Beginn der Französischen Revolution, ein Programm, das in vielem den Zielen der bürgerlichen Revolution entspricht und unter anderem die Freiheit der Untertanen von der Dienstbarkeit jedweder Feudalherren fordert. Im Zuge des immer schnelleren Prozesses der Industrialisierung verstummen in der Geschichte des Christentums im 19. und 20. Jahrhundert die Sehnsüchte nach einem Leben ohne Hektik und Arbeitszwang fast völlig. Ist damit das letzte Wort gesprochen? Haben wir als Christen endgültig jene Lebensweise vernichtet, die nicht nur bei indischen Gurus, sondern auch im Vorderen Orient auf Marktplätzen und in den Kaffeehäusern oder auch im vergleichsweise ruhigen Treiben im Basar noch zu finden ist?

MÜSSIGGANG TUT NOT!

Angesichts der wachsenden Arbeitslosigkeit, die ja nach der Meinung vieler letztendlich damit zusammenhängt, dass der Arbeitsgesellschaft die Arbeit ausgeht, ist die Frage des Umgangs mit der lohnarbeitslosen Zeit entscheidend wichtig geworden. Es gibt schreckliche Visionen, die alle darauf hinauslaufen, dass die Freizeit immer mehr wächst und wir vielleicht nur noch wenige Stunden in der Woche an die große Maschine der Lohnarbeit angeschlossen werden. In diesem Bereich aber wird weiterhin die Herrschaft und die Verfügungsgewalt über alle anderen sitzen. Zur Beruhigung und Kanalisierung der menschlichen Wünsche der großen Mehrheit werden riesige Freizeitprogramme entwickelt. Drogenkonsum jedweder Art wird verpflichtend. Der Traum vom Schlaraffenland könnte sich in die Realität eines luxuriös ausgestatteten Gefängnisses verkehren.

Sollen diese Visionen nicht Wirklichkeit werden, so ist eine Rückbesinnung auf die lange Tradition der Sehnsucht der Menschen nach Muße überlebensnotwendig. Der Rückblick auf eine Tradition, die zeigt, dass Müßiggang nicht haltloses Herumhängen ist, das letztlich durch die Anstrengungen der Lohnarbeit produziert wurde, tut insbesondere den christlich geprägten Gesellschaften Not. Es ist der Rückblick auf Traditionen, die zeigen, dass der Müßiggänger einer ist, der Muße hat, sich für den *kairos*, den erfüllten Augenblick, freizuhalten, der sich nicht in der quantifizierenden, linearen Zeit der Arbeitswelt befindet, sondern für die Muße lebt. Die tiefe Fülle jener Verse aus der Bergpredigt, die auf ein produktives Leben voller kreativer Arbeit verweisen, das ein ganzheitliches Leben ist und sich nicht auf einen noch so großen Teilbereich von Freizeit beschränken lässt, gilt es neu auszuschöpfen. Alle Arbeit muss schöpferisch werden, in ruhigeren Bahnen verlaufen, mehr als nur Atempausen ermöglichen. Gerade angesichts der ungeheuren Möglichkeiten der Automation sind die alten Visionen eines ganzen und vollen Lebens so weiterzuentwickeln, dass sie nicht zu einem Freizeitprogramm verkommen. Müßiggänger sind dann Menschen, die den Zwängen von Terminen und Programmen in der so genannten Arbeitszeit wie in der so genannten Freizeit entkommen, die über die Lilien auf dem Feld und die Vögel unter dem Himmel nachdenken, ohne zu meinen, dass dies ein Verbrechen ist.

Faszination für die Stadt

ÜBERLEGUNGEN ZUR GESCHICHTE VOM TURMBAU ZU BABEL 1 MOSE 11

Große Städte mit ihren klaren Linien in der Bauführung faszinieren mich immer wieder. Hier in Kassel ist der Blick vom Herkules herab ein befriedigender Ausdruck dafür: Das alles kann der Mensch.

Die Geschichte vom Turmbau zu Babel beginnt mit solchen begeisternden Tönen über die Fähigkeiten und Projekte der Menschen. Der Traum von Einheit und Verständigung wird fast schon wahr. Doch am Ende zerstört Gott diese Träume und vernichtet die faszinierende Stadt. Er steigt zu ihr hinab.

Was kann uns eine solche Geschichte bedeuten? Als kleiner Junge stand ich oft auf dem Turm der Kirche meiner Heimatstadt und schaute über die lebendige Spielzeugstadt. Ich tat das ungeheuer gern. Ich konnte dort oben träumen. Ich sah die Menschen, Fuhrwerke und Autos sich bewegen. Zu hören war außer dem fernen Rauschen nichts mehr. Zusammenleben, Zusammenarbeiten erschien von oben gesehen ganz problemlos. Selbst das Schulhaus war so klein, dass ich es mit meiner Handfläche zudecken konnte. Stieg ich hinunter, so waren alle Probleme wieder da, die Angst vor der Schule, das Streiten mit den Freunden und die Konkurrenz zwischen den Erwachsenen. Zwischen dem Bild aus der Vogelschau und der hautnahen Wirklichkeit ist ein großer Unterschied. Je näher der Blick an der Wirklichkeit der Menschen ist, gar wenn wir uns gegenseitig ins Gesicht schauen, umso mehr werden Grenzen des menschlichen Lebens sichtbar. Mitleiden, Mitfühlen, sich auf andere einlassen, aber auch sich selbst erkennen, wird erst jenseits der Vogelperspektive sichtbar und konkret lebbar.

Mir scheint, mit diesem Beispiel wird das Herabsteigen Gottes in die Stadt der Menschen, das in der alten Geschichte zum Wendepunkt führt, verständlich. Es geht um die Ausgangsbedingungen des menschlichen Zusammenlebens, um die Startlöcher zu einem neuen Lebensstil. Alternatives Leben wird verleugnet und verdrängt, wenn wir uns nicht ganz einlassen auf unsere Wirklichkeit, unsere Ängste, unsere Grenzen. Grenzen werden erst überschreitbar, wenn wir sie als Grenzen akzeptieren und ernst nehmen. In diesem Sinn wird die alte Geschichte zum Sinn für unser Leben.

Ehe wir die eine große Sprache sprechen können, muss jeder Mut haben zu seiner eigenen Sprache, zur Sprache seiner Träume, seines Leidens, seiner Ängste. Gemeinsam wird erst das Buchstabieren der neuen Sprache möglich sein, das vorsichtige Abtasten unserer Möglichkeiten. Dies gilt auch für unser Leben in der Stadt. Erst, wenn wir von den Türmen herabsteigen, die Autos verlassen und zu Fuß gehen, haben wir den Ausgangspunkt für wirklich gemeinsames Leben in der Stadt. Gehen wir gar einmal mit einem Kinderwagen oder hinter einem Rollstuhl durch unsere Straßen, so merken wir viele Achtlosigkeiten, ja geradezu Unmenschlichkeiten. Angefangen von den Autos, die auf den Gehsteigen parken und sie oft unpassierbar machen, bis hin zu den großen, auf den ersten Blick oft faszinierenden Straßenbauten, die den Fußgänger und Radfahrer oft in Vergessenheit geraten lassen. Aber erst auf dieser Ebene der Fußgänger werden Gespräche möglich, kann man aufeinander zugehen.

Gott will unsere Füße auf den Boden der Wirklichkeit stellen. Das ist der „Focus“, der Zielpunkt, vieler Geschichten der Bibel, nicht zuletzt auch der Geschichte von Jesus. Von dieser Basis aus, vom Alltag der kleinen Leute her, können wir leben, träumen und handeln. Von dieser Basis aus geht eine neue Faszination für unser Leben in der Stadt.

Gegen die Beziehungslosigkeit in unseren Beziehungen

Meine Kinder, lasst uns nicht lieben mit Worten noch mit der Zunge, sondern mit der Tat und mit der Wahrheit. Daran erkennen wir, dass wir aus der Wahrheit sind, und können unser Herz vor ihm damit zum Schweigen bringen, dass, wenn uns unser Herz verdammt, Gott größer ist als unser Herz und erkennt alle Dinge. Ihr Lieben, wenn uns unser Herz nicht verdammt, so haben wir Zuversicht zu Gott, und was wir bitten, werden wir von ihm empfangen; denn wir halten seine Gebote und tun, was vor ihm wohlgefällig ist. Und das ist sein Gebot, dass wir glauben an den Namen seines Sohnes Jesus Christus und lieben uns untereinander, wie er uns das Gebot gegeben hat.

Und wer seine Gebote hält, der bleibt in Gott und Gott in ihm. Und daran erkennen wir, dass er in uns bleibt: an dem Geist, den er uns gegeben hat. (1Joh 3,18–24)

Dieser Satz ist so dicht, dass ich nicht mehr will, als ihn zunächst mit Erfahrungen von Menschen, die sich lieben, erzählend zu verknüpfen. Die Liebe und die Wahrheit gehören zusammen. Die Erfahrung, einen Menschen zu kennen, dem ich alles sagen kann, vor dem ich nicht Angst habe, wo ich nicht jedes Wort vorher kalkuliere, ehe ich es aus mir herauslasse, diese Erfahrung ist tiefes Glück. Hier herrscht Wahrheit. Und Wahrheit ist immer konkret, sie erweist sich in der Tat. Körpererfahrung, Zärtlichkeit, sich gegenseitig zur Hand gehen, sich helfen, all dies kommt zusammen, wenn wir uns lieben mit der Tat und der Wahrheit. Dieser weite und tiefe Raum des Glücks ist im Grunde nur zu beschreiben, zu besingen und zu malen, im Blick zurück oder als Ausdruck einer vorwärts gewandten Sehnsucht.

Man *hat* das Glück nicht, sondern *ist* darin. Ja, das Glück ist nichts anderes als das Umfangensein, Nachbild der Geborgenheit in der Mutter. Darum aber kann kein Glücklicher je wissen, dass er es ist. Um das Glück zu sehen, müsste er aus ihm heraustreten und wäre nicht mehr darin. Wer sagt, er sei glücklich, lügt, schon indem er es beschwört, und sündigt so an dem Glück.

So ist alles *Lieben mit Worten und mit der Zunge* immer schon hinter dem Glück her. Alles Reden über die Liebe, auch wenn es ganze Nächte durchgeht und in immer neuen Beteuerungen kulminiert, geschieht auf doppeltem Boden. Es ist bedroht von der Ungewissheit, ob ich es oder der andere noch wirklich ernst meinen, ob die beschworenen Gefühle echt sind. Aber auch die Tat, die körperlich gelebte Liebe, gerät in den Sog der Lüge, wenn ich meine Gefühle dabei gar nicht mehr in Wahrheit ausdrücken kann.

Mir scheint, dass diese Doppelbödigkeit im Erleben der Liebe und im Reden darüber - und ich rede ja jetzt schon wieder darüber - für viele von uns, die in Beziehungen mit anderen Menschen leben, unheimlich schmerzhaft und bedrohend ist. Ich weiß nicht, wie ich dran bin, was eigentlich mit mir, mit uns los ist. Wo gibt es denn Verlässlichkeit, Treue, Zuversicht? In welcher Ehe, in welcher Freundschaft?

Dass diese Unheimlichkeit nicht allein unsere eigene Schuld ist, sondern ihre Ursachen auch in dieser Gesellschaft hat, die unsere Gefühle, die Liebe, Zärtlichkeit und Lust zu Waren gemacht hat, an deren Kauf und Verkauf viele gut verdienen - man schaue sich einmal nur die Bilder und Texte der Werbung an - diese Erklärung nützt denen zunächst wenig, die unter diesen Verhältnissen leiden. Wie aber komme ich im Alltag meiner Beziehungen weiter?

Ich versuche eine Antwort und lege unter diesem Druck weiter den Bibeltext aus. Hier steht: Daran erkennen wir, dass wir aus der Wahrheit sind, und können unser Herz vor ihm stillen, dass, wenn uns unser Herz verdammt, Gott größer ist als unser Herz und erkennt alle Dinge.

Das Schlüsselwort ist hier *zu erkennen*. Für uns ist es nur noch kopflastig. Erkennen spielt sich im Kopf ab, mit dem Gehirn, bestenfalls noch mit den Augen. Mit den Händen, gar mit dem ganzen Leib etwas erkennen, diese Möglichkeit haben wir schlicht verlernt. Das können nur noch Blinde. Und in der Bibel steht dann: *Mose erkannte Sara als sein Weib, und sie gebar ihm einen Sohn.* Eine sehr leibliche Erkenntnis ist damit gemeint, bis hin zu den intensivsten Gefühlen körperlicher Lust in der Liebe. Und so erst erhält in unserem Text die Erkenntnis des Herzens und eben nicht des Kopfes ihren vollen Klang - übrigens auch weit über die im Pietismus und der Romantik sehr wichtige Herzenserkenntnis hinaus.

Dieser sprachgeschichtliche Hinweis kann uns praktisch helfen, wieder ganz und gar auf uns zu hören, uns zu fühlen. Für eine Beziehung sind jede Bewegung, die Körperhaltung, auch Einzelheiten des Körpers bis hin zum gegenseitigen Zulassen und angstfreien Bearbeiten von Kleinigkeiten wie Mundgeruch oder einer Warze am Finger entscheidend. Das eröffnet neue Erfahrungen, Spielraum, auch für Konflikte. Unter anderem daran *erkennen wir, dass wir aus der Wahrheit sind, und können unser Herz vor ihm damit zum Schweigen bringen.*

Der Text verweist uns auf die Grenzen unserer Erkenntnis. Was tun wir, wenn uns trotz aller Erkenntnis, trotz allen guten Willens, trotz aller Versuche, erwachsen und emanzipiert zu sein, Beziehungen kaputtgehen und wir darüber oft heulen wie die kleinen Kinder, wenn die Eltern sie alleine lassen?

Gott ist größer als unser Herz und erkennt alle Dinge, steht hier. Damit können manche nicht viel anfangen. Und doch ist dies, unabhängig von allen Begriffen, zunächst ein Hinweis *über uns hinaus*. Allerdings nicht, um uns klein zu machen, sondern um unsere Möglichkeiten zu erweitern. Hier stehen verwegen kühne Sätze, deutlich im Gegensatz zu der oft gepredigten christlichen Unterwürfigkeit: „Wir haben Zuversicht zu Gott und was wir bitten, werden wir von ihm nehmen, denn wir halten seine Gebote." Hier geht es um kein klein Beigeben und nicht um den schwachen Trost, dass wir eben allesamt keine besseren Beziehungen zustande bringen und uns so mit dem schlechten Zustand zufrieden geben müssen. Nein, hier wird ein Anspruch formuliert: Mit dem Namen Gottes wird das Recht auf ein Leben voller Zuversicht in Liebe und Wahrheit proklamiert und nicht als einmaliges Glücksgefühl, sondern als Kontinuität. Wer seine Gebote hält, der bleibt in ihm und er in ihm. Und Liebe ist geboten, sonst nichts.

Diese sehr selbstbewusste Proklamation - oder zu Deutsch: Verkündigung - bliebe frommer Wunsch, Ausdruck der Sehnsucht der Beleidigten und Unterdrückten, was ja schon etwas wäre, wenn die Konkretion im Alltag übersehen werden würde. Sie aber wird hier buchstabiert durch den Verweis auf Jesus und sein Leben, gerade durch seinen Kampf für Verachtete, im Blick auf sein Leiden und Sterben. Dies aber heißt nichts anderes, als dass Liebe und Widerstand gegen alles Lieblose zusammengehören. Dies gilt - im Namen Gottes - im Weltmaßstab. In Lateinamerika gibt es eine überquellende Lyrik, die Liebe und Revolution als eine Einheit des Kampfes gegen menschenverachtende Verhältnisse besingt. Und dies gilt für jede Beziehung zwischen Menschen, auch für unsere, gerade auch dann, wenn wir uns streiten und ungeduldig sind. Der argentinische Dichter Juan Gelman, ein entschiedener Christ, drückt das in einem Gedicht aus:

Nachdem ich dich geliebt hatte,
erhellte dein Leib noch die Dunkelheit, die Müdigkeit,
die Nacht, die im Zimmer versteckt ist.
Das Schweigen hat für uns gezittert
wie die nackten Füße der Armen in diesem Winter,

in deinen Armen träumen noch die verlassenen Gesichter der Liebe;
wenn wir uns geliebt haben,
kehren wir zurück zum Feuer, zur Wut, zur Ungerechtigkeit.
Im irren Wimmern der Stadt
zählt die Liebe leise die Vögel,
die gegen die Kälte gestorben sind,
die Gefängnisse, die Küsse, die Einsamkeit, die Tage
bis zur Revolution.

Hier wird das sattsam bekannte Gebot Jesu aktuell: *Du sollst deinen Nächsten lieben wie dich selbst.* Was aber bringt uns dies? (Und „bringen" hat eine tiefere Bedeutung, als wir es meist in dieser Redensart meinen.)

Ich will damit nicht denen das Wort reden, die Beziehungsprobleme als unwichtig im Angesicht der angeblich großen gesellschaftlichen Aufgaben erklären. Im Gegenteil: Unsere ganz persönlichen Fragen werden in neuer Weise wichtig, wenn wir nicht auf sie starren wie auf unseren Bauchnabel, sondern sie als Teil jener großen Bewegung der Liebe und Befreiung in der Geschichte sehen, die auch im Alten und Neuen Testament beschrieben wird. Der Schmerz und die Tränen, die unseren Kampf um die Verwirklichung von mehr Liebe und mehr Freiheit in unseren Beziehungen begleiten, und auch die Augenblicke tiefen Glückes, weisen über uns hinaus auf den „Wärmestrom der Geschichte", der allen kalten Fakten zum Trotz immer wieder durchsickert, manchmal gestaut wird, dann aber auch hohe Mauern überwindet. Unsere Angst, gekränkt zu werden, unsere Trauer über vergebliche Liebe und enttäuschte Lust werden dadurch nicht geringer, aber sie bekommen ein anderes Maß. Treue, Verlässlichkeit, die oft kurzfristig in einzelne Verhaltensnormen gezwängt werden wie in ein Korsett, werden zu Raum und Freiheit gebenden Maßstäben, die ihr Kriterium in der gemeinsamen Zukunft haben. Gerade in einer Zeit, in der es die Hoffnung in unserem Land schwer hat, ist es wichtig für Menschen, die in Liebe zusammenleben wollen, offen über ihre gemeinsamen Träume zu sprechen. Nicht nur im Kopf, sondern in der Erkenntnis des Herzens. Es ist wichtig, zu wissen, zu erahnen, zu erfühlen, was ich selbst, was meine Freunde glauben, wofür sie offen sind. Nur so kommt Achtung füreinander wieder zur Geltung, Menschenwürde und nicht der übliche narzisstische Kampf um die Pflege unseres Selbstwertgefühls.

Und so erst kommen Selbstbestimmung und Freiheit als Garanten von Wahrheit und Liebe wieder ins Spiel. Hier hat ganz ohne Zweifel die Erziehung, wie sie von den christlichen Kirchen unterstützt wurde und wird, bei vielen Unterwürfigkeit, Angst vor Schuld und die Unfähigkeit zur freien Gefühlsäußerung gefördert. In einer Gegenreaktion haben sich viele ganz auf sich selbst gestürzt und wurden unfähig zur Auseinandersetzung mit anderen. So ziehen sich Beziehungsprobleme tagelang hin und sind mehr Selbstquälen und Selbstmitleid als Einfühlen in den anderen. Mir fällt in vielen Gesprächen und beim Blick durch die Veröffentlichungen auf, dass niemand es wagt zu danken. Zu danken für geglückte Beziehungen, für Träume, für Musik, für eine Umarmung, für eine Erlösung aus einem Konflikt. Adorno schreibt einmal, das einzige Verhältnis des Bewusstseins zum Glück ist der Dank: Das macht dessen unvergleichliche Würde aus.

Danken kann ich erst, wenn ich selber die Maßstäbe meines Handelns bestimme. Dank drückt selbstbestimmte Geborgenheit aus, nicht fremdbestimmte wie einst im Mutterleib. Erst so werden Beziehungen erwachsen und aufrecht. In dieser Richtung, liebe Freunde, lohnt sich die Aufarbeitung von Konflikten: Ganz praktisch zu überlegen, wofür können wir zwei, die wir uns quälen, uns danken?

Der Predigttext weist unser Herz und unseren Verstand auf die Maßstäbe von Freiheit, Wärme, Wahrheit und Liebe und verankert diese Maßstäbe historisch in der Geschichte der Befreiung von Israel und Jesus. Wir alle wollen Liebe und volles Glück. Wir können es nicht haben und halten wie einen Besitz, sonst verkommt es zur Lüge.

Hier schließt sich der Kreis. Aber wir können uns danken, danken für die Liebe, für jede Zärtlichkeit, die ankommt, für jede Geste, die wir verstehen, für die Wärme in einer Beziehung, für jedes offene Wort, das befreit, für ein Lächeln, für Schönheit, für alles, was wir mit dem Herzen erkennen können.

Lasst uns nicht lieben mit Worten noch mit der Zunge, sondern mit der Tat und der Wahrheit.

Dies wird wahr werden! Oder - kurz und knapp - auf Hebräisch: Amen.

Heil und Heilung

Gute Besserung wünschen wir oft. Schon wenn eine Kollegin Schnupfen hat und erst recht, wenn wir einen Freund im Krankenhaus besuchen. Vollkommene Gesundheit, gar Heilung wünschen wir eher seltener. Das erscheint bei vielen Erkrankungen fast vermessen. Wir haben uns angewöhnt, zu wünschen, dass der Patient wieder so einigermaßen funktioniert. Ist ein Kranker schon etwas älter, dann sind wir erst recht vorsichtig mit dem Wunsch nach einer vollkommenen Heilung.

Noch schwerer fällt es vielen von uns, über das Verhältnis von ihrem christlichen Glauben zur Leistung der Medizin zu sprechen. Da vertrauen wir doch lieber der hohen Kunst der Mediziner. Die machen auf jeden Fall das Beste. Ihnen liefern wir uns oder unsere Angehörigen und Freunde spätestens bei einer Operation mit Betäubung aus. Der persönliche Glaube ist dann eher etwas gegen die eigene Angst, für das Gespräch mit dem Lebenspartner. Möglichst leise, wenn noch andere im Zimmer liegen.

Im Predigttext aus dem Matthäusevangelium klingt das ganz anders: In der Öffentlichkeit der Stadt Kapernaum spricht ein Hauptmann Jesus laut und deutlich an. Jesus übersieht, dass er ein Fremder ist, ein Offizier der Besatzungsmacht, in dessen Haus er nach den üblichen Lebensregeln der Juden nicht kommen durfte. Jesus bietet seinen Besuch an: Ich will kommen und den Knecht gesund machen. Aber der Offizier spricht laut seinen Wunsch aus: *Herr, ich bin nicht wert, dass du unter mein Dach gehst, sondern sprich nur ein Wort, so wird mein Knecht gesund.*

Glaube ist hier alles, Medizin damals fast nichts. Und der Glaube wird radikal beschrieben. Wie bedingungsloses Vertrauen beim Militär. Da gibt es keine Absicherungen und erst recht keine Versicherungen. Da wird nicht zunächst auf die Medizin vertraut, sondern allein auf Gott. Es ist dieser Glaube, der Jesus überzeugt, geradezu überwältigt. Ein solcher Glaube stellt den Glauben der Einheimischen in den Schatten. Selbst die Verbindung mit Abraham, Isaak und Jakob im Himmel gilt weniger als dieser Glaube. Jesus greift ein und heilt den Kranken in der Ferne.

Wie kann uns heute diese Geschichte zum Evangelium werden, zur guten rettenden Nachricht? Eine Nachricht, die uns hilft als Menschen mitten in einer Gesellschaft, der es weit über die Medizin hinaus um Sicherheit geht? Um die sozialen Sicherheitssysteme von Rente über Pflege und Krankenversicherung? In einer Gesellschaft, die überall die Sicherheitsstandards erhöht, im Verkehr, im Kampf gegen den Terrorismus, in der Produktion der Nahrung?

Matthäus erzählt hier von einem Gespräch Jesu über den Glauben. Und Glaube ist hier eindeutig – um Hans Erich Nossack zu zitieren – ein Aufbruch in das Nichtversicherbare.

Das ist ein sehr grundsätzlicher Zuspruch für ein sinnvolles Leben. Es geht nicht um abenteuerliche Bilder- oder Maschinenstürmerei gegen die großen und helfenden Künste der Medizin und der Technik. Nein, hier ist viel geschehen, und viele können dankbar von „guten Besserungen" berichten. Und allen, die sich für die Sicherheit engagieren als Techniker, Mediziner, Politiker, Pflegerinnen und Pädagoginnen, ist zu danken. Wer an Gott glaubt, dem geht es um das *ganze Leben.* Ein Leben, das von Gott geschenkt ist und das damit unabhängig und frei ist von menschlichem Sicherheitsglauben. Der Glaube an Gott ist keine Versicherungspolice, für die ich zahle. Der Glaube an Gott ist vielmehr die geschenkte Gewissheit, dass Gottes Hand mich hält. Er ist bei mir, wenn die Schmerzen rasend werden und die Medizin versagt, er ist bei mir, wenn ich sterbe, und er hält mich auch in einem anderen, neuen Leben. Für heute entscheidend ist, dass ich daran glaube, mich ganz wörtlich „darauf verlasse", mich aus meinem Sicherungssystem heraustraue.

Jesus spricht diese Erfahrung an, die viele Menschen auch heute machen: „Geh hin, dir geschehe, wie du geglaubt hast."

Heilung, am ganzen Leben gesund sein, ist hier losgelöst von dem Wunsch um gute Besserung. Heil kann gerade auch in schwerer Krankheit erfahren werden, auch wenn medizinisch nicht alles wieder funktioniert. Wir kennen in der Literatur solche Erfahrungen. Christa Wolf beschreibt in ihrer letzten Erzählung „Leibhaftig" solche Erfahrungen - ohne eine christlich geprägte Sprache zu benutzen. Da wird in der Krankheitsgeschichte in einem Berliner Krankenhaus das ganze Leben, seine Geschichte, biographische Erfahrungen, Träume, Ängste für die Gesundung wichtig. Tag- und Nachtzeit verschwimmen, der Körper wird bloßgelegt. Erst in dieser radikalen Offenlegung wird die Dimension von Heil spürbar. All dies wirkt zusammen, wenn es um Gesundung, um Heilung geht. Die bildende Kunst, die Musik, das Theater, alle Künste, setzen sich mit der Frage, was Leben ist, was der Mensch ist, auseinander.

Das Evangelium will uns öffnen, uns Mut machen für den Aufbruch ins Nichtversicherbare. Ein Anfang ist, wenn wir beginnen, miteinander über Erfahrungen von Leiden und Krankheit im Lichte des Glaubens zu reden. Unsere protestantische Kirche hat hier vieles vergessen. Gebete für Kranke bleiben oft sehr allgemein. Gottesdienste, in denen jede Woche für die Kranken der Gemeinde gebetet wird und Segen erteilt wird, kommen erst langsam wieder in Übung. Die anglikanische Kirche kennt solche Gottesdienste, die unumwunden „Healing Prayers" heißen, seit langem. In der Krankenhausseelsorge gibt es seit einiger Zeit wieder Krankensegnungen und Ölungen, die zeigen: Es geht nicht um Konkurrenz zur Medizin, sondern um die Erfahrbarkeit, es geht darum, Glauben, Segen zu empfangen. Der Satz: Sprich nur ein Wort, so wird meine Seele gesund, findet langsam auch in den evangelischen Abendmahlsliturgien Raum.

Jeden Sonntag die Vergegenwärtigung, die Zusage, Gott liebt uns leibhaftig und ganz, er will uns umfassend gesund machen: „Geh hin, dir geschehe, wie du geglaubt hast."

Wir können und sollen uns weiter „Gute Besserung" wünschen, aber auch voller Glauben bitten: Sprich nur ein Wort und du wirst gesund.

Chancen der Erinnerung

Heute vor 50 Jahren wurde Adam von Trott hingerichtet. Wir sind in diesem Gottesdienst versammelt, um uns seiner zu erinnern.

Erinnern in der biblischen Tradition des jüdischen Eingedenkens ist nicht das Entfliehen aus der Zeit, kein Beschwören von Vergangenheit, auch nicht von Zukunft, sondern ein Vergegenwärtigen. Ein In-der-Zeit-Leben, offen achtend auf die Anzeigen des Vergangenen, auf Texte, Bilder, Töne und Erzählungen, um sie in unser alltägliches Leben einzubeziehen und zu erinnern. Solches Eingedenken verliert alles Zwanghafte, Mechanische, es bleibt offen für die Einwirkungen, für die manchmal - um Walter Benjamin zu zitieren - blitzartigen Erleuchtungen des Vergangenen, die gegenwärtiges Leben lebendig machen. Nur in dieser Offenheit können wir in Wahrheit leben. Viele, die in diesem Gottesdienst versammelt sind, haben Erfahrungen solchen Eingedenkens an Adam von Trott seit 50 Jahren. Viele Phasen des Trauerns, des Sich-Verschließens, des Neu-berührt-Werdens, wohl auch des Vergessens liegen hinter uns.

Es ist gut, dass die jüdisch-christliche Glaubenstradition den Erfahrungsschatz dieses Eingedenkens trotz vieler Überlagerungen und Verkrustungen in der eigenen Geschichte so aufgehoben hat, dass die Vergegenwärtigung bis heute immer wieder neu durchbricht. Im Vertrauen auf diesen Zusammenhang möchte ich das Erinnern Adam von Trotts verbinden mit der Auslegung eines sehr alltäglichen Satzes aus dem Ende des Brief des Paulus an die Römer. Ein Brief, den Paulus vorausschauend schrieb. Noch kannte er die Empfänger nicht, war aber voller Zuversicht, ja Gewissheit, dass er an verantwortungsbewusste und kompetente Menschen schreibt, denen er etwas sagen will.

Ich weiß aber selbst sehr wohl von euch, liebe Brüder, dass auch ihr selber voll Güte seid, erfüllt mit aller Erkenntnis, so dass ihr euch untereinander ermahnen könnt. Ich habe es aber dennoch gewagt und euch manches geschrieben, um euch zu erinnern kraft der Gnade, die mir von Gott gegeben ist, damit ich ein Diener Christi Jesu unter den Heiden sei. (Röm 15,14 f.).

Ich habe es aber dennoch gewagt und Euch manches geschrieben ... Das Anschreiben, das Ansprechen von Menschen als Wagnis. Ein alltägliches Verhalten wird hier durchdacht, offen gelegt. Menschen verstehen sich nicht von selbst. Zwischen den Menschen bestehen Gräben, Grenzen. Jeder Kontakt ist eine Grenzüberschreitung. Wer dies beachtet, ernst nimmt, für den wird das Leben zum Wagnis, das er selbst zu verantworten hat. Das Ernstnehmen gilt nicht nur ihm selbst, sondern auch dem andern. Der andere, der immer der Fremde ist, soll nicht nur irgendetwas hören, sondern er soll *erinnert* werden. Es geht um sein Inneres. Die Normalität des belanglosen, beliebigen Miteinanderredens wird durchbrochen. Der andere wird nicht in Ruhe gelassen: *Ich habe es aber dennoch gewagt und euch manches geschrieben, um euch zu erinnern ...*

Nehmen wir eingedenkend diese Erfahrung des Paulus auf, vergegenwärtigen wir sie, so ist uns damit heute möglich, Adam von Trott zu erinnern: seine Leidenschaft, auf andere Menschen zuzugehen, sie anzusprechen, Grenzen zwischen Menschen zu überschreiten, sein Wunsch, nicht nur in der einen Welt zu leben, sondern immer auch in anderen Welten. Im „Demian" von Hermann Hesse, einem Buch, das Adam von Trott früh beeindruckte, wird in den Eingangskapiteln jenes grenzüberschreitende Leben zwischen zwei Welten beschrieben. Von der Kindheit an erinnern viele Zeugnisse aus dem Leben Adam von Trotts an dieses Grenzüberschreiten, etwa zwischen dem Herrenhaus in Imshausen und der Dorfjugend bis hin zu den riskanten Kontakten zu Sozialisten und Kommunisten, von Hans Siebert in Kassel bis zu Carlo Mierendorff und Theodor Haubach und vielen anderen in Berlin. Eine Leidenschaft für Kontakte, die ihn geografisch und kulturell in ganz andere Welten führte, rund um die ganze Welt, und dabei – viele Briefe und Notizbücher geben darüber Auskunft – immer auf der Suche nach Kontakten, nach Gesprächen, nach Menschen, mit einer ganzen Strategie von Empfehlungsschreiben, Verbindungen und vielen Freundschaften, Netzwerken. Am Ende führten ihn jene über zwanzig dramatischen, diplomatischen Reisen nach England, den USA, nach Istanbul, in die Schweiz, nach Schweden. Immer mehr war er auch geprägt von Enttäuschungen, gemachten Fehlern, Verzweiflung und sich verschließenden Türen. *Ich habe es aber dennoch gewagt und euch manches geschrieben ...*

Welche Quelle des Mutes stand hinter diesem Dennoch? Wir können auf dem Wege des Eingedenkens zurück zu Paulus gehen. Er gibt die Quelle an: *Kraft der Gnade, die mir von Gott gegeben ist, damit ich ein Diener Christi Jesu unter den Heiden sei ...* Die entscheidende Lebenserfahrung des Paulus ist, dass er die Kunde von diesem Jesus Christus herausgelöst, ja herausgebrochen hat aus den exklusiven Strukturen der bis dahin juden-christlichen Gemeinden. Das Normale, das von der Tradition her Gegebene, das, was die Allgemeinheit gut fand, dies alles musste durchbrochen werden, um die Botschaft der Freiheit, die Christus formuliert und in seinem Leben und seinem Sterben bezeugt hat, voll und radikal zu gestalten. Die Schranken von Tradition, familiären Bindungen, von ethnischer Herkunft, von kulturellen und weltanschaulichen Traditionen sind immer neu zu überschreiten. Nicht, um die anderen Welten zu kolonisieren im Sinne schlechter Mission, sondern um sie anzunehmen, einzubeziehen, um sie gemeinsam gestärkt freier, gerechter und friedvoller weiterzugeben. So wie es historisch, trotz mancher notwendiger Einschränkungen, der Jesusbewegung der Armen in den ersten drei Jahrhunderten bezüglich des Judentums und des Hellenismus weitgehend gelungen ist.

Gehen wir auf dem Weg des Eingedenkens wieder voran zu Adam von Trott, so berührt sich diese paulinische Erfahrung eng mit dem, was er erfahren, geschrieben und gestaltet hat. Da ist eine tiefe Achtung, ja Liebe zu spüren, bezogen auf seine Herkunft, angefangen von der Landschaft – „grüß mir Imshausen und seine Berge" -, aber auch bezogen auf Menschen und Kultur, zu der das Christentum gehörte. Zugleich aber ist da der sein Leben bestimmende Impuls, dass zur weiteren Gestaltung dieses Erbes, ja zu seiner Rettung die radikale Offenheit für andere, fremde Erbschaften dazugehört. Überhaupt nicht im Sinne eines Imperialismus, sondern sich einfühlend hineindenken in andere Erbschaften, so wie er es während seines Jahres in Peking im Hinblick auf die dortigen klassischen Quellen, insbesondere auf Konfuzius, getan hat. Uns glücklicherweise überlieferte Texte in Briefen und Papieren zum Stichwort Ökumene und dem, was wir heute interreligiösen Dialog nennen, machen nun unabdingbar, dass wir auf dem Weg des Eingedenkens weitergehen und zu uns selbst kommen, zur Vergegenwärtigung unseres Erinnerns.

In den wohl im September 1943 formulierten „Bemerkungen zum Friedensprogramm der amerikanischen Kirchen" wird klar formuliert, dass die Forderung nach religiöser und geistiger Freiheit den Kern aller christlichen Botschaft ausmacht. Eine Forderung, die alles abschließende Denken jedes Sich-Einigeln, auch jedes Pochen auf Privilegien - und seien sie noch so alt - obsolet macht. Eine Forderung, die gerade deshalb bis heute für christliche Kirchen bedrohlich, ja Angst machend ist, so lange sie noch in staatskirchlichen Korsetts hängen geblieben sind. Solches Denken von Adam von Trott zu erinnern, ist unausweichliche Vergegenwärtigung für uns, Ansporn, Ermutigung zum Handeln.

Ähnliches ist mit vielen seiner Gedanken möglich, insbesondere mit seiner Übersetzung dieser theologischen Gedanken ins Juristische. Sein Ausgehen von den individuellen Menschenrechten als Freiheitsrechten, als der entscheidenden Grundlage eines Staates, der offen ist für alle, die diesen Grundlagen zustimmen wollen, der keine Ausgrenzungen kennt und zugleich Minderheiten schützt, die diese Grundsätze nicht realisieren - eine Weite und Offenheit tut sich da vor uns auf, die inspirierend wirkt.

Adam von Trott hat gewagt, uns daran zu erinnern. Es spricht vieles dafür, dass für ihn selbst diese Offenheit des Eingedenkens eine entscheidende Erfahrung wurde. Seine von ihm so oft geäußerte Verbindung von *vita activa* und *vita contemplativa* bietet die Gewähr, offen zu bleiben, Zeit zu haben, empfindsam zu sein für jene Eindrücke, die aus dem, was vergangen ist, auf uns zukommen und sie umzusetzen in aktives Leben. Das heißt gestaltendes, intensives Leben im Alltag unter Aufnahme all dessen, was gesetzt scheint, und dennoch zu wissen – um noch einmal Adam von Trott zu zitieren – um den „provisorischen Charakter der alltäglichen Dinge". Welch eine Befreiung aus einem Leben, das inzwischen für uns normal geworden ist, das sich an den Strukturen des Habens festkrallt und nichts anderes mehr gelten lässt als Besitz. Welch eine Souveränität, die bei aller Achtung und Freude an dem, was wir haben, weiß: Das alles ist provisorisch, nicht das Letzte.

Es war diese Freiheit, die er in der christlichen Botschaft vernommen hat, die ihn überzeugte, die seine Dienerschaft zwischen den Völkern ausmachte in der Nachfolge Jesu Christi. Hier war der Grund für sein Selbstverständnis, das ihn so ruhig und klar vor dem Volksgerichtshof auf die geifernden Anklagen von Freisler mit „gewiss" antworten ließ. Eine Gewissheit, die ihn trotz vieler Zweifel getragen hat – so weit wir das überhaupt wissen können – bis ins Sterben und den Tod, jener uns allen bevorstehenden Grenzüberschreitung aus einer Welt in eine ganz andere. Eine Station auf dem Weg zur Freiheit. Dies vielleicht nur für wenige Momente im Leben als Gewissheit zu erfahren, ist ein Geschenk Gottes, seine Gnade.

Adam von Trott starb heute vor 50 Jahren. Wir können uns seiner erinnern, ihn vergegenwärtigen. Die Zahl 50 beschreibt in der christlichen Tradition einen wichtigen Zeitraum, der nötig ist, um vom unmittelbaren Ereignis im Einzelnen zur Gestaltung im Allgemeinen zu kommen. Wir wissen aus dem Zyklus des Kirchenjahres, dass zwischen Ostern und Pfingsten 50 Tage verstreichen müssen. So lange braucht es, damit das Erinnern eines Ereignisses Gestalt gewinnen kann, lebenspraktisch für viele werden kann. Welch eine Aussicht am Tage des Erinnerns!

Friedhöfe

Reisen gehen oft auch in die Vergangenheit. Wir besuchen Orte, die von vergangenen Zeiten erzählen, die uns erinnern an Kindheit und Jugend, an die Generationen vor uns.

In den Dörfern - auch in der Mark Brandenburg - sind die alten Dorfkirchen noch wie selbstverständlich vom Friedhof umgeben. Es ist üblich, am Sonntag nach dem Gottesdienst an das Familiengrab zu gehen und an die Verstorbenen zu denken. Mein schwerhöriger Großvater hat bei solchen Andachten am Grab oft die Stille durchbrochen und laut über die dort Begrabenen gesprochen, so als würden sie noch unter uns leben. Wir haben ihn dann immer zur Ruhe gemahnt, was bei seinem schlechten Hören auch wieder laut wurde. Damals habe ich mich vor den anderen Menschen auf dem Friedhof fast geschämt. Inzwischen ist mir aber oft bewusst geworden, wie banal ein Leben ist, das sich nur auf Gegenwart und Zukunft ausrichtet. Die Vergangenheit, die Vorfahren gehören dazu.

In der Großstadt ist dieser Zusammenhang fast nicht mehr zu spüren. Aber auch in Berlin sind Friedhöfe beliebte Orte. Einige meiner Freunde geben immer fast entschuldigend ökologische oder kulturelle Gründe an: „Ich war mal wieder an den Gräbern von Brecht und Hegel auf dem Dorotheenstädtischen Friedhof, es sind ja so schöne alte Bäume da." Wir brauchen nicht verschämt sein. Jeder Besuch auf einem Friedhof ist die Erinnerung an den Zusammenhang des Lebens. Wir sind nicht die Ersten, auch vor uns wurde gelebt. Das ist eine ungeheuere Entlastung in einer Gesellschaft, in der nur gilt, was einer jetzt ist, was einer jetzt kann.

In der Bibel gelten andere Maßstäbe, werden all diese Anforderungen unwichtig. Vor allem Handeln steht die Aufforderung zu gedenken. *Mein Vater war ein Aramäer dem Umkommen nahe und zog hinab nach Ägypten und war dort ein Fremdling mit wenig Leuten.* (5 Mose 26,5)

Reisen in die Vergangenheit müssen nicht Nostalgie sein - also falsche Vergangenheitssehnsucht. Geschichte ist vielmehr die Grundlage unserer Gegenwart. Wir leben erst richtig, wenn wir zulassen, dass wir geworden sind.

Wider die Kanalisierung der Empfindungen

Denke ich zehn Jahre zurück an den Beginn des Jahres 1977, so kann ich mir nicht vorstellen, dass ich damals auf den Gedanken gekommen wäre, über Abschied und Trauer zu reden. Ein Blick in eigene Texte zeigt allerdings, dass schon im Herbst 1977, in jenem deutschen Herbst, alles anders wurde. Der unheimliche Tod in Stammheim, das gleichzeitige öffentliche Sterben in Mogadischou und die Ermordung von Hans Martin Schleyer und seines Sicherheitspersonals erzwangen Nachdenken: Galt es, Abschied zu nehmen von mühsam erkämpften Perspektiven der gesellschaftlichen Veränderung oder galt es hart zu bleiben, konsequent zu sein? Der lange den Vätern gemachte Vorwurf der mangelhaften Erinnerung, des Verdrängens von Schuld, holte damals viele von uns ein. Und es begann - im Rückblick wird dies deutlicher - ein langer Prozess des Suchens, des Sich-Erinnerns. Eigene Geschichte wurde wichtig.

Ich erinnere viele Tagungen, Projekte und vor allem und immer wieder Gespräche dazu, auch mit Hellmut Lessing. „Erzähltes Leben" war nicht nur ein Projekt für andere, sondern auch für uns. Besonders dicht ist die Erinnerung an eine Jugendforschungstagung in Hofgeismar 1984, wo Hellmut über seine Beziehung zur Jugendforschung sprach, über seine Kindheit im Krieg, über die Entdeckung des Schuldgefühls.[11] Abschiednehmen und Trauer als klärende Voraussetzungen für Neues waren im Vortrag und danach in einem langen Nachtgespräch spürbar. Die Krankheit und der Tod von Hellmut lösten noch tiefer sitzende Verdrängungen. Leben, jenes für Hellmut, für sein Nachdenken und seine Praxis mit Jugendlichen und Jugendarbeitern so wichtige Wort, erhält seine Tiefenschärfe erst unter Einbeziehung seiner Negation, des Todes. Nachdenken über Abschied und Trauer der Jugendarbeit - ist das nun ein Thema, das erst so um das vierzigste Lebensjahr herum besprechbar wird? Hat es praktischen, konzeptionellen Sinn für Jugendliche, für junge Kollegen der Jugendarbeit? Für mich ist es ein Ergebnis eigener, längst nicht abgeschlossener Erinnerungs- und Trauerarbeit, dass ich dazu - auch vor Jüngeren - nicht mehr schweigen will.

Was ist Trauer? Margarethe Mitscherlich-Nielsen hat 1985 im Rückblick auf die Arbeit ihres Mannes folgende Definition vorgelegt: „Trauer ist ein seelischer Vorgang, in dem ein Individuum - oder ein Kollektiv - einen Verlust mit Hilfe eines wiederholten, schmerzlichen Erinnerungsprozesses langsam zu ertragen und durchzuarbeiten lernt. Die Alternative zur mit Trauerschmerzen verbundenen Durcharbeitung der verlustreichen Vergangenheit ist der schnelle Wechsel zu neuen Identifikationen, Objekten, Idealen, die die aufgegebenen bruch- und gedankenlos ersetzen.“[12]

Erfahrungen des Verlusts, der Trennung, des Abschieds von geliebten Personen und Perspektiven sind Jugendlichen nicht fremd. Dies beginnt sicherlich schon im Alltag der Jugendarbeit. Am Ende eines langen Abends in der Offenen Jugendarbeit an der Theke, am Ende von Wochenend-Seminaren, Urlaubsfahrten usw. Einige bleiben länger da, wollen nicht nach Hause gehen, wollen das Erlebnis der Gruppe verlängern. Der Profi drängt meist, denn er weiß: Wenn er da bleibt und der Angst vor der Trennung Raum gibt, wird aus dem langen Abend eine lange Nacht.

Dringlicher noch und oft unausweichlich wird dies, wenn es Jugendarbeit schafft, verlässliche Beziehungen aufzubauen, in Projekten, Wohngruppen, oft über Jahre hinweg. Da gehen Jugendliche Beziehungen ein, investieren Hoffnung, meinen, einen Lebensstil gefunden zu haben im solidarischen Umgang, und dann ist immer wieder alles, zumindest fast alles, aus.

Blickt man über die Arbeitssituationen der Jugendarbeit hinaus, so wird deutlich, dass Verlusterfahrungen für die Phase der Jugend konstitutiv sind. Jugendliche müssen Abschied nehmen von den Eltern als Idealtypen, ein Prozess, der mit dem Ende der Mutter-Kind-Symbiose sehr früh beginnt, sie müssen Abschied nehmen von idealen Lebensperspektiven, ihren Wunschberufen und Schritt für Schritt auch Abschied nehmen von Perspektiven mehr oder weniger geglückten sozialen Zusammenlebens. Idealtypisch verläuft dieser Prozess zugleich als ein Prozess der Neukonstituierung einer eigenen Identität und Lebensperspektive. Die Realität von Jugendlichen in der zweiten Hälfte der achtziger Jahre zeigt tiefe, brutale Einschnitte: Jugendarbeitslosigkeit, Leistungsstress in den Schulen, Zerstückelung von Familien und Nachbarschaftszusammenhängen, zerstörte Lebensperspektiven und Lernfelder des Lebens. Zugleich wächst der Sog von kommerziell angebotenen Ersatzwelten für kleine und große Fluchten, die „den schnellen Wechsel zu neuen Identifikationen, Objekten und Idealen aufdrängen, ja manchmal geradezu aufzwingen und dabei die Lebenskraft von Jugendlichen ausbeuten. Der Missbrauch der Wünsche von Jugendlichen nach erfüllter Sexualität, nach Phantasie, nach verlässlichen Beziehungen, nach Lebenssinn durch die Geschäftemacher auf dem Markt der Drogen, der religiösen Gruppierungen, der Videoverleihe und Kinderstriche wächst ständig. Und doch sind dies nur seismografische Felder für die Verfassung der gesamten Gesellschaft.

Erich Fromm hat schon 1973 in seiner „Anatomie der menschlichen Destruktivität" unsere Gesellschaft als nekrophil bezeichnet: „Die Welt des Lebens ist zu einer Welt des ‚Nichtlebendigen' geworden - eine Welt des Todes. Symbolisch für den Tod sind nicht mehr unangenehm riechende Exkremente oder Leichen. Die Symbole des Todes sind jetzt saubere, glänzende Maschinen; die Menschen fühlen sich nicht mehr von übel riechenden Toiletten angezogen, sondern von Strukturen aus Aluminium und Glas. Aber die Wirklichkeit hinter dieser antiseptischen Fassade wird immer deutlicher sichtbar. Im Namen des Fortschritts verwandelt der Mensch die Welt in einen stinkenden, vergifteten Ort (und nicht nur im symbolischen Sinn). Er vergiftet die Luft, das Wasser, den Boden, die Tiere - und sich selbst. Er tut es in einem solchen Ausmaß, daß es zweifelhaft geworden ist, ob die Erde in 100 Jahren noch bewohnbar sein wird. Er kennt diese Tatsachen, aber wenn auch viele dagegen protestieren, so sind doch die Verantwortlichen auch weiterhin auf technischen Fortschritt aus und gewillt, alles Leben dem Götzendienst an ihrem Idol zu opfern ... Er wendet sein Interesse ab vom Leben, von den Menschen, von der Natur und den Ideen - kurz, von allem, was lebendig ist; er verwandelt alles Leben in Dinge, einschließlich seiner selbst und der Manifestation seiner menschlichen Fähigkeiten, der Vernunft, des Sehens, des Hörens, des Fühlens und Liebens. Die Sexualität wird zu einer technischen Fertigkeit, die Gefühle werden verflacht und manchmal durch Sentimentalität ersetzt; die Freude, Ausdruck intensiver Lebendigkeit, wird durch ‚Vergnügen' oder Erregung ersetzt, und viel von der Liebe und Zärtlichkeit, die ein Mensch besitzt, wendet er seinen Maschinen und Apparätchen zu. Die Welt wird zu einer Summe lebloser Artefakte; von der synthetischen Nahrung bis zu den synthetischen Organen wird der ganze Mensch zum Bestandteil der totalen Maschinerien, welche er kontrolliert und die gleichzeitig ihn kontrollieren. Er hat keinen Plan, kein Lebensziel, außer, daß er das tut, wozu die Logik der Technik ihn veranlaßt."[13]

Jugendliche, die in eine solche tote Gesellschaft hineinwachsen, müssen trauern lernen, müssen lernen, ihren Verlust mit Hilfe eines wiederholten, schmerzlichen Erinnerungsprozesses langsam zu ertragen und durchzuarbeiten, oder sie weichen aus auf die alternativen und schnellen Wechsel, um begierig von dieser nekrophilen Gesellschaft ausgesogen zu werden, die menschliches Leben mehr und mehr tot macht, indem sie es nur noch auf die Funktionalität beschränkt. Oder, und die Zahlen sind laut allen Statistiken am Steigen, Leben wird schon von Jugendlichen verdrängt und durch Suizid zerstört, der immer auch Zeichen des Protestes sein will, den viel zu wenige wahrnehmen.

Gibt es in der Jugendarbeit Möglichkeiten, Orte zum Trauern für Jugendliche?

Jugendarbeit als Kanalarbeit

Die Praxis, aber auch die Theorie von Jugendarbeit geben ein dürftiges Bild ab, wenn man nach Orten für Trauerarbeit fragt. Angefangen von den kleinen Abschieden machen auch wir oft alles sehr schnell, lassen uns wenig Zeit, zumal die professionell betriebene Jugendarbeit mit guten Gründen an feste Zeiten gebunden ist. Aber gerade dies macht deutlich, dass nur wenige es schaffen, die Zeit für Gespräche, für stundenlanges Zuhören, in ihre Arbeitszeit vollwertig einzubringen. Dies ist, nicht zuletzt nach Auffassung der Träger, doch eher Zutat, etwas, was auf eigene Regie hin von besonders engagierten Jugendarbeitern in der Freizeit gemacht wird. Der Wunsch nach vorzeigbaren Programmen, nach funktionalen Projekten, in denen etwas produziert werden muss, aber auch der Fahrplan für ein sinnvolles Gruppengespräch über Lebensfragen, hat sich in unsere pädagogischen Köpfe so eingeprägt, dass Äußerungen der Trauer, des Schmerzes, der Wut und Empörung fast immer als Störung auftauchen. Und ermöglicht die Fülle der therapeutischen Methoden, die wir sinnvollerweise zunächst für uns selbst anwenden, dann aber auch, fein dosiert, für Jugendliche, wirkliche Trauer? Stehen sie nicht zumindest in der Gefahr, kurzzeitige Erlebnisse, Erregungen, zu erzeugen, die dann mit ebenso kurzen Bearbeitungen erledigt scheinen, um damit nur umso besser verdrängt und zugedeckt zu sein?

Es fehlt uns offensichtlich an verlässlichen Formen, an Ritualen. Dies wird besonders deutlich an der Aushöhlung der wenigen Passagerituale, die wir noch haben. Ich denke vor allem im kirchlichen Bereich an die Konfirmation und die Erstkommunion oder außerhalb der Kirchen an die Jugendweihe. Dahinter stecken sehr alte Erfahrungen, in denen die Passage vom Kind zum Erwachsenen, vom Mädchen zur Frau, vom Jungen zum Mann, ritualisiert wurden. Insbesondere die Erfahrung der Menstruation, dieses Trennungsschmerzes, bedarf ja der Artikulation, des Rituals, der Feier und nicht der Verdrängung. Und was ist daraus geworden? Nicht nur, dass unter dem Einfluss der christlichen Kirchen längst dieser sexuelle Aspekt verdrängt oder zumindest zum Aufklärungsunterricht pervertiert wurde, sondern auch alle weiteren Sinngebungen wurden entleert durch die Fülle der Geschenke und Unglaubwürdigkeit der damit verbundenen Ansprachen. Dennoch - und dies ist ein wichtiger Hinweis auf eine Bedürfnislage - erweist sich auch in den jüngsten kirchensoziologischen Untersuchungen zum Beispiel die Konfirmation als ausgesprochen beständig. Während Taufe und vor allem die kirchliche Trauung rapide Einbrüche erleben, wird das kirchliche Angebot der Konfirmation fast ungebrochen von Jugendlichen wahrgenommen, nur noch das Angebot des christlichen Begräbnisses verweist eine etwas höhere Kontinuität. Ganz ähnliche Beobachtungen ließen sich auch machen in Bezug auf Brauchtum der Handwerker, wie die Verpflichtung zur Wanderschaft oder die mit Qualen und Untertauchen verbundenen Initiationsriten etwa der Buchdrucker usw.

Für mich ist dies besonders deutlich bei den Ritualen um Verstorbene. Anfang der fünfziger Jahre habe ich noch die Trauer um nahe Verwandte und Bekannte in der Nachbarschaft sehr eindrücklich erlebt. Fast alle starben sie zu Hause und waren dort für ein, zwei Tage aufgebahrt. Wenn der Pfarrer zur Aussegnung kam, fuhr anschließend der mit Pferden bespannte Trauerwagen vor, alle Verwandten und Nachbarn traten in Trauerkleidung auf die Straße, der Sarg wurde aufgeladen, und unter dem Geläut der Totenglocke fuhr dann der Leichenwagen, hinter dem die engeren Verwandten gingen, durch die ganze Stadt zum Friedhof. In den Tagen bis zur Beerdigung wurden allabendlich Melodien von alten Kirchenliedern vom Turm in Richtung des Trauerhauses geblasen. Wiederum standen die Angehörigen, aber auch die Nachbarn, auf der Straße und hörten zu. Eine Fülle von Möglichkeiten des Abschiednehmens, sehr öffentlich und einbezogen in den Alltag. Immer wenn ein Leichenwagen vorbeifuhr, mussten wir Kinder uns an den Rand der Straße stellen, die Mütze ziehen und die Hände falten.

Etwa zehn Jahre später starb mein Großvater. Die alten Rituale galten alle noch, und doch war in dieser kurzen Zeit fast alles anders geworden. Es gab keinen pferdegezogenen Leichenwagen mehr, das Leichenauto musste schon auf den Gehsteig fahren, da die Straße zugeparkt war. Die nähere Verwandtschaft trug noch Trauerkleidung, trat aber kaum noch auf die Straße hinaus, da das hinter dem Leichenauto Hergehen sowieso nicht mehr möglich war. Am Abend wurde immer noch vom Turm geblasen, aber wir standen nicht mehr vor dem Haus, sondern im Hinterhof, da der Straßenlärm nur dort halbwegs das Zuhören ermöglichte.

Das Trauern war von einem öffentlichen, durch viele Rituale abgesicherten Prozess zu einem privaten Geschehen geworden, das sich nur noch mühsam und verschämt einen kleinen Platz in der Öffentlichkeit erhalten konnte. Und dieser Prozess ist weitergegangen und hat sich radikalisiert. Es gibt keine öffentlichen Orte mehr zum Weinen, zum Traurigsein, zum Sich-Erinnern. Parallel zu diesem Prozess der Privatisierung von Empfindungen hat sich die Öffentlichkeit durch technische Medien, insbesondere das Fernsehen, inmitten dieser Privatheit im Wohnzimmer, ja oft auch im Schlafzimmer, eingenistet und bietet dort ein Leben aus zweiter Hand. Eigene Empfindungen werden massenhaft fremdbestimmt, und Kinder und Jugendliche sind diesem Prozess oft schutzlos ausgeliefert. Was bedeutet es, wenn Kinder und Jugendliche hundertfach Sterbende und Tote sehen, ehe sie in voller sinnlicher Wirklichkeit vor einem Toten stehen? Was bedeutet es, wenn Jugendliche hundertfach Küsse und Zärtlichkeiten sehen, ehe sie selbst einen Kuss empfinden? Und auch wir haben uns doch meist angewöhnt, über Kinder und Jugendliche zu lächeln, die beim Fernsehen „noch" weinen und erschüttert sind. Es ist nur konsequent, wenn ausgewählte Einzelne in Extremsituationen, wie zum Beispiel die Eltern des in Malaysia Angeklagten und von der Todesstrafe bedrohten jungen Mannes, das Fernsehteam in ihr Wohnzimmer lassen, um - wahrscheinlich für viel Geld - den „Augenblick" ihrer ersten Empfindungen beim Telefongespräch zu verkaufen.

Empfindungen haben keine Chance in dieser Gesellschaft. Entweder sie werden verdrängt, oder das Leben wird aus zweiter Hand dem Einzelnen aufgedrängt. Um es im Bild auszudrücken: Unter der Oberfläche des Lebens einer Stadt wird immer mehr Unbearbeitetes, nicht Betrauertes, in das Kanalsystem unter dem Straßenpflaster verdrängt. Und dieses Pflaster, der Beton, muss immer dicker werden und das Kanalsystem immer mehr ausgebaut, damit das reduzierte Leben oben gerade noch funktionieren kann, dass - und die Jugendarbeit in öffentlicher Trägerschaft muss dabei helfen - dieses Kanalsystem nicht verstopft wird. Hebt sich irgendwo der Deckel, kommt es zu Ausbrüchen, zu Aggressionen, zu Wut und Tränen, so werden Sondereinsatz-Kommandos gebildet, die mit möglichst geschickten Mitteln und neuesten therapeutischen

Methoden einige neue Kanäle graben, Auffangbecken, damit das aufgestaut Verdrängte wieder abfließen kann und nicht weiter beunruhigt. Jugendarbeit hat so Anteil an der Entsorgung der Verdrängungen eines immer oberflächlicher werdenden Lebens. Es steht außer Frage, dass in diesem Verdrängten Schätze an Lebensenergie vernichtet werden. Lebensenergien, die für ein Zusammenleben von freien Menschen wichtig und produktiv werden könnten, die aber für ein totes, nur noch auf die Funktionalität beschränktes gesellschaftliches Leben im Sinne der Herrschaftsstrukturen unserer Gesellschaft immer gefährlicher werden.

Die Forderung nach einer Jugendarbeit, in der Abschied und Trauer, in der Empfindungen nicht nur möglich sind, sondern dort den Ort ihrer Gestaltung, ihrer Kultur haben, wird zur Parteinahme für ein lebendiges Leben innerhalb - und das heißt praktisch gegen - eine Gesellschaft voller nekrophiler Herrschaftsstrukturen. Wie könnte dies praktisch aussehen?

Konsequenzen

Ehe ich einige praktische Perspektiven aufzeige, zunächst eine grundsätzliche Überlegung: Es kann nicht einfach darum gehen, dass geschehene Entwicklungen rückgängig gemacht werden, dass etwa alte Rituale wieder belebt werden usw. Es geht nicht um Nostalgie! Ausgehend vom Begriff des Trauerns kommt es in dieser bedrohlichen, die Trauer ausmerzenden Situation darauf an, die in den Empfindungen und Wünschen von Jugendlichen liegenden Lebensenergien produktiv werden zu lassen. Angesichts der das ganze Leben bedrohenden Krise des menschlichen Zusammenlebens auf der Erde durch die Zerstörung des Öko-Systems und die atomare Gefahr geht es darum, diese Lebensenergien für das Überleben zu qualifizieren. Zur Verdeutlichung greife ich auf ein Beispiel zurück, das Bruno Bettelheim in einem Aufsatz von 1960 mit dem Titel „Anne Frank - eine verpaßte Lektion" dargestellt hat.[14] In der lebensbedrohlichen Verfolgungssituation durch die Nazis ging es damals für jüdische Familien in Holland darum, zunächst einmal zu überleben, um dann dieses Überleben zu qualifizieren. Bettelheim beschreibt, dass viele jüdische Kinder in Holland gute Überlebenschancen hatten, wenn sie ihre Eltern verließen, Trennungsschmerzen auf sich nahmen und zu nichtjüdischen holländischen Familien zogen. Das Hauptprinzip der Planungen der Familie Frank dagegen bestand darin, „daß sie ihr geliebtes Familienleben fortführen wollten - ein zwar verständlicher, aber für damalige Zeiten wirklichkeitsfremder Wunsch. Jeder andere Entschluß hätte bedeutet, daß die Franks ihr Zusammenleben hätten aufgeben müssen, und es hätte auch bedeutet, daß sie sich nicht mehr der Erkenntnis der tatsächlichen Lebensgefahr, in der sie schwebte, verschlossen hätten."[15] Hinzu kam, dass die Familie Frank in ein Versteck ohne zweiten Ausgang geriet und jeden Gedanken an einen gewaltsamen Widerstand, zum Beispiel des Vaters gegen die eindringenden Verfolger, um den übrigen Familienmitgliedern die Flucht zu ermöglichen, verwarf. Bettelheim fragt: „Und was tat Herr Frank in diesem Versteck? Er brachte seinen Kindern Lernstoff aus der Oberschule bei, anstatt einen Fluchtweg für sie zu organisieren - ein eindeutiger Beweis für sein Unvermögen, die Todesgefahr, in der sie schwebten, in ihrem ganzen Ausmaß zu erfassen. Natürlich hatten diese Unterrichtsstunden auch ihr Positives. Sie linderten die permanente Angst, indem sie die Aufmerksamkeit auf andere Ziele lenkten und die Hoffnung auf eine Zukunft weckten, in der sich ein solches Wissen als nützlich erweisen könnte. So gesehen war der Unterricht sinnvoll, aber Vergeudung war er insofern, als er sich mit viel wichtigeren Dingen hätte befassen sollen - mit der Frage nämlich, wie alle hier versammelten Leute flüchten sollten, wenn sie von den Nazis aufgespürt werden würden."[16]

Abschied und Trauer schließen also den Blick auf die Wirklichkeit, auch auf die Wirklichkeit von Schmerzen, Verfolgung und Tod mit ein. Die Ermöglichung von Trauer und Empfindung ist an diesen Zusammenhang gebunden. Ihre Sinnhaftigkeit besteht nicht in der Gewährung als solcher. So kann es bei praktischen Vorschlägen für die Ermöglichung von Empfindungen und Trauer in der Jugendarbeit nicht darum gehen, dass Wirklichkeit ausgeblendet wird, dass einfach alte

Leitbilder, alte Rituale wieder eingesetzt werden. Das Durcharbeiten von Verlusterfahrungen hat sein Kriterium in der Freisetzung von widerständigen Lebensenergien, die voller Phantasie und Vernunft zum Kampf für ein lebendiges Leben in der Wirklichkeit der Gesellschaft aktivieren.

Erst nach dieser grundsätzlichen Erwägung ist es mir möglich, vergleichsweise schlichte praktische Perspektiven zu eröffnen, die ansonsten allesamt in der Gefahr sind, als billige Vertröstung oder Ersatzbefriedigung abgetan zu werden. Für den Alltag von Jugendarbeit plädiere ich für eine neue Aufmerksamkeit für Grenzsituationen, Übergänge und Passagen am Rande oder am Ende von Veranstaltungen, Gruppenstunden, Festen oder zum Beispiel auch Reisen. Für Professionelle gilt es bis hinein in die Arbeitszeitregelung neu zu beachten, dass Jugendarbeit immer auch Gespräch zwischen Jugendlichen sowie zwischen Professionellen und Jugendlichen ist. Dabei können bestimmte Rituale aus den therapeutischen Bewegungen, wie zum Beispiel Reflexionsrunden am Abend, Feed-back, nicht als Zwangsübung am Schluss, sondern als Chance für ein ausführliches Abschiednehmen oder psychodramatische Gestaltungen von Abschiedserfahrungen usw. sinnvoll sein. Vieles klingt hier banal, aber ich habe schon einmal bei der Abrechnung eines Fortbildungsseminars erlebt, dass es der Abrechnungsstelle nicht vermittelbar war, dass der letzte Vormittag eines einwöchigen Seminars ausschließlich zum Abschiednehmen der fünfzehn Teilnehmerinnen und Teilnehmer voneinander freigehalten war. Das geht doch auch schnell noch nach dem letzten Mittagessen mit jener kurzen Umarmung, bei der die beiden Partner verkrampft grinsend über die Schulter des anderen ins Leere schauen. Das ist aber doch nicht Teil eines pädagogisch verantwortlichen Programms!

Etwas über den Alltag von Jugendarbeit hinaus führen die Hinweise, dass alte Medien, wie das Führen eines Tagebuchs oder das gegenseitige Briefschreiben, zur Kultur einer Jugendarbeit gehören könnten.

Tiefer führt der Hinweis, dass in Gruppen und Projekten Konfliktregelungen auch die Einsicht in eigene Schuld ermöglichen sollen und das ausführliche Erzählen von Lebensphasen der Beteiligten dieser Einsicht Vorschub leisten kann. Das Offenlegen von Biographien, von Familiengeschichte, auch durch das Mitbringen von Fotos oder das gegenseitige Besuchen, schafft also viele Aufschlüsse. Ein Vorgehen, das nicht nur an Gymnasiasten gebunden ist, sondern gerade durch nicht-verschriftlichte Erinnerung auch für Arbeiterjugendliche Partizipation ermöglicht.

Noch eindrucksvoller gilt dies für die inzwischen vielen Projekte der Spurensuche, der eigenständigen Untersuchung der Lebenswelt samt deren Geschichte durch Jugendliche. Der Stadtteil, das Dorf werden lebendig. Gilt es zum Beispiel alte Handwerkstechniken zu erspüren, so haben viele Arbeiter großen Vorsprung vor Gymnasiasten. Ältere Menschen werden mit einem Male wichtig, Altersheime entpuppen sich als Schatzhäuser, wenn Jugendliche nach den Spielen der Alten fragen, nach ihren Traurigkeiten und ihren Festen. Schmerzensreiche Geschichte, wie die Deportation der Juden aus dem Dorf oder der Hass auf die Flüchtlinge, werden oft mühsam und unter Tränen erzählt und verhelfen zu Bezügen, zum Beispiel über den Umgang mit Flüchtlingen heute. Solche Projekte kann Jugendarbeit initiieren und vorantreiben. Ich selbst bin seit einigen Jahren in Dachau als Vorsitzender des Fördervereins für eine internationale Jugendbegegnungsstätte intensiv an solch einem Ort der Erinnerung tätig. Während Kurzbesuche der Gedenkstätte oft nur Lähmung oder in deren Abwehr Gleichgültigkeit bei Jugendlichen hinterlassen, ermöglichen längere Aufenthalte das intensive Arbeiten in der Architektur der Menschenverachtung, den Dokumenten des Archives und das Gespräch mit ehemaligen Häftlingen und damit die Erfahrung des Verarbeitens von Schmerzen in Trauerarbeit. In den Jugendbegegnungs-Zeltlagern, die in diesem Sommer zum fünften Mal durchgeführt werden, hat sich auch für uns neu und überraschend gezeigt, dass das Entscheidende solcher Jugendarbeit als Trauerarbeit nicht das Verharren in einer tiefen Betroffenheit ist, sondern die Erfahrung von Ermutigung, dass für viele Menschen in den Lagern durch gegenseitige Hilfe, durch oft mühsam verwirklichte Dialoge und Auseinandersetzungen grenzüberschreitende Solidarität spürbar wurde. Lebensenergie wird freigesetzt durch die Erinnerung an Menschen, die in dieser äußersten Bedrohung offen geblieben waren, die Empfindungen zeigten mitten in der Unmenschlichkeit.

Jugendarbeit kann also solche Erfahrungen ermöglichen, und sie wird, wenn sie eine dementsprechende Kultur geschaffen hat, auch in der Lage sein, die Erfahrung des eigenen Todes nicht prinzipiell zu verdrängen. Die vielen Verluste, die Jugendliche erfahren, werden durch solch eine Jugendarbeit nicht von vorneherein geringer. Wenn nur einige von ihnen bearbeitbar werden, dann geht der Spürsinn für ein lebendiges Lernen unter Jugendlichen nicht verloren.

Die Erschließung des Humanen erfolgt nicht durch irgendeinen Gott oder eine noch so schöne Ideologie von oben, sondern die Erschließung des Humanen erfolgt aus dem Bewusstmachen und Bewusstwerden seiner Verleugnung und Abwesenheit. Die Fähigkeit zu trauern, ist die Verlaufsform solcher Erschließung des Humanen. Noch härter gesagt: Lebendiges Leben erschließt sich erst aus seiner Verleugnung, aus dem Tod. Dieser Tod kann durchaus schon mitten „im Leben" eintreten, wenn wir nur noch „funktionieren". Wenn Jugendarbeit, wie Hellmut Lessing sagte, gemeinsame Suche nach Leben, wenn sie Lebensstilsuche von Jugendlichen *und* Erwachsenen ist, dann lasst uns die Kanäle öffnen und die Leitungen zerstören, in die jenes lebendige, jenes erfüllte Leben - auch durch uns und in uns - abgedrängt wurde und wird. Das wird Unruhe schaffen, Verwirrung, so genanntes Chaos. Chaos, das auch uns Angst macht, das gefährlich ist, das den Tod einschließt. In der biblischen Mythologie allerdings ist jenes Chaos das Urmeer, aus dem alles Leben kommt, die Quelle allen Lebens.

Der Satz auf Hellmut Lessings Todesanzeige bleibt dringlich: „Es wird Zeit, dass wir leben."

Anmerkungen

1 Nördlinger Ries: Durch einen Meteroiteneinschlag vor rund 15 Mio Jahren (Miozän) entstandene Beckenlandschaft zwischen Schwäbischer und Fränkischer Alb.

2 Friedrich Schleiermacher: Über die Religion, Ausgabe Hamburg 1958, S. 30.

3 a. a. O., S. 38.

4 a. a. O., S. 157.

5 Ernst Bloch: Tübinger Einleitung in die Philosophie I, Frankfurt a. M. 1963, S. 11.

6 Gemeint ist die „Theologische Erklärung der Bekenntnissynode von Barmen" (29. bis 31. Mai 1934), d. h., die Grundsatzerklärung der „Bekennenden Kirche" gegen die Versuche der NSDAP und der ihr verbundenen „Deutschen Christen" (DC), die verfasste Kirche dem NS-Staat „gleichzuschalten".

7 siehe Anmerkung 6

8 BayWa: (Konzern mit Hauptsitz in München,Schwerpunkt in der Land- und Ernährungswirtschaft) vergl. Lied der Biermösl

9 Ingrid Genkel: Michael Wunder, Harald Jenner: Auf dieser schiefen Ebene gibt es kein Halten mehr. Die Alsterdorfer Anstalten im Nationalsozialismus. Hamburg 1987, S. 74.

10 Winfried Mogge: Bilder aus dem Wandervogelleben, Köln 1986.

11 Hellmut Lessing: Der Jugendforscher als Objekt, in: Zeichen ohne Botschaft, Tholen/Winheim (Hrsg.), Frankfurt 1985, S. 70-76.

12 Margarethe Mitscherlich-Nielsen: Die Fähigkeit zu trauern - eine Utopie? in: Fragmente, Nr. 19, April 1986, Kassel, S. 51.

13 Erich Fromm: Anatomie der menschlichen Destruktivität, Stuttgart 1974, S. 317 f.

14 In: Bruno Bettelheim: Erziehung zum Überleben, München 1982, S. 252-265.

15 a. a. O., S. 255.

16 a. a. O., S. 259 f.

Biographische Zeittafel

	Hindenburg beruft Hitler zum Reichskanzler	30. Jan. 1933
	Deutscher Angriff auf Polen - Beginn des 2. Weltkrieges	1. Sept. 1939
6. März 1943	*Rolf Hanusch geboren als drittes Kind und einziger Sohn von Lina und Erwin Hanusch in Nördlingen im Ries/Bayerisches Schwaben*	
	Unterzeichnung der bedingungslosen Kapitulation der deutschen Wehrmacht	7./9. Mai 1945
	Gründung der „Bundesrepublik Deutschland“ und der „Deutschen Demokratischen Republik“	Mai/Okt. 1949
1949-1963	*Schullaufbahn mit Abitur in Nördlingen*	
	Tod Stalins	3. März 1953
	Walter Ulbricht verordnet den „Aufbau des Sozialismus“ - verschärfter Kirchenkampf und Repressionen	Frühjahr 1952
	Volksaufstand in der DDR wird von russischen Panzern "niedergewalzt"	17. Juni 1953
	Beginn des Mauerbaus und Sperrung der Zugangswege nach West-Berlin - deutsche Teilung ist besiegelt	13. Aug. 1961
1963-1968	*Studium der evangelischen Theologie in Neuendettelsau, Berlin, Tübingen und Erlangen mit theologischer Anstellungsprüfung der bayer. Landeskirchen*	
	Egon Bahrs Rede in Tutzing „Wandel durch die Annährung“	15. Juli 1963
	Ludwig Erhard wird Nachfolger von Konrad Adenauer als Bundeskanzler	16. Okt. 1963
	John F. Kennedy wird in Dallas ermordet	22. Nov. 1963

	Vietnamkrieg	1964-1973
	Kulturrevolution in China	1966-1969
	Demonstrationen gegen den Schah-Besuch - Benno Ohnesorg wird in Berlin erschossen	2. Juni 1967
Frühjahr 1968	*Praktikum als Gemeindevikar in Wassertrüdingen/Mittelfranken*	
	Studentenunruhen weltweit - Attentat auf Rudi Dutschke	
	Martin Luther King Jr. wird in Memphis erschossen	4. Apr. 1968
	Bundestag verabschiedet die Notstandsverfassung	29. Mai 1968
	„Prager Frühling" - Truppen des Warschauer Pakts marschieren in Prag ein	20. Aug. 1968
1968-1969	*Predigerseminar der VELKD in Pullach bei München*	
1969-1971	*Stadtvikar in der Erlöserkirche in München-Schwabing*	
22. Mai 1969	*Heirat mit Gisa Derksen*	
	Sozial-liberale Regierung unter Bundeskanzler Willy Brandt	22. Okt. 1969
	„Warschauer Vertrag"	7. Dez. 1970
24. Mai 1971	*Ordination zum Pfarrer der Evangelisch-Lutherischen Kirche in Bayern*	
1971-1975	*Schulpfarrer an den Tagesheimschulen des Kath. Familienwerks in Pullach/München*	
	Geiselnahme während der Olympischen Spiele in München	5. Sept. 1972
	Grundlagenvertrag mit der DDR tritt in Kraft	21. Juni 1973
	Rücktritt von Willy Brandt - „Guillaume-Affäre"	6. Mai 1974
	Baader-Meinhof-Prozess	28. Mai 1975
1975-1980	*Studentenpfarrer an der Gesamthochschule Kassel*	

1976 und 77	*Geburt der Töchter Anna Katharina und Marie Luise*	
	Pfarrer Oskar Brüsewitz verbrennt sich öffentlich in Zeitz	18. Aug. 1976
	Tod des kommunistischen Führers der Volksrepublik China Mao Tsetung	9. Sept. 1976
	Demonstration gegen das geplante Atomkraftwerk Brokdorf	1. Nov. 1976
	Entführung und Ermordung von Hanns-Martin Schleyer durch die RAF	Herbst 1977
	Gründung der „Charta 77“ von Oppositionellen um Alexander Dubcek und Vaclav Havel	1977
1. Dez. 1980	*Promotion zum Dr. theol. an der Universität München; Dissertation: „Legitimationsprobleme der curricularen Arbeit im Bereich der evangelischen Religionspädagogik in der BRD“*	
Juni 1980–Sept. 1990	*Leiter des Studienzentrums für evangelische Studienarbeit Josefstal in Oberbayern*	
	Helmut Kohl wird Bundeskanzler nach Misstrauensvotum gegen Helmut Schmidt	1. Okt. 1982
1984–1990	*Erster Vorsitzender des Fördervereins für eine Intern. Jugendbegegnungsstätte in Dachau (Ehrenamt)*	
	Atomreaktorunfall in Tschernobyl	26. Apr. 1986
	„Montagsgebete“ und friedliche Revolution in der DDR	2. Okt. 1989
	Mauer in Berlin und Grenze zwischen den deutschen Staaten werden geöffnet	9. Nov. 1989
	DDR tritt BRD nach Art. 23 des Grundgesetzes bei	3. Okt. 1990
Okt. 1990–1. März 1994	*Studienleiter für deutschlandpolitische Fragen der Evangelischen Akademie Tutzing und Beauftragter für evang. Erwachsenenbildung im Kirchenkreis Bayreuth*	

	Golfkrieg	Frühjahr 1991
	EG-Binnenmarkt tritt in Kraft	1. Jan. 1993
	Verabschiedung der alliierten Truppen aus Deutschland	31. Aug. 1994
März 1994–1999	*Leiter der Evangelischen Akademie Berlin-Brandenburg*	
	Bundeswehr nimmt an Einsätzen im ehemaligen Jugoslawien teil	Sommer 1995
März 1999–Feb. 2003	*Direktor der Evangelischen Akademie zu Berlin*	
	Rot-Grüne Regierung unter Gerhard Schröder	Herbst 1998
	Attentate auf World Trade Center und Pentagon	11. Sept. 2001
15. Feb. 2003	*in Berlin gestorben, am 21. Februar in Nördlingen beerdigt*	
	In mehreren Städten der Welt demonstrieren Millionen für den Frieden	15. Feb. 2003

Quellennachweis

I. Wo ich zuhause bin

Welterfahrung und Menschwerdung
Affolderbach, Martin/ Hanusch, Rolf (Hg.): Wir suchen das ganze Leben. Über Alltagserfahrungen Jugendlicher und die Chancen der Jugendarbeit. Wuppertal: Jugenddienst 1985, S. 61-71 (gekürzt)

Alte Grenzen - Neue Grenzen. Alter Jammer - Neue Chancen
Vortrag zum zehnjährigen Bestehen des Evangelischen Erwachsenenbildungswerkes Coburg am 10. Oktober 1991 (Manuskript)

Öffentlicher Raum - Privater Raum
das baugerüst - Zeitschrift für evangelische Jugendarbeit. Heft 1/03 - Räume und Orte, S. 30 f. (gekürzt)

Mit Bibel in den Reisturm
das baugerüst - Zeitschrift für evangelische Jugendarbeit. Heft 2/85 - Leben mit der Bibel, S. 138 f.

II. Unser Vater

Reise in uns hinein
Morgenandacht - gesendet am 10. August 2002 im SFB (gekürzt)

Die Väter haben saure Trauben gegessen,
den Söhnen sind aber die Zähne stumpf geworden
das baugerüst - Zeitschrift für evangelische Jugendarbeit. Heft 1/84 - Deutschland, S. 58 f.

Josef verzeiht
Predigt zu 1.Mose 50, 15-21 zur Konfirmation 1975 (Manuskript, gekürzt)

Wie sollen wir beten?
Predigt zu Matthäus 6, 5-13 am 20. Mai 2001 in St. Matthäus, Berlin (Manuskript, gekürzt)

III. 1968

Aufstand gegen die Pastorenkirche
Welche Auswirkungen die 68er-Bewegung auf den Protestantismus hatte
Evangelische Kommentare. Heft 5/98, S. 257-260 (gekürzt)

Über das langwierige Öffnen des anderen Auges
Thomas A. Seidel (Hg.): Erinnerung ist das Geheimnis der Versöhnung, Weimar 1991, S. 53-56.

Importschwierigkeiten - über die 68er und die Demokratie
das baugerüst - Zeitschrift für evangelische Jugendarbeit. Heft 3/85 - Demokratie, S. 175 f.

IV. Die Wunden der Gesellschaft

Kirche wie im wirklichen Leben?
das baugerüst - Zeitschrift für evangelische Jugendarbeit. Heft 2/99 - Wie wirklich ist die Wirklichkeit?, S. 14 f.

Ein Volk ohne Visionen geht zugrunde
das baugerüst - Zeitschrift für evangelische Jugendarbeit. Heft 3/93 - Am Ende der Utopien, S. 228 f.

Medizin und Nationalsozialismus - Ein theologischer Kommentar
Referat im Rahmen der gleichnamigen Tagung in der Evang. Akademie Tutzing am 24. April 1988 (Manuskript)

Innere Einigung Deutschlands als Herausforderung
Vortrag, 1992, unveröffentlicht, Ort unbekannt

Zelte der Begegnung
Festansprache des Vorsitzenden der Evangelischen Akademien in Deutschland e.V. zum 50. Gründungsjubiläum der Evangelischen Akademie Iserlohn (Manuskript)

Keinem von uns ist Gott fern
Gedanken zur Jahreslosung 1989 - Apostelgeschichte 17, 27

Leben zwischen Gewalt und Zärtlichkeit - Deutschland im Herbst 1977
Predigt zu Matthäus 22, 1-13 zum Semesteranfang am 23.Oktober 1977 in der Adventskirche, Kassel (Manuskript)

Die Festigkeit des Herzens
Silvesterpredigt zu Hebräer, 13, 8-9 am 31.Dezember 2001 in St. Matthäus, Berlin (Manuskript)

V. Grenzüberschreitungen

Liebe den Fremden wie dich selbst
das baugerüst - Zeitschrift für evangelische Jugendarbeit. Heft 1/01 - Der, die, das Fremde, S. 34 f.

„Das gegenwärtige Leben ist aber ein Übergang ..."
Ostdeutsche Gedanken zur Zukunft der Kirche am Reformationsfest
Nachrichten der evang.-lutherischen Kirche in Bayern. Heft 10/1999 - S. 297-301 (Dem Beitrag liegt ein Vortrag vom 31. Oktober 1997 in der St. Georg Kirche zu Nördlingen zugrunde)

Theologische Gedanken zur Öffnung der Grenzen zwischen Ost und West
das baugerüst - Zeitschrift für evangelische Jugendarbeit. Heft 3/90 - Grenzüberschreitungen, S. 197 f.

„Wachse, zarte Pflanze Demokratie!"
Predigt zu Jesaja 65,17-15 für den Totensonntag im Rahmen einer Tagung am 18.-20. November 1994 im Adam-von-Trott-Haus, Berlin-Wannsee (Manuskript)

VI. Himmel und Erde

Was sucht ihr den Lebenden bei den Toten?
Ostergottesdienst zu Lukas 24, 1-12 - 1971 in der Ladenkirche, München-Schwabing (Manuskript)

Wir haben hier keine bleibende Stadt
das baugerüst - Zeitschrift für evangelische Jugendarbeit. Heft 1/98 - Flexibel durch's Leben surfen, S. 66 f.

Spiritualität und Protestantismus
das baugerüst - Zeitschrift für evangelische Jugendarbeit. Heft 1/86 - Spiritualität und Heiliger Geist, S. 34 f.

Seht die Lilien auf dem Felde
das baugerüst - Zeitschrift für evangelische Jugendarbeit. Heft 6/83 - Zukunft der Arbeit, S. 474 f.

Faszination für die Stadt
Kontakte. Gemeindebrief Adventskirche Kassel. Heft 4/77

Gegen die Beziehungslosigkeit in unseren Beziehungen
Predigt zum 1. Johannesbrief 3, 18-24 am 22. Oktober 1978 in der Adventskirche, Kassel (Manuskript)

Heil und Heilung
Predigt zu Matthäus 8, 5-13 am 26. Januar 2003 in St. Matthäus, Berlin (Manuskript)

VII. Vergegenwärtigung

Chancen der Erinnerung
Predigt anlässlich des 50. Todestages von Adam von Trott 1994 in der Ev. Akademie Hofgeismar (Manuskript)

Friedhöfe
Morgenandacht gesendet am 8. August 2002 im SFB (gekürzt)

Wider die Kanalisierung der Empfindungen
Liebel, Manfred/Schonig, Bruno (Hg.) - Ist die Zukunft schon verbraucht? Nachdenken über Jugend und Jugendarbeit. Zur Erinnerung an Hellmut Lessing - Abschied und Trauer in der Jugendarbeit

Auswahlbibliographie

Die ausgewählten Einzelpublikationen unter der Autoren- bzw. Herausgeberschaft von Rolf Hanusch sowie die Artikel und Beiträge sind in rückwirkend chronologischer Reihenfolge aufgeführt.

EINZELPUBLIKATIONEN

Pulsfort, Ernst/Hanusch, Rolf (Hg.): Von der „Gemeinsamen Erklärung" zum „Gemeinsamen Herrenmahl"? Perspektiven der Ökumene im 21. Jahrhundert. Regensburg 2002

Magonet, Jonathan/von Tippelskirch, Dorothee C./Hanusch, Rolf (Hg.): Fundamentalismus in der Moderne. Vorträge der Tagung „Fundamentalismus in der Moderne" der Evangelischen Kirche Berlin-Brandenburg in Zusammenarbeit mit dem Leo Baeck College London vom 19. bis 21. Februar 1999 in Berlin. Tübingen 1999

Hanusch, Rolf (Hg.): Flüchtlinge, Verfassungsrecht und Menschenrechte. Ergebnisse einer Fachtagung über rechtliche und politische Rahmenbedingungen der Rückkehr und Wiederansiedlung von Flüchtlingen aus dem ehemaligen Jugoslawien. ZDWF (Zentrale Dokumentationsstelle der Freien Wohlfahrtspflege für Flüchtlinge e.V.)-Schriftenreihe; Nr. 65. Bonn 1997

Hanusch, Rolf: Zwischen Konfessionalität und Schule. Standortbestimmungen und Perspektiven für den Religionsunterricht in der offenen Gesellschaft. Berlin 1995

Hanusch, Rolf (Hg.): Gratwanderungen - Kirche und Staat in der DDR. Tutzinger Materialien; Nr. 75. Tutzing 1994

Hanusch, Rolf (Hg.) im Auftr. der Evangelischen Akademie Tutzing: Verriegelte Zeiten. Vom Schweigen über die Gefängnisse in der DDR. Tutzinger Materialien; Nr. 74. Tutzing 1993

Hanusch, Rolf: Gemeinsam denken lernen. Politische Erwachsenenbildung als Vorreiterin im Prozess der inneren Einigung. München 1992

Affolderbach, Martin/Hanusch, Rolf (Hg.): Was wird aus der Jugendarbeit? Zu den Perspektiven eines kirchlichen Arbeitsfeldes. Stuttgart 1990

Hanusch, Rolf/Lämmmermann, Godwin (Hg.): Jugend in der Kirche zur Sprache bringen. Anstöße zur Theorie und Praxis kirchlicher Jugendarbeit. München 1987

Hanusch, Rolf: Der Streit um die Lehrpläne. Legitimationsprobleme der Reform des Religionsunterrichts. München 1983

Arbeitsgemeinschaft der Evang. Jugend in der Bundesrepublik Deutschland u. Berlin, West (AEJ; Hg.): Was bewegt die Jugendarbeit? AEJ-Studientext; 21. Stuttgart 1982

ARTIKEL, BEITRÄGE UND PREDIGTEN

Öffentlicher Raum-privater Raum - Gedanken beim Blick aus dem Fenster meines Büros. In: das baugerüst 1/2003

Liebe den Fremden wie dich selbst... - Über die Notwendigkeit des Fremden im christlichen Glauben. In: das baugerüst 1/2001

„Das gegenwärtige Leben ist aber ein Übergang..." - Ostdeutsche Gedanken zur Zukunft der Kirche am Reformationsfest. In: Nachrichten der evangelisch-lutherischen Kirche in Bayern 10/1999

Meinst du, daß ich Gefallen habe am Tod des Frevlers - Predigt über Hesekiel 18, 1-32. Nachträgliche Wirksamkeit: vom Aufheben der Taten im Gedenken 1998

Wo ist die Jugend geblieben? Beobachtungen und Gedanken zur evangelischen Jugendarbeit. In: Nachrichten der evangelisch-lutherischen Kirche in Bayern 18/1994

Lebensläufe - Rolf Hanusch, Tutzing/Bayreuth. In: Lebensläufe - hüben und drüben 1993

Sie wissen ja nicht, was hier bei uns los ist - Kirche und gescheiterte Jugendliche. In: das baugerüst 4/1991

Jugendverbände und neue soziale Bewegungen. Tendenzen der achtziger Jahre. In: Handbuch Jugendverbände 1991

Evangelische Jugendarbeit - ein Holzweg? Über heimliche und unheimliche Leitbilder - WA. In: Wo soll's denn lang gehen? Arnoldsheimer Texte Band 67. 1991

Was wird aus der Jugendarbeit? - Studientext Nr. 13 der AEJ. In: Haben sich die Ziele evangelischen Jugendarbeit gewandelt? In: Was wird aus der Jugendarbeit? Studientext Nr. 13 der AEJ 1990

Grenzüberschreitungen. Theologische Gedanken zur Öffnung der Grenzen zwischen Ost und West. In: das baugerüst 3/1990

Der Mensch ist eine Maschine der Engel - Computer als anthropologische Herausforderung. In: Studientext Nr. 18 der AEJ 1990

Die Zeit der Maschinenstürmerei ist zuende. In: Mündig per Datenbank? - DJI 1988

Jugendarbeit im Gemeindeaufbau. Mission und Konziliarität als Strukturprinzipien evangelischer Jugendarbeit. In: Nachrichten der evangelisch-lutherischen Kirche in Bayern 10/1987

Identitätskonzepte von Jugendlichen heute oder: Welchen Sinn hat es noch von der Identitätsbildung Jugendlicher zu reden? - WA. In: deutsche Jugend 7+8/1986

Zwischen 14 und 25. Der Versuch einer Beschreibung von Jugendarbeit in der ersten Hälfte der 80-er Jahre. In: Jugendarbeit/Gemeindearbeit. Zwischenergebnisse eines Lernweges 1985

Welterfahrung und Menschwerdung - Versuch, über religiöse Erfahrungen zu sprechen. In: Wir suchen das ganze Leben: über Alltagserfahrungen Jugendlicher und Chancen der Jugendarbeit 1985

Vergessen wollen verlängert das Exil, der Weg der Erlösung heißt Erinnern. Das nationalsozialistische Erbe als Herausforderung für die Jugendarbeit heute. In: BDKJ Bayern Info 4/1985

Jugendarbeit im Lebenszusammenhang der Gemeinde. Unterwegs zu einem ganzheitlichen Konzept. In: deutsche Jugend 2/1985

Erinnerung, Geschichte und Zeitbewußtsein von Jugendlichen oder: Auf der Suche nach der verlorenen Jugend. In: Zeichen ohne Botschaft. Verliert die Forschung ihre Jugend? 1985

Zwischen Protest und Resignation. In: das missionarische Wort 2/1984

Professionalität und Identität. Chancen und Probleme von theologischer Bildung für nicht theologisch ausgebildete kirchliche Mitarbeiter. In: Theologia Practica 1/1984

Erinnerung, Geschichte und Zeitbewußtsein von Jugendlichen oder: Auf der Suche nach der verlorenen Jugend. In: deutsche Jugend 2/1984

Die Väter haben saure Trauben gegessen, den Söhnen aber sind die Zähne stumpf geworden. Über den Umgang mit der Tradition unter Deutschen. In: das baugerüst 1/1984

Interkulturelle Theologie als grenzüberschreitende Theologie. In: das baugerüst 4/1983

Die Freiheit der ökumenischen Bewegung und die Notwendigkeit von Bekenntnissen. In: das baugerüst 1/1983

Leben als wär's mein letzter Tag ... - Zur religiösen Dimension der neuen Jugendbewegung. In: das baugerüst 6/1982

Kritik einer diakonisch begründeten offenen Jugendarbeit. In: Kirche, Arbeit, Arbeiterjugend 1982

Als Mann und Weib schuf er sie... - Erwägungen zum biblischen Bild vom Menschen als Hilfe für die Bibelarbeit. In: das baugerüst 1/1982

„68er wo bleibt ihr?" - Beobachtungen zu Verhältnis von zeitgeschichtlicher Erfahrung und Geschichtskritik. In: Sabotage des Schicksals. Festschrift für Ulrich Sonnemann 1982

Das Fremde und das Vertraute. Bürgerinitiativen als Lernfeld für politische Aktivitäten. In: das baugerüst 3/1981

Grenzüberschreitungen, Perspektiven evangelischer Jugendarbeit zwischen solidarischer Teilnahme und pädagogischer Versorgung. In: Werkstattbericht des Studienzentrums Josefstal 1980

Predigt über Matthäus 22, 1-13. In: Theologia Practica 4/1979

Über das veränderte Rollenbewußtsein des Religionslehrers in der reformierten Oberstufe. In: Forum Religion 2/1977

Curiculum: Handlungsmöglichkeiten - aber kein Fahrplan zum Glück. In: das baugerüst 2/1977

Auswirkungen der reformierten Oberstufe auf das Fach Religionslehre. In: Forum Religion 4/1977

Kann die religiöse Dimension im Unterricht verfügbar werden? In: Forum Religion 3/1976